全国旅游高等院校
精品课程系列教材

Tourism Planning Practices

旅游策划实务

主编◎方法林

中国旅游出版社

前　言

本教材以策划及旅游的基本原理为核心，以实际操作和运用能力培养为目标组织课程教学。具体分16个模块，从策划的分类及发展开始，对旅游策划进行了概述，详细介绍了旅游策划所需理论知识和常用技巧，一改过去众多旅游策划书编写的体例，以实用为原则，接近行业地气为宗旨，按照旅游的三大主要业态即旅行社、景区、饭店以及旅游商店、旅游网站开展分析，分别提出项目、活动、旅游商品等策划的方法和技巧，据以大量案例和专题的形式深入浅出地阐明了旅游企业一直以来关心的旅行社、景区、饭店等产品节事活动、营销等几个方面的问题。本教材选题广泛，注重理论阐述与案例分析相结合，注重高职高专学生的实际需求。

本书前三个模块是基础理论铺垫，主要由方法林编写，四、五、六、七模块主要介绍旅行社战略、品牌、产品开发、产品营销等方面的各项策划内容由张骏编写；八、九、十、十一模块由丁洁编写，主要从景区的项目、营销、节事活动、景区旅游商品几方面提出策划方案和策划技巧；十二、十三、十四模块由王媛编写，主要从饭店的“活动”“节事活动”“大型活动”以及策划的程序方面阐述策划；十五、十六模块主要从旅游网站、旅游商店两大方面介绍策划的知识，全书由方法林负责统稿。

本书可作为高等旅游职业教育的教学用书，也可作为有志于从事旅游策划工作和对旅游策划感兴趣的人士以及相关专业学生和研究人员的参考用书。

本书在编写过程中得到江苏尔目文旅集团有限公司总经理杨淇垛的支持，同时参考、引用不少学者、行业人士和百度网站的文献、成果资料，有些未能一一注明，在此谨表感谢。由于时间仓促和旅游业发展迅速，书中难免存在疏漏和不足，恳请各位读者批评指正。

编者

2017年5月

目录
CONTENTS

模块一　策划的分类及发展

导读

通过学习本模块，掌握策划的概念及内涵、原理、分类，明确策划的基本要旨，理解策划与咨询、企划、点子的相似与区别，了解中外策划业的发展过程，特别是中国策划业的发展历史和过程，有助于使学习者掌握核心学习方法。

工作任务

任务一　发现策划，了解历史

任务二　看清策划，掌握分类

任务三　实训课业

案例引导

策划人才需求

笔者从2015年春季开始进行有关项目策划人才的社会需求调研设计，采用的方法是调查问卷、电话访谈、座谈会、企业调研、网络查询等形式，共发放300份调查问卷，回收270份，有效问卷259份，问卷的有效率在96%左右。本次调研，主要在各个单位的策划部、大型庆典策划场所等地展开，就体育、旅游、公关、文化、房地产等领域的项目策划人才展开调查，调查覆盖面较广。

项目策划人才的社会需求特征

此次调研中，被调研到的民营企业占了大多数，这些企业从事项目策划的人员并不多，往往不超过10人。通过反馈的问卷，笔者发现有近70%的企业，在一年内打算招收项目策划方面的人才，项目策划人才的需求量明显呈递增趋势。还有部分企业，对项目策划人的工作经验颇为关注。

人才素质需求特征

调查结果表明，项目策划相关单位，对员工的要求往往涉及专业素质、职业道德素质及其他素质。这些素质中，排在前三位的依次是认真负责的工作态度（21.2%）、吃苦耐劳的意志品质（19.6%），以及市场调研的能力（16.8%）。多数企业认为：道德层面的素质是最重要的，其次才是学习能力、专业技能水平等职业素质。

人才岗位需求特征

调查结果表明，项目策划人才的工作岗位一般分为两种：技术类岗位和营销推广类岗位。其中，技术类岗位最典型的是策划师，其范围非常广泛，典型的包括婚礼策划师、旅游策划师、房地产策划师等；营销推广类的岗位，典型的包括市场营销专员。在所有岗位中，房地产策划师占比高居榜首，笔者认为这可能和如今的房地产发展状况有一定关系。其次是网络营销、网站建设方面的策划师，所占比例也较大。

人才能力需求特征

调查结果表明，近50%的企业需要由复合型人才担任项目策划职务，28%左右的企业更看重信息收集整理、整合资源的能力；26%左右的企业更看重推广项目的能力，如沟通、组织能力等；22%左右的企业更看重专业技术。

项目策划人才职业素养方面的能力要求如下：

第一，市场调研能力。对于项目策划人才而言，市场调研能力至关重要。策划人才的灵魂在于其能够对机遇进行准确的预测并善于把握，抓住机会引领整个市场的潮流。市场调研能力，即策划人分析市场现状，进而针对未来的趋势进行预测的能力，它对策划工作人员未雨绸缪、深谋远虑的战略眼光，有着非常高的要求。市场调研能力强弱与策划结果息息相关。

第二，整合能力。整合能力不可或缺，项目策划人才并非比别人更加聪明，他们只是善于将不同的资源要素进行整合，针对各方面的力量加以协调形成合力，以达到策划的目标。整合能力，即策划人按照策划本身的需要，将零散的策划资源进行整合的能力。它包含了收集策划资料、找寻策划人才、制订策划方案等，即对人、事、物的统筹和安排。对于项目策划人才，特别是策划经理人而言，其整合能力会对策划的结果产生直接的影响。

第三，洞察能力。洞察能力，即策划人对客观现象进行正确、全面、深入分析的能力。项目策划人才的洞察能力，关系到策划的结果质量如何。项目策划人才，要具备全面分析的能力，善于统观全局，并且能够通过现象抓住事物的本质，还要着眼于未来的发展，对未来的形势进行科学的预见。这样，才能够保证项目策划的强针对性。对项目策划人才洞察力的要求，往往是“观察别人没有注意到的东西”，因此，项目策划人员要善于从曾经的与现在的信息资料中寻找重要素材。

例如，一家公司欲进行广告宣传，为此寻找畅销的报纸或者杂志。公司苦于无法打探到报纸或杂志的真实发行量，也就无从判断该报纸杂志是否畅销，是否值得在其上面刊登广告。公司策划部门结合过往的信息资料，细致观察报纸和杂志是否摆上了街边的书报亭，若摆上了即为畅销，街边的书报亭几乎不会卖不畅销的书报。就这样，公司据此选择了刊登广告的报刊，抓住了市场机会。

第四，创新能力。现在很多企业的项目策划离不开创新。项目策划展现了思考问题的智慧程度，其本身就是思维的革新。真正的策划决不能失去了创新元素。典型如婚礼策划师，在营造婚礼的浪漫情境中，创意和想象力非常重要。

第五，执行能力。项目策划不是纸上谈兵，策划人在进行细致缜密的构思后，就要采取实际行动。有时候，执行能力如何，甚至会成为项目策划方案是否取得成功的关键因素。更何况，项目策划不仅仅是做出一个策划方案，还要将切实可行的执行方式与流程设计出来，特别是在基层工作的项目策划者，必要时要做好监理、指挥工作，甚至要亲自执行。

通过详细的问卷调查，针对各大相关企业对项目策划人才的需求特征，进行了简要分析。比起职业素养，更多企业对员工的道德修养及品行更为重视，而在职业素质中，市场调研能力、整合能力、洞察能力、创新能力和执行力是受关注程度最高的。

资料来源：刘丽娜、张倩湄：《项目策划人才的社会需求调查与分析》，中国市场，2016（9）。

案例思考要点：

1.《天下无贼》里有这样一句台词："21世纪最缺的是什么？人才！""21世纪什么最贵？还是人才！"真正企业所需的更是有技术、有专业知识的人才，这样才能适应市场的发展，经济的进步。具有一项专业技能，并在其他领域有特长的复合型人才更是市场上最缺乏，而企业又求之若渴的人才类型。市场调查显示：各行业、各地区对复合型人才的需求非常强烈，企业偏爱复合型人才，而且"钱景"喜人。你是怎么看待这点的？

2. 你现在具备哪些技能？这些技能能够支撑你将来应对旅游企业的需要吗？

3. 找出自己的不足并进行分析。

任务一　发现策划，了解历史

"策划"一词最早出现在《后汉书·隗嚣传》中"是以功名终申，策画复得"之句。其中"画"与"划"相通互代，"策画"即"策划"，意思是计划、打算。策最主要的意思是指计谋，如决策、献策、下策、束手无策。划指设计，如工作计划、筹划、谋划。

中国古代的策划，是劳动人民长期智慧的结晶，中国又是一个崇尚智慧的民族，策划实际上就是一种智谋，特别是在中国古代，策划仅限于政治、军事和外交之中，策划的目的是为政治、军事、外交服务的。今天的策划主要是为经济服务，而古代的策划可以说完全是为国家服务，这是当时的历史所决定的，中国古代的一部思想史，也就是中国的一部策划史。

中国古代的策划主要集中在权、势、术这几层面之中。权，即政权，古代策划家许多策划案例都是围绕着巩固政权而进行的，如古代的商鞅变法、吴起变法、王安石变法等，变法本身就是一个观念的更替，变法风险很大，因此，必须进行周密的策划才能提出具体的方案。变法实质也是一种权力更替过程，通过变法个案可以看到中国古代“权术”的运用策划。势，就是形势或局势，对局势的分析和论证，最典型可谓三国时诸葛亮的《隆中对》。术，就是战术或办法，中国古代的“术”，主要是提出一种办法，如《曹刿论战》中，曹刿对战事的分析；《牧野之战》中，周武王对战事的分析；赤壁之战中，诸葛亮对战事的分析和决策，都是一种“术”的运用，也是采用策划而取胜。中国古代的“权”“势”“术”策划，主要还是为封建统治者服务的，虽然古代策划大多与政治、军事有关，但在其他领域，仍然体现为策划思想，只是许多策划智谋未能被记载罢了，由于当时的时代背景不同，其服务对象也不同，这也是中国古代策划的一大特点。

中国古代的策划思想，应该说并不成系统，在中国古代典籍中，如《尚书》《淮南子》《史记》《汉书》《资治通鉴》《太平广记》《二十四史》等，对策划人物、策划案例和策划思想都有精彩的记载，它往往体现在一些重大政治事件、军事活动、外交活动之中，并不独立成章，这也是因为古代所谓的策划与今天的策划两者的差别。比如：钱的形态，从古代的贝壳、刀币、方孔圆钱，到今天的纸币，其本质一样，但许多属性已经不一样了。今天的钱，从外形上看，怎样也不会像古代的刀币，从购买的对象上看，今天能买到电视机，古代肯定买不到，但钱作为一种流通的货币，古今相同，都是一种财富象征。策划也一样，今天我们所讲的策划，与古代所谓的策划，从服务对象、运用原则上已经不一样了，但其智谋本质还是一样的。

中国古代的策划人物主要围绕着巩固国家政权进行，如：周公，我国古代最早的谋臣之一，周武王牧野之战，一举克商，武王一年后即去世了，太子成王年幼，就由武王弟周公旦辅政，周公是周朝制度的制定者、策划者，为了巩固周王朝统治，他首先提出“敬天”思想，周公这一思想的提出，就像企业的经营理念，首先要有统一的认识与统一的价值观念，周公要求全国上下都信仰上苍，上苍又被称之为“天”，他提出“惟命不于常”，大意为，上苍赐予的大令是固定不变的。周公制造的上苍，实际上就是一个莫须有的东西，周公是个绝顶聪明的人物，有人说他根本不信上苍，提出全民信仰上苍，完全是为了政治的需要，这实际上就是一种策划。

任务二　看清策划，掌握分类

一、策及策划定义

“策”（cè）是指古代的一种马鞭子，头上有尖刺。鞭打、策马、鞭策、激励、促进、策动、策勉。古代称连编好的竹简：简策。古代帝王对臣下封土、授爵或免官：策命、策免。

古代科举考试的一种文体：策论、策问。杖：策杖，中国数学上曾经用过的一种计算工具，形状与“筹”相似。计谋，主意，办法：上策、献策、决策、政策、策划、束手无策。

孙武在《孙子兵法》中有一句名言就用到了“奇”——“凡战者，以正合，以奇胜”，“正”就是艰苦奋斗，“奇”就是锐意创新。“奇”字是怎么写的？上面一个“大”字，下面一个“可”字。“大”就是要超出常人的想象，“可”就是要在常人的情理之中。

什么是策划？策划就是想到常人所不能想的地方，说出来的道理又能让常人理解：

- 策划是通过精心安排的宣传和手段，对事件的发生、发展进行操作；
- 策划就是有效地组织各种策略方法来实现战略的一种系统工程；
- 策划是一种从无到有的精神活动；
- 策划是一种程序，在本质上是一种运用脑力的理性行为；
- 策划是一种设计、一种安排、一种选择、一种决定或是一张改变现状的规划蓝图；
- 策划是用你有，去寻找你没有的；
- 策划是在特定头脑状态下把角度和程序高度统一在特定的头脑状态下。

策划是指人们为了达成某种特定的目标，根据现实情况和各种信息判断事物发展的趋势，借助一定的科学方法和艺术，为决策、计划而构思、设计、制作方案的过程。

相关链接

田忌赛马

齐国的大将田忌，很喜欢赛马，有一回，他和齐威王约定，要进行一场比赛。各自的马都可以分为上、中、下三等。比赛的时候，齐威王总是用自己的上等马对田忌的上等马，中等马对中等马，下等马对下等马。由于齐威王每个等级的马都比田忌的马强一些，所以比赛了几次，田忌都失败了。

有一次，田忌又失败了，觉得很扫兴，比赛还没有结束，就垂头丧气地离开了赛马场，这时，田忌抬头一看，人群中有个人，原来是自己的好朋友孙膑。孙膑招呼田忌过来，拍着他的肩膀说："我刚才看了赛马，威王的马比你的马快不了多少呀。"孙膑还没有说完，田忌瞪了他一眼："想不到你也来挖苦我！"孙膑说："我不是挖苦你，我是说你再同他赛一次，我有办法准能让你赢了他。"田忌疑惑地看着孙膑说："你是说另换一匹马来？"孙膑摇摇头说："一匹马也不需要更换。"田忌毫无信心地说："那还不是照样得输！"孙膑胸有成竹地说："你就按照我的安排办事吧。"齐威王屡战屡胜，正在得意扬扬地夸耀自己马匹的时候，看见田忌陪着孙膑迎面走来，便站起来讥讽地说："怎么，莫非你还不服气？"田忌说："当然不服气，咱们再赛一次！"说着，"哗啦"一声，把一大堆银钱倒在桌子上，作为他下的注。齐威王一看，心里暗暗好笑，于是吩咐手下，把前几次赢得的银钱全部抬来，另外又加了一千两黄金，也放在桌子上。齐威王轻蔑地说："那就开始吧！"一声锣响，比赛开始了。孙膑先以下等马对齐威王的上等马，第一局田忌输了。齐威王站起来说："想不到赫赫有名的孙膑先生，竟然想出这样拙劣的对策。"孙膑不去理他。接着进行第二场比赛。孙膑拿上等马对齐威王的中等马，获胜了一局。齐威王有点慌乱了。第三局比赛，孙膑拿中等马对齐威王的下等马，又战胜了一局。这下，齐威王目瞪口呆了。比赛的结果是三局两胜，田忌赢了齐威王。还是同样的马匹，由于调换了比赛的出场顺序，就得到转败为胜的结果。

案例分析：

1. 孙膑的智慧在哪里？
2. 孙膑应用了何种技术赢得比赛？
3. 你在生活学习当中有哪些类似的问题？你怎么处理的？结果是什么？

从上述对策划的认识中可以看出，由于策划活动的多样性，策划含义也呈现出多元化现象。对策划从某个不同的角度剖析，都有其合理的一面，但也都不同程度地存在着不足。

二、掌握分类

根据不同的分类标准，策划可分为不同的类型。根据公司的产业需要可以分成产品策划、游戏策划、市场策划、营销策划、广告策划、节目策划、电影策划、房地产策划等。根据经济构成的要素，策划可以分为工业策划、农业策划、金融策划、旅游策划。

虽然策划的职业不同，需要了解或找寻的资料也不同，但是策划要做的事情与方式都是一样的，无论从事哪方面的专职策划，只要能掌握策划的逻辑就好，不需要深入去学习相关行业的专业技能，比如做网络游戏策划，我们只要知道程序可以做到什么就好，不用告诉程序员程序要怎样去写，当然如果能全面地了解各方面的知识是最好了，特别是了解营销方面的知识会对策划的联想创意方面很有帮助。

任务三　实训课业

一、实训目的

本实训旨在考查学生对本模块内容的理解和掌握情况，培养学生对旅游策划的分类及发展的了解。

二、实训要求

请学生依据所提供的材料，按照教学内容，完成以下的实训课业。

三、实训对象资料

策划分类是根据企业和社会需求进行分类的，请学生根据行业发展的情况提出若干个策划类别，展开类别的讨论，并找出其中的规律，找几个现行的策划案例分析其规律性。

四、实训过程

第一，分析策划对象

第二，学生分组进行讨论

第三，提交策划分类内容

第四，展示交流

第五，总结点评

模块二　认识旅游策划

导读

通过本模块的学习，在老师的引导下掌握旅游策划概念，理解旅游策划的分类，看清旅游策划本质，探究旅游策划基础，发现旅游策划特点，学会旅游策划的方法，剖析旅游策划的原则，尤其是在掌握策划原则的基础上，应用科学的方法编写旅游策划。

工作任务

任务一　掌握旅游策划概念，理解旅游策划的分类
任务二　看清旅游策划本质
任务三　探究旅游策划基础
任务四　发现旅游策划特点，学会旅游策划的方法
任务五　剖析旅游策划的原则
任务六　实训课业

任务一　掌握旅游策划概念，理解旅游策划的分类

根据前面我们对策划概念的理解，对旅游策划的概念可做出如下描述：旅游策划是指旅游策划者为实现旅游组织的目标，通过对旅游市场和旅游环境等的调查、分析和论证，创造性地设计和策划旅游方案，谋划对策，然后付诸实施以求获得最优经济效益和社会效益的运筹过程。简言之，旅游策划是对某一旅游组织或旅游产品进行谋划和构想的一个运筹过程。旅游策划是一门新兴的整合学科，目前国内外还没有专门的系统研究，旅游策划概念常常与旅游相关的一些概念混淆在一起。为使旅游策划概念的界定科学、全面、准确、合理，有必要将旅游策划概念同旅游决策、旅游建议、旅游规划、旅游计划、旅游创意等这些容易与旅游策划概念相混淆的相关概念进行比较和甄别。

旅游策划学是一门指导旅游策划的运作规律，研究其原理、原则、方法、技能及其在旅游策划实践中如何应用的学问和学科，旨在通过对旅游策划原理、原则及发展规律

的系统研究，为旅游策划实践提供理论依据和指导。

旅游策划可以分成以下几种类型。

（一）根据旅游策划的规模划分类型

根据旅游策划的规模，可以分成个别旅游策划和整体旅游策划两种。个别旅游策划，是指单独性地对一个或几个旅游活动的内容进行策划。整体旅游策划，是指具有较大规模的、围绕同一目标而进行的一系列的旅游活动的策划。

（二）根据旅游策划的侧重点划分类型

根据旅游策划的侧重点，可以分为宏观旅游策划和微观旅游策划两种。

（三）根据旅游策划要素划分类型

根据旅游策划的基本要素，旅游策划可以分为旅游目标策划、对象策划及方案策划等。

（四）根据旅游策划的对象划分类型

根据旅游策划的对象，旅游策划可以分为旅游企业策划、旅游事业策划和政府策划。旅游企业策划又可分为饭店宾馆策划、旅行社策划和旅游景点景区策划等。

（五）根据旅游企业的运行过程划分类型

根据旅游企业的运行过程，旅游策划可以分为旅游战略策划、旅游产品策划、旅游促销策划、旅游广告策划、旅游企业文化策划、旅游形象策划、旅游谈判策划、旅游专题策划、旅游危机策划等。

（六）根据旅游策划内容的性质划分类型

根据旅游策划内容的性质，旅游策划可以分为旅游发展策划和旅游发展规划设计策划。

（七）根据旅游活动的形式划分类型

根据旅游活动的形式，旅游策划可以分为休闲旅游策划、生态旅游策划、观光旅游策划等。旅游策划是一门有其特定研究对象和理论体系的学科，在旅游学和策划学理论基础上，有必要建构一个具有中国特色的旅游策划学科体系和理论体系。

任务二　看清旅游策划本质

旅游策划作为旅游管理活动和旅游决策活动的一种前导程序和总体构想，它不仅仅是一个概念、一种符号，而且是一种思想、一种文化、一种发现、一种理想、一种创造，以及一种精神。

一、旅游策划的思想本质

旅游策划是旅游策划者对于旅游组织或旅游产品的理解、认识和看法，是旅游思想在旅游领域的具体表现和应用。

二、旅游策划的文化本质

旅游策划就其本质而言，是文化的营造和再现。美国人策划迪士尼乐园，营造和再现了恢宏、荒诞、勇于开拓的美国文化；中国人策划深圳锦绣中华，营造和再现了严谨、平实和博大精深的中国文化。由此可见，旅游策划的本质，即是旅游文化的一种营造。

三、旅游策划创造本质

缺乏创造性和创造力的旅游策划是没有生命力的旅游策划。我国台湾省著名企业家徐风和先生说过这样一句话："今天适用变化的唯一方法就是创新。"美国著名管理咨询专家迪克·卡尔森在其《现代管理——怎样做一名经理》一书中写道："不发达国家之所以不发达，与其说由于它们资金缺乏、底子薄，倒不如说是由于守旧而缺乏大胆的创新。"由此可见，从一定意义上来说，旅游策划就是旅游创造。

四、旅游策划的发现本质

发现是旅游策划的起点，旅游策划的过程也就是发现问题、构思问题和解决问题的过程。因此，旅游策划就其本质而言，具有发现的特性。

五、旅游策划的理想本质

旅游策划是一项预知未来、描绘理想的工作，也就是说，旅游策划是针对未来可能将要发生的旅游事情而做的当前的决策，如果说，一般女性都在购物中心里追求时尚，在博物馆里找寻历史，那么旅游策划就应在五金店里找寻历史，在飞机场上追求时尚，这就是旅游策划的理想本质。

六、旅游策划的精神实质

旅游策划的处境，始终是在一个超前、理性的概念与一个滞后、沉重的现实之间徘徊和挣扎。正视差距的存在，并且超越它，就能取得成功。无视差距的存在，就永远落在差距的后面，旅游策划也就只能成为一种梦想和一纸空文。因此，旅游策划衬托的是一种精神，一种没有市场就创造一个市场的精神，是一种身体力行、敢想敢做的精神。

相关链接

美国加利福尼亚的爱西美食品公司被人们称为“今明后”公司，该公司为迎合消费者心理，雇用了42位食品设计师兼配方师，每周要设计出10多种新食品，但对这10多种新食品，公司并不忙推出。而是试探出顾客的反映后再推出。其做法是，在公司的门市部专门设置一个名为“今明后”的柜台。每天总有几种新设计出来的食品样品陈列于该柜台中，免费供顾客品赏；公司还制定了一条规矩，在“今明后”柜台陈列的新食品，今天陈列出的供人品尝的新食品，第二天就可以接受订购，第三天公开出售。公司从顾客品尝的多少中预测市场需求量，并制订上市计划。此举大大吸引了消费者，使“今明后”公司在同行中独占鳌头。

1. 请各位同学在此段话里分析它蕴含着旅游策划的哪些本质。
2. 请同学分析这段话会产生什么效果。

任务三　探究旅游策划基础

旅游策划应以什么样的风格、什么样的思想、什么样的理论和什么样的文化作为基础？这不仅是旅游策划的方法问题，也是旅游策划的理论问题和方向问题，我们认为，旅游策划的思想基础、认识基础、文化基础和方法基础，应该具有以下这些内容：

一、战略——旅游策划的思想基础

旅游策划的重点应是旅游战略设定的谋略设计，即应着眼于宏观而不是微观，是整体而不是局部，是战略而不是战术。

二、理想——旅游策划的认识基础

旅游策划是一种创造性的思维活动，如果不从根本上改变常规、追求理想、标新立异，旅游策划就无从谈起。因此，展望未来、描绘理想，是旅游策划的认识基础。

三、文化——旅游策划的发展基础

旅游策划的过程，也就是文化繁殖和创造的过程，缺乏文化基础、文化背景、文化内涵的旅游策划，是没有生命力的旅游策划，文化是旅游策划发展的基础。

四、差异——旅游策划的方法基础

创造差异是旅游策划最基本的原则和方法。

相关链接

盱眙龙虾节富了一方人

借鉴意义：成功举办某某美食节，是树立品牌、拉动销售的有效手段。我们若自己力量不够，就要学会借力，或者与他人合力办。如果做不大，就把自己能辐射的周边做好。实在不行，就把先尝后买做好。

小龙虾在20世纪30年代传入中国，分布广泛。在相当长一段时间内，人们没觉得它是一种美味。老百姓没有养殖小龙虾的经验，只有用夹子夹死小龙虾的经验，这是因为小龙虾在稻田里的特别多。在农民看来，小龙虾是农业害虫。

直到盱眙人用山区野生中草药烹饪出“十三香小龙虾”，小龙虾才真正走上正规餐桌，并吸引了许多情有独钟的“龙虾迷”。

借助小龙虾的影响，盱眙县于2000年举办了“中国龙年盱眙龙虾节”。初步尝到甜头后，自2001年开始，每年都举办。越办越红火的龙虾节不仅在盱眙办，还办到了南京、上海、浙江，所到之处，媒体云集、游人如织、食客纷至。

盱眙龙虾节为盱眙龙虾树立了品牌、带来了销量。不少人因此成了百万富翁、千万富翁，他们不仅搞外卖，而且开连锁店。在长三角，挂着“盱眙十三香”牌子的饭店越来越多。据统计，盱眙单单在外面给人家烹饪小龙虾的人就超过了5000名。吃的人多了，价格自然水涨船高，一天销售十几吨都不够，还要从江西、湖南、湖北等地调货。

继2004年盱眙把中国龙虾节办到浙江、上海等地后，2006年中国龙虾节主会场，在南京、宁波、上海、深圳、北京六地同时联办。

通过办节的影响和拉动，小龙虾形成了一个产业链条，一年销售3万吨，产值达5亿多元，全县从事龙虾行业的达6.5万人。小龙虾还直接拉动了旅游餐饮业，年游客量从2002年的8万人，猛增到2006年的165.3万人，实现旅游收入6.2亿元。仅农产品销售这一块，每年龙虾节就带动10万多吨稻米、5万多吨水产品及大量牲畜销往长三角地区。

1. 分析上面的案例中盱眙小龙虾的战略思想基础是什么。

2. 阐述盱眙小龙虾的文化内涵。

任务四 发现旅游策划特点，学会旅游策划的方法

旅游策划作为旅游与策划的分支，是旅游学与策划学这两门学科综合交叉、高度整合的产物，因而，无论在概念的内涵方面，还是在概念的外延方面，都具有自己的特点和内容。

一、旅游策划学的特点

旅游策划作为一门学科，具有以下几个方面的特点：

（一）整合性特点

旅游策划学是一门新兴的整合学科，是旅游学和策划学整合的结果，具有典型的整合性特点。

（二）综合性特点

旅游策划学是旅游学、策划学、传播学、行为学、创造学、运筹学、谋略学、市场学、心理学、信息学、公关学等各种学科和文学、历史、哲学、经济、民俗、文化、数学、物理、化学等多方面知识交叉综合的产物，因此，具有综合性特点。

（三）应用性特点

旅游策划学与旅游学、旅游经济学和旅游心理学等旅游学科比较，尤其强调其操作性、实用性和应用性。旅游策划学虽然也对旅游的一些理论问题进行了总结和概括，但这种总结和概括，其根本出发点在于指导具体的旅游策划实践。

（四）系统性特点

旅游策划学是一门系统性和整体性很强的学科，也就是说旅游策划学主要是对一些较大规模、围绕同一目标而进行的一系列旅游活动的策划。

（五）宏观性特点

旅游策划学的学科重点在于宏观操作和理论探讨，而非具体微观的剖析。

二、旅游策划的基本方法与技巧

（一）借势法

借势法是指借助重大事件、重大决策、重大时间、重要人物或者山水之势策划出与之相关的活动或项目。例如：

- 事件：昆明世博会、世博园，河南世界旅游小姐总决赛；
- 决策：红色旅游、北京亚运会；
- 时间：新年看日出、端午节龙舟赛；
- 人物：孔子国际文化节、金庸华山论剑；
- 山水：张家界飞机穿越天门洞、钱塘江观大潮；
- 特产：吐鲁番葡萄节、大连服装节；
- 民俗：云南泼水节、蒙古摔跤；
- 宗教：法门寺佛指舍利、纪念老子诞辰活动；
- 体育：奥运会、F1 汽车大奖赛。

（二）点睛法

找出一个亮点，并以亮点为突破口带动事业发展。例如：

- 活动：刘三姐（南宁民歌节），烟花三月下扬州；
- 口号：云南（万绿之宗、彩云之南），河南（得中原者得天下）；
- 标识：旅游标志（马踏飞燕），北京奥运会（中国印）；
- 项目：深圳（世界之窗），河南（少林寺）。

（三）差异法

差异法是指分析差异，以个性取胜。例如：

- 定名：五岳联盟（中华五岳雄心宝剑）、少林寺佛教圣地（禅宗祖庭）；
- 形式："棋行大地，天行凤凰""印象·刘三姐"；
- 内容：青岛啤酒节、大连服装节。

相关链接

中华恐龙园

1997 年"无中生有"的中华恐龙园在当时一片 33 公顷荒草滩上动工建设，开始了常州向中国优秀旅游城市的发展之路。在建设之初，公园的规划者即通过研究提出"欢乐要素、幻象美学、感性消费"是新旅游的三个核心内容。现代旅游，特别是现代城市旅游，建造城市主题公园一定会把自然因素和现代科技进行整合再现。正是在新旅游理论的指导下，2000～2002 年恐龙园凭借旅游、科普双向发展道路大获成功，与迪士尼发展模式、深圳"锦绣中华"模式一起被专家并称为延长主题公园生命周期的三大模式之一。单纯的博物馆充其量不过"三分钟热度"，要将恐龙园当作长远的事业来做就必须在做好博物展示的同时大力发展旅游产业。从 2003 年起，常州恐龙园开始摸索如何增加设备、进行主题包装、营造文化氛围，这成为制定整个恐龙园发展的总体规划。2005 年，常州恐龙园委托国际知名的主题公园设计公司——加拿大 FORREC 公司为其"量身定做"未来 10 年的总体规划，将恐龙园定位为"打造恐龙王国"；开发方向按照 6 大区域进行改造，即主入口区域、雨林区、未来世界区、峡谷区、恐龙王国区、鲁布拉区。

2006 年，规划中的第一个主题区域——鲁布拉区耗资 1 亿元建成，共有各类项目近 20 个，可以同时消化近万名游客。该区域围绕恐龙以及鲁布拉文化对一些项目进行了全方位的文化包装。2006 年 10 月，鲁布拉区和嘻哈恐龙谷对外开放。按照这样的计划环球恐龙城将成为一个社会效益、经济效益、环境效益和文化效益并重的都市欢乐地。不久的将来，一个集文化旅游、休闲度假、商业人居于一体的多元化生态休闲旅游目的地将呈现在世人面前。

中华恐龙园的发展历程

2001 年，中华恐龙园被授予国家 4A 级旅游景点，2004 年被授予全国科普教育基地、中国文化产业示范基地，2008 年创 5A 级旅游景区通过省级初评并纳入国家旅游局考评序列，同年中华恐龙园成为中国《主题公园服务规范》制定者，2009 年中华恐龙园和桂林山水、黄山风景区等 50 家景区一起纳入了国家旅游局中国"精品景区"电视系列片拍摄计划。未来 3 年内中华恐龙园将实现资本上市，5 年内中华恐龙园将在全国各大城市的商业中心打造 100 家"中华恐龙园"室内主题娱乐公园连锁。有业内同行说中华恐龙园总共不到 5 亿元的投入能做到 2 亿多元的年营收只能用奇迹来形容。

案例分析：

1. 中华恐龙园在发展过程中采用了哪些策划方法来提高他们的旅游产品品质？
2. 中华恐龙园借用了哪些新旅游理论提升项目的发展？

任务五　剖析旅游策划原则

一、实用性原则

在市场经济中，消费者购买产品最基本的属性就是产品的使用价值——实用。在策划过程中，每个策划方案都必须保持其实用性，离开实用性来谈策划就犹如在对牛弹琴。

实用性策划原则指策划具有三层含义。第一层含义是指策划必须实现其预设的策划目标：策划目标是策划过程起始点，策划就是围绕这个核心展开整个策划的具体工作。第二层含义是指策划方案应具有可操作性：策划方案可操作性就是具有一定可执行和操作条件，适合整个商业环境。因为任何策划都要在一定的环境中去执行，这种环境如果与策划方案所要求的差距太大，策划方案就不具备可操作性。第三层含义是指策划方案具有时效性：策划实用性原则讲究策划中要考虑策划方案的时间要素。因为策划是在特定的环境中发生的思考运筹行为，因此策划必须对策划跨越的时间有明确的规定或限制。

二、先计策划原则

策划学一直在强调其思考的架构和形式的运用。诸如特意介绍策划学中主要的逻辑思考、联想思考、系统思考、整合思考等模式，其用意就是在策划中力求策划的科学性、系统性和全面性，所有过程都只有一个目的——确保策划能取得好效果或成功。先计的策划原则就是思考整个过程，把思考结果和相关因素都转化成策划学中的可衡量的“充要条件”。先计策划原则就是完成这个转化过程的策划原则。策划方案能否成功或有成效，就看策划中的先计策划工作做得如何。优秀的策划者通过先计策划原则就能预测策划成功的影响因素和策划成功的概率。商业策划中先计策划原则注重市场调查与研究，对策划环境有足够的了解和把握后才运筹整个方案，先计策划原则就会“计算”成功的有利条件和不利条件，这样做能在策划方案完成之前就有一个可预测和衡量的结果。无论在战场上还是在商场中，“知己知彼，方能百战不殆”都是竞争获胜的定律。先计策划原则就是让策划过程对整个策划环境进行进一步的评估，在策划方案实施之前对实施条件和结果进行判定，判定策划方案实施的条件是否成熟，以免出现“万事俱备，只欠东风”的现象。如果先计不够充分，出现“东风”不来的情况就会影响整个策划的成败。先计策划原则也更便于对策划实施结果进行控制，判断在最后策划结果超出策划的预料时，是否乘胜追击，以取得更大的效果；如果实施过程中出现意外，也能迅速改变或调整策划方案，而不至于影响到策划的整体。

在策划学中，先计策划原则贯穿整个策划和操作过程。先计策划按过程来分，包括策划中的市场调查研究、信息分析、策划运用的策略、策划运用的观测结果等。先计的原则就是分析、发现策划过程中影响达到策划最好效果的构成要素，并且分析要素具体情况是否有利于策划效果等，如商业策划中企业的品牌、产品或渠道等的优势、劣势；企业存在机会还是威胁等都是先计策划考虑的范畴，目的就是更利于策划的进行与操作。

先计策划中的调查研究。调查研究在策划是否成功中占有非常重要的地位，调查研究的过程就是策划诊断的过程。策划缺少了诊断过程是不会获得成功的。调查研究也是策划者或企业家做决策的前提准备工作时不可缺的步骤。策划学的调查研究相对而言比较有针对性和目的性。策划学中的调查可分为基础调查和导向调查。基础调查主要包括对所策划事物或事件硬件方面的调查和基础条件，如企业产品策划，基础调查就有企业技术实力、企业最大规模、产品质量、产品的知名度、产品的特性与特色、产品竞争实力等与产品本身属性有关的调查。导向调查主要是软性方面的调查，是对主要策略和手段方面的调查，如竞争者产品情况、市场情况和竞争策略等，以及消费市场容量、消费观念变化、传播媒体与信息渠道情况等对策划具有明显导向的资料调查。市场调查力求全面和科学，避免因局部或片面的信息而影响策划的决策。策划过程的调查大部分是在特定的需求和目的下进行的。整个调查更强调导向调查，特别委托策划公司进行策划服务时就更强调导向调查了，因为这是与策划效果关系最为密切的调查。

调查中有一部分是收集部分对手的信息，这点对于具有竞争性质的策划来讲，具有重要的意义。在军事策划中，战争的胜负常与敌方信息收集的多少有关，因为在战场上战争常常是因敌而制胜。在竞争激烈的行业中，对市场上竞争信息的收集也具有战略意义，如竞争对手技术开发方面的信息、广告宣传策略方面的信息等。这几年中各行业领导者极其爱打价格战，不谨慎就会陷入价格战中，很多中小型公司在价格洗牌过程中就被淘汰了。

在策略制定过程中，先计策划原则就是指导策划在动作过程具有的风险性并对发展趋势做出判断，这些策划先计的运用过程，也是其运用过程的预计结果。先计策划原则是对事物或事件在策划过程中的动态发展结果进行预测和分析，是先计策划原则欲解决的问题。需在信息处于不平衡关系时就必须进行的过程，先计策划使用科学方法是对整个策划过程很有影响的，思考模式的充分利用能帮助策划者降低策划风险。对于策划者来讲，先计越多，策划成功的概率就会越大。这种先计策划的过程是解决不平衡、不对称的信息探索的过程，这种探索的现象与方法有些类似信息经济学中的博弈论。博弈论中所讲的内容和方法就是解决非对称、非平衡情况下探索事物发展趋势的方法。

博弈论是在军事领域应用最多的分析方法，解决这种在不平衡和非对称信息的方法就是仿真模拟的方法，假设很多相关制约因素，按一定的组合或变化趋势进行模拟其结果的方法，大家就叫仿真模拟方法。军事演习就是在博弈论的指导下进行的，对战争发展趋势进行一定的假设和预判，并建立模型，对战争制定攻击方法。博弈理论在经济领域的使用就是解决信息不平衡和非对称时的方法，通过不平衡的双方互相发出信息，逐渐得以解决不平衡。仿真模拟在策划学中还没有成功案例，随着市场竞争进一步加剧，信息更加不对称和不平衡，模拟仿真用来指导策划学建立模式，将会提高策划的成功概率。

三、求惠策划原则

求惠策划原则顾名思义就是在策划中讲究有效经济价值。求惠原则在策划学中具有三方面的含义：第一方面含义是求惠原则要求策划具有更高成功概率。策划者必须尽量避免策划的局限，提高策划的成功率，降低策划的浪费率。第二方面含义是求惠原则追求策划中能更小的投入，更大经济价值的产出。第三方面含义是策划本身是否具备经济基础能够支持策划方案的动作花费，策划活动是对事物或事件的动态运筹过程，必然会发生费用与投入，策划活动是一种投资活动的反映之一。如果优秀方案没有费用支持，策划方案也就无法执行，最后也只能成为装饰品或保险箱里的“绝密文件”。

求惠策划原则前两方面的含义说明求惠原则是策划者和策划方案是否成功或优秀的关键经济指标。在策划学中，任何策划都是追求价值最大化，在商业策划中就更强调经济价值。例如广告策划，广告策划是为了宣传企业品牌、形象或产品特性等，这只是过程，是广告策划讲究的过程；而广告策划的结果虽然不仅是带来利润和收入，还以知名度和美誉度等无形价值有关，但是企业广告最终目的就是销售产品，赚取更多的利润。在策划学的实用性原则中对求惠策划原则也有很充分的体现。

成功和优秀的策划案例确实能带来很大的经济价值，在商业策划中；一方面能帮助企业省钱；另一方面，也是最主要方面，就是帮助企业挣钱，至于挣多少则与事物或事件本身有关。在烟台华联新村案例中，策划者除了在策划预定时间内超额完成集团公司最初将保留意见的销售任务，给企业挣了个满盘外，华联股市在市面上迅速上涨，一个月时间内由每股 12 元涨到每股 20 元，可见策划给华联公司带来的经济价值如何。在江西飞环“干黄”营销策划案中，策划者通过一个对产品定位的变化加上系列策划运用，就把产品 15 元/瓶的定价极限提升到 40 元/瓶，突破与转换变成现实。

求惠策划原则第三方面的含义对策划者策划工作有一定的影响。任何策划方案都会发生一定投入，如果没有费用支持方案一定无法执行。如果策划者在明白费用投入有限的情况下，就必须充分考虑策划投入费用，结合其他策划原则进行出其不意的策划，以达到好的策划效果。否则不管策划方案本身有多优秀，都是不适合的策划方案。商业策划中，对于中小企业如何进行策划具有很强的指导意义，策划活动本身可以根据实力进行开展，不必等到有强大实力时才需要策划，实力雄厚时只是策划方案的广度和深度不一样而已。

四、动态策划原则

动态策划原则是指策划过程中事物或事件本身是动态变化发展的，策划必须符合事物或事件这种变化规律，才能收到好的策划效果。另外策划过程本身也是动态思考运作的过程。如商业策划中，大众在对策划前、策划方案实施中和最后事物或事件的观点都会有明显的不同与变化。在商业策划中策划者不管采取的是何种策划技巧，目的都是让目标受众从不了解或部分了解企业和产品，到充分认识和了解企业及产品，产生购买动机，最理想的效果就是让目标客户产生忠诚度，再次消费企业的产品。整个策划实施过程每个阶段的目的和方向都是动态变化的；策划过程还有竞争对手对策划的反应等变化情况，因而策划者首先就要完成树立企业和产品的知名度，然后树立企业品牌，最后还要形成美誉度。

策划的事物或事件都不是静止的，这源于哲学中“宇宙万事万物都是运动”的观点，策划的事物或事件也不是独立体，而是整体性的。动态策划原则在实用性策划原则、求异策划原则、先计策划原则等策划原则中都有充分的体现。如果策划中静止地看待事物，不是用发展的观点去分析事物的规律，策划过程很容易出现不适合事物或事件的规律的策划方案，除了歪打正着，否则策划不会成功。动态策划原则除了强调策划过程要正确面对事物或事件的运动和动态观念外，关键是在策划过程中找出适应于动态或运动规律的动态的策划方案。在本书后面提及的巨人集团进军房地产案例中，策划者对于环境的动态性方面把握不足，没有制订相应的策划方案，出现意外时，导致措手不及、不知如何应对。

动态策划原则提醒策划者注意以下几个方面：

第一，运动和变化是事物本身的属性，必须用动态的、发展的眼光去分析事物存在的规律，不要主观地、静止地分析问题，这些虽是哲学观点，但正是动态策划原则的指导思想，不能违背，否则策划往往会失败。

第二，动态策划原则是揭示事物中存在的动态发展观点，对策划者来说，可以对事物发展趋势进行动态方面发展预测，从而更有效地控制事物变化的范围和程度，达到事物发展更有利于策划的目的。

第三，动态策划原则中动态变化受到的影响因素非常之多，对动态策划不是一件很容易的事。优秀策划者在动态策划方面会借助于多种策划思考模式来综合运用，对事物的动态变化性策划出多种方案，以预防策划过程的不测。这是动态策划原则的解决之道。

相关链接

世界旅游组织和联合国统计委员会推荐的技术性的统计定义

旅游指为了休闲、商务或其他目的离开他/她们惯常环境，到某些地方并停留在那里，但连续不超过一年的活动。旅游目的包括六大类：休闲、娱乐、度假，探亲访友，商务、专业访问，健康医疗，宗教朝拜，其他。

（1）1937 年，第一次定义国际旅游者

在两次世界大战的间歇期间，世界国际旅游收入增长迅速，因此在统计上迫切需要有一个更准确的定义。1936 年举行的一个国际论坛，国家联盟统计专家委员会首次提出，“外国旅游者是指离开其惯常居住地到其他国家旅行至少 24 小时以上的人”。1945 年，联合国（取代了原来的国家联盟）认可了这一定义，但是增加了“最长停留时间不超过 6 个月”的限定。

（2）世界旅游组织的定义

1963 年，联合国国际旅游大会在罗马召开。这次大会是当时的国际官方旅游组织联盟（英文名字的缩写为 IUOTO），即世界旅游组织（英文缩写为 WTO）发起的。

大会提出应采用“游客（Visitor）”这个新词汇。游客是指离开其惯常居住地所在国到其他国家去，且主要目的不是在所访问的国家内获取收入的旅行者。游客包括两类不同的旅行者：

第一，旅游者（Tourist）：在所访问的国家逗留时间超过 24 小时且以休闲、商务、家事、使命或会议为目的的临时性游客。

第二，短期旅游者（Excursionists）：在所访问的目的地停留时间在 24 小时以内，且不过夜的临时性游客（包括游船旅游者）。

从 1963 年开始，绝大多数国家接受了这次联合国大会所提出的对游客、旅游者和短期旅游者的定义以及以后所做的多次修改。

在 1967 年的日内瓦会议上，联合国统计委员会提议，应该建立一个单独的游客类别。旅游者至少要逗留 24 小时，然而，有些游客外出游览但于当日返回了居住地，这些人被称为“短期旅行者（Excursionists）”，这类游客包括了不以就业为目的的一日游者、游船乘客和过境游客。短期旅行者很容易与其他游客区分开来，因为他们不在目的地过夜。

任务六　实训课业

一、实训目的

本实训旨在考查学生对本模块内容的理解和掌握情况，培养学生对旅游策划概念的了解，掌握旅游策划的特点，学会旅游策划的方法，剖析旅游策划的原则。

二、实训要求

请学生依据所提供的材料，按照教学内容，根据旅游策划的概念和特点，学会旅游策划的方法，在策划中尊重旅游策划原则。

三、实训对象资料

请学生分组各自找一个策划的案例，分析案例的特点和案例中应用了哪些方法，并对这些方法进行解剖，案例中遵循了哪些原则，这些原则如何在今后中使用。

四、实训过程

第一，分析策划对象

第二，学生分组进行讨论

第三，提交案例

第四，策划案展示交流

第五，总结点评

模块三　掌握旅游策划的实操技巧

导读

通过本模块的学习，使学生初步了解旅游策划程序，运用旅游策划技巧，开展旅游策划工作，同时学会通过设计编写调查问卷，发放收集调查问卷获取第一手资料，根据这些资料编写一个项目的可行性研究报告，最后完成一个项目的旅游策划书。

工作任务

任务一　了解旅游策划程序
任务二　运用旅游策划技巧
任务三　编写调查问卷
任务四　编写可行性研究报告
任务五　编写旅游策划书
任务六　掌握策划常用理论
任务七　实训课业

任务一　了解旅游策划程序

不论策划项目的规模大小，策划的一般过程至少应包括以下几个必要的基本程序：

一、提出问题，明确目标

策划是一种目的性很强的活动。任何一个策划案的产生，无不是针对组织的某个问题或是某个特定的目标。因此，策划的第一个必要程序就是提出问题与目标。清楚而准确的设定目标，是整个策划活动能解决某个问题、取得某种效果的必要前提，也是评价策划案、评估实施结果的基本依据。

在实际策划中，有些情况下，目标是很明确的，例如调查策划的目标基本上都是预先给定的；但有些情况下问题与目标就不是那么明显，需要策划者自己去挖掘、归纳。在这种情况下，常常需要事前的调查。调查的详尽程度随策划的复杂程度而定。

值得注意的一点是，目的并不等于目标。目标是目的的具体化。将目的以一定的方式标识，即是目标。目标具体化、数量化，则可能增加达到目的的可能性。因此目标的设定是一个复杂的过程。总之，设定问题与明确目标是策划过程中必不可少的重要环节。

从策划工作的特性出发，在明确目标的过程中，还应注意以下三点：

（一）主题意识

策划工作大多数是在委托情况下开展的，策划工作者必须弄清委托者的本意、要求，即主题，把有限的时间和智慧专注其中，避免南辕北辙。确定策划主题时，应避免三种倾向：同一化、扩散化、共有化。

（二）辩证求解

策划可以理解为以“实现目标”为一方，以“资源环境”为另一方，寻求连接二者捷径的工作过程。但大多数策划面临的问题，如果按线性规划求解，根本无解。换位观察、打破思维定式的束缚，换个角度辩证求解，往往可能出现“山重水复疑无路，柳暗花明又一村”的情况。其中，关键是解放思想，实事求是。

（三）有限合理

有限合理就是在给定条件和约束的限度内，力求达到既定目标的行为方式。具体来讲，就是在掌握内部结构的基础上，从全局出发，不急于求成；抓住关键后，要量力而行，先易后难，确定合适的工作范围，从而避免盲目行动。

二、策划环境分析

所谓“策划环境”，是指在策划实施时，会产生什么影响，或会受到什么影响等对有关组织和社会状态的考虑。对策划环境进行分析，是确立目标后的又一个必要的策划程序。

至于策划环境的分类，可以从多种角度进行。通常可以简单将其划分成：内部环境和外部环境，有利的环境因素和不利的环境因素。

三、信息采集

开发信息、系统分析法步骤中有“收集资料”一项。收集资料是从书报、政府出版物、企业档案、账目、生产经营过程等中，获得大量的信息。信息、材料、能源被誉为现代经济发展的三大支柱。企业是社会经济活动的一种组织形式，因此策划工作也必然要与社会有密切的信息交流。

信息开发的水平，决定着策划的水平——信息量如果足够大，仅靠抄袭就可轻易制胜；而信息开发的现代化和分析推理的科学化，是提高策划水平的基础性工作。从这个角度上讲，策划是“电脑+人脑”开发信息的过程。

对信息的开发，要强调两点：第一，开发工作要尽量现代化；第二，推理方法要科学化。

在策划信息加工处理中，要努力提高计算机分析软件的应用水平，计算机应用管理体制合理化、管理过程标准化、管理方法最优化、管理方法高效化，及时、准确地掌握环境信息，是企业家工作的基础。

四、市场调查与预测

（一）市场调查

1. 市场调查的目的

是指对市场顾客的购买力、购买对象和购买习惯等方面进行全面或局部的了解。具体一点说，是以市场营销的各个阶段和购买商品及消费商品的个人或团体为对象，运用科学的收集、记录、整理和分析有关商品（或劳务）、销售（或转让）各种问题的全部事实资料。

2. 市场调查的范围和内容

市场潜力，包括调查、分析市场，从而确定未来使用者的购买量。

竞争态势，包括同业供应者和替代行业供应者的生产销售能力。

价格趋势，包括单价升降趋势及物价上涨因素。

顾客行为，包括顾客购买行为的影响因素。

行销策略，包括未来将采取的产品、价格、推广及促销策略。

具体涉及调查内容如下：

（1）环境调查：环境好坏是设定经营目标及营销策划的先决条件。环境调查的内容如下：

- 经济环境，包括经济政策、经济计划或方案以及经济发展水平等；
- 技术环境，包括新产品和代用品的技术发展水准及新趋势；
- 贸易环境，包括进出口流向、国际收支地位以及贸易与资金管制的情报；
- 政治环境，包括政治体制及稳定性报告；
- 法律环境，包括各种重要的工商税法及保护、管制、奖励及融资规定；

• 社会环境，包括人口结构、社会习性、家庭及教育体制；
• 竞争环境，包括各竞争者企业策略及经营者的管理能力。

（2）市场供求：首先应调查的包括：

• 顾客（包括中间商）的态度；
• 顾客的使用目的、购买动机；
• 购买数量、批数及时间；
• 采购程序、人员及组织；
• 对质量的要求及满意程度；
• 对价格水准以及付款条件的意见和要求；
• 对送达时间及地点的意见和要求；
• 对售前售后服务的意见及要求。

此外，尚需调查国内外同业或替代行业的竞争者的行为：

• 国内外主要生产厂家及进口厂家的品牌及特性；
• 历年国内生产及存货数量；
• 进出口数量及国别；
• 价格趋势；
• 各主要竞争厂家产品、市场占有率及营销策划特点；
• 联营程度或合作方式；
• 政府补助或奖励、津贴种类及程度。

（3）企业现状："知己知彼，百战不殆。"企业必须充分了解本厂产品及销售状况，才能做出与之对应的策划，它涉及如下方面。

用户：本企业产品的用户是谁？谁是最主要的用户？谁是最忠实的用户？谁是新产品的首用者？谁是购买的决策者？

产品：消费者对本厂产品是否满意，不满意的原因是什么？产品在市场上是畅销还是滞销，原因在哪里？产品的生命周期处于哪个阶段，应采取什么措施，可能获得什么结果？产品的市场占有率有多大，是上升还是下降，原因是什么？产品的包装是否受欢迎？厂牌及商标的效果如何？消费者对产品的反应如何？

销售：本企业产品的销售状况、影响销售成绩好坏的原因是什么？经销商的销售状况、消费者对代销商的印象如何？产品的销售成本占销售收入的比例为多少？产品的仓储、运输成本及运输路线的情况？等等。

广告：本企业的广告是否引人注目？广告媒介作用发挥得如何？广告效果如何？广告的宣传作用如何？

3. 市场调查的步骤三个阶段

（1）预备调查阶段：这个阶段主要通过分析和非正式调查（试探调查），确定调查命题、目标及其范围。

（2）正式调查阶段：在确定调查问题或目标以后，先要决定收集资料的方法，准备所需的调查表格，设计抽样方法，然后进行实地调查，取得调查资料。

（3）处理结果阶段：将调查收集到的资料进行整理和分析，做出报告并跟踪。

4. 市场调查的方法四种方法

（1）询问法。询问法是以询问的方式作为收集资料的手段，由调查者先拟出调查表，以当面、电话或书面的形式向被调查者提出询问，从而获得所需资料的一种调查方法。

询问的方法有：个别当面调查、集体调查、通信调查、电话调查、书面调查等。

回答的形式有：二项选择法、多项选择法、分级选择法、自由回答法、记分法、尺度法等。

调查的内容有三类：事实调查、意见调查、判断理由调查。

（2）观察法。观察法是由调查者或机器（如照相机、摄影机、录音机或某种特定的仪器）在现场从旁观察并记录被调查者行为的一种收集资料的方法。这种方法能客观地获得第一手准确情报，因为它不直接向被调查者提出问题，而是观察所发生的事实，或利用机器进行记录，以判断被调查者在某种情况下的行为、反应和感受。

（3）实验法。实验法是从影响调查问题的许多因素中选择1~2个因素，指定在一定条件下观察其反应。实验法的应用范围很广，凡是某种商品在改变设计、品种、包装、价格、广告、陈列方法等因素时，都可应用此法，先做一小规模的试验性改变，以调查顾客的反应。

（4）统计分析法。统计分析就是利用公司、企业内外有关资料，根据统计原理，分析市场及销售变化情况。一般统计分析法有趋势分析和相关分析两种方法。

市场调查的这几种方法，在应用时究竟采用哪种，还是几种同时采用，主要依调查者所需资料的性质而定。

（二）市场预测

市场预测是建立在环境研究和市场调查基础上的科学推算。根据过去和现在预计未来，根据已知推测未知，根据主观的经验和教训、客观的资料与条件、演变的逻辑与推断，来寻求市场需求的变化规律。

1. 市场预测的要点

策划应该是一项何时开始开展的活动呢？笔者认为应该是随时甚至是提前。举个例子：上海有一位月薪8000元的出租车司机，在他即将路过一家大医院的时候，他已经预测会出现至少三种打算乘车的顾客。为什么要预测？

（1）市场预测的目的：目的是要明确企业通过微观市场预测来寻求未来能提高经济效益的机会，提出最优化方案，以选择最适宜行动或根据预测出的消费者需要欲望和动向，设法转变为企业本身的收益。

（2）市场预测的基本原理：市场诸因素间存在连续性、类推性和因果性三个特性，它们是预测的基本原理。

（3）市场由供需双方组成：在预测时要搞清供需的不同情况，预测的重点应有所侧重。当市场商品供不应求时，重点预测生产能力扩大的可能；当市场商品积压时，重点预测促进销售的可能。总之，预测应是积极的、主动的。

（4）市场预测的基础：基础市场调查是市场预测的基础，两者关系密不可分，以至于常常把市场调查和预测连在一起。

2. 市场预测的步骤

（1）确定目标：要明确规定预测目标、预测期限和预测数量单位，预测目标必须用文字说明。

（2）收集和分析历史数据：收集资料时应注意资料的可靠性，对历史上只出现过一次的事件，不应归入历史数据。预测人员在分析历史数据、排除偶发事件时，应对市场和公司过去活动有透彻的了解。

预测资料的来源大致为：

- 国家政府部门的计划与统计资料；
- 本系统（公司、企业）的计划、统计和活动资料；
- 国外技术经济情报和国际市场活动发展的资料；
- 商业部门和市场的统计数据资料；
- 各研究单位、学术团体的研究成果、刊物资料等。

3. 提出预测模型，选定预测方法，进行预测

对定量预测可以建立数学模型，对定性预测可建立设想性的逻辑思维模型，并选定理论方法，进行预测。

4. 分析评价

分析评价预测中一些与过去不同的新因素，转化成数量概念，分析这些因素的影响范围和程度。对这些因素的影响程度不仅要考虑到内部因素，而且还要考虑到外部因素，并分析出预测和实际可能产生的误差，以及误差的大小及原因。

5. 修正补充

数量预测的复杂因素可通过模型和计算机模拟，但模型及计算机只能解决主要因素之间的关系及变化，而且这些数学模型的方法是假设性的。因此，模拟出来的预测数量不可能完全准确，需要对未考虑的因素进行分析，以修改和充实模拟的预测数量，作为最佳预测的完善数据。

五、产生创意

旅游策划的灵感往往来源于生活，这就需要不断地收集资料、积累资料、寻找灵感，及时总结、妥善处理，最后产生创意，所以要寻找创新的路径。

- 动作要快，必须有“即刻反应”的能力；
- 必须有卓越的“形象感觉”；
- 必须有丰富的“情报量”；
- 必须有思路清晰的“系统概念”；
- 必须有“战略结构”，对未来或各种利益结构有强烈的控制力量；
- 必须有“概念化”能力，能将所有相关信息归纳成一定的概念；
- 必须有敏锐的“关联性”反应力，对人、产品、市场的关系要反应灵敏，并能综合起来分析；
- 必须有丰富的想象力；
- 要有丰富的“感性经验”；
- 必须有“多角度”的思考，并能采取系统概念和战略构造；必须有“同时进行多种工作”的能力，全线与支线同时并进，即使在错综复杂的环境下，也能妥善地处理工作。

六、确立方案

按系统论的方法，如果是定量分析一般采用模型优化法、实验优化法及统计优化法确立方案，如果是定性分析，则要用各种定向方法，如头脑风景法、德尔菲法等来确立方案。下面是模型优化法中的数学模型方法的程序：

- 确立目标（主、分目标）；
- 建立约束条件方程式；
- 运用数学模型接触结果；
- 从结果中选出实际可行方案。

市场调查理论应用于策划，环境分析就相当于设立约束条件，包括资源约束、组织约束、法律约束等各种环境约束。预先对策划环境进行细致分析，找出各种可能的约束条件，是拟订实际可行策划方案的前提条件。这一步骤，相当于系统分析中的“可行方案”和“建立模型”两步。经过创新，一般可形成多种可行性方案的框架，再运用技术经济学的原理与方法，对多方案进行比较，最后确立一项最佳方案。这就是策划的基本形式。

七、编写策划书

策划书不同于一般的文章，它是一种异想天开构思的书面化。为了使策划能准确而细致地表达策划师的构思，必须思考成熟，并在草稿纸上写出要点和画出素描后，才能开始着手写作策划书。

八、组织实施

在将策划的基本方案定下来以后，一项策划案的纲要已经形成。但是，对于每个环节与细节来说，还需要进行更深入的分析评价，以期在动态修正中达到更好的效果。答辩，是让别人进行评价，请专家审批各个环节的优劣；同时，也进行自我评价。

在这一程序中，应该注意以下几个事项：

第一，专家类型。邀请的专家，是根据策划任务的特点来安排的，如计划型、创造型、谈判型等。出于实际工作的要求，在选择专家时，既要有权威性专家，也要有可能对策划提供有价值意见的一般专家；既要有本领域、本学科的专家，也要有交叉、边缘学科的专家，这样可以广开言路，集百家之长。

第二，群体规模与群体行为。参加策划的专家，在人数上的规模主要由策划任务的复杂程序和信息交流的难易程度决定。不是人越少越好，也不是人越多越好。小的群体，信息交流充分、可迅速得到策划的结果，但由于面过窄，不能保证对复杂问题落实的质量；成员增加，交流的信息量呈几何级数增加，但工作时间长、开支大，如能克服信息交流的障碍，则能更加全面和更适应复杂问题的实际解决。

群体行为是指专家之间相互沟通、协调一致的状况。外在的群体行为分为面对面和背对背两种。面对面座谈会，可由专家当面阐述意见，但可能产生不良心理影响；背对背即函询法，这种方法使专家互不见面，由专职工作小组将其意见进行整理归纳、反馈沟通，这样群体内更加平等，没有拘束，但工作量过大。

第三，意见综合与修正。把众多专家的不同意见综合，多属于非结构问题，但客观上又有实现程序化、规范化的需要。因此，如何归纳专家群体意见，不是靠简单地举手表决，而是要运用一定的科学方法，如利用数理统计原理的中位数法、算术平均值法、加权平均值法等。

九、实施措施

措施是策划落地的重要环节，是策划的必要步骤。措施是策划落地的重要环节，是策划的必要步骤。项目策划人应根据策划书的要求与项目实施单位对接，制定落实的各项推进措施，督促策划方案的推进，保证策划方案从创意设想到落地的过程不落空。

十、评估结果

策划的效果如何，是策划水平高低的试金石，有一类可以直接出数字成果的策划，是可以用数字来说话的，但有一些策划案的实施不可能立竿见影，也不可能得出简单明显的数字，这就要采用一系列评估办法来评估策划的效果。具体采用哪种评估方法，只能是因地制宜和“具体问题具体分析”。这时，策划的全过程才算完成，当然还有一个反馈的工作，但策划的性质决定策划的方案是不能复制的，甚至对同一企业在不同时间都不能照搬。

任务二　运用旅游策划技巧

在我国古代兵书和军事谋略典籍中，《三十六计》知名度最高。它广引周易，贯穿老庄之学、阴阳之理，刚柔并济、攻防思辨；集兵法、六韬、三略、诡道之大成。故后人有评：“用兵如孙子，谋略三十六。”旅游商品策划本质上是一种艺术，因此没有什么固定的方法，但是总体来看可以将策划的方法归结为下述27种方法。

连环计。旅游商品之间的关系十分密切，一环扣一环。通过开发一种旅游商品，带动另一种或几种旅游商品的开发。这种连环开发的方式是旅游商品开发中经常采用的。例如，天津三绝，最开始只有“狗不理”包子，后来又开发出“十八街”大麻花和“耳朵眼儿”炸糕，三种商品非但没有造成彼此的竞争反而形成一种合力，使“天津三绝”在全国甚至是全世界叫得更响。

冷门计。冷门就是被人们忽视的东西。在人们挖空心思在大家都熟悉的商品上进行你争我夺时，有头脑的商家往往将目光投向被人们忽视的事物。例如唐装，在人们喜欢了西服、T恤的时候，唐装着实丰富了人们的眼球，所取得的成效也再次印证了冷门也往往是最大的热门的道理。

专攻计。所谓的专攻就是“集中优势兵力的意思”。世界产业变革经历过一个从专业化到多样化再到归核化的过程，我国的旅游商品开发商往往没有足够的实力开发多种商品，一旦开发设计的力量被分散掉，则无法形成精品。而事实也印证了这个道理，比较著名的旅游商品的生产厂家往往都是专攻一种商品，如江西景德镇。

缺点计。缺点计是利用“物极必反”的哲学思想，故意夸大缺点，以此达到“创新”的目的。例如，臭豆腐和“狗不理”包子。

更名计。对于旅游商品而言，这主要是指改换旅游商品的名称和包装。有的旅游商品尽管质量很好，但是因包装简陋，甚至没有包装而无法出售或提高价格。因此可以考虑更换名称或包装。例如，著名的文人张贤亮为了贯彻其“出卖荒凉”的理念，推动西北经济的发展，将黄河水进行包装出售，得到了意想不到的效果。

完善计。完善计这就是人们常说的发现问题，改善商品。根据消费者的反映和自己的发现，找出自己商品存在的不足，加以完善或更新，也是一种创新。如人们普遍反映景德镇的瓷器不够实用，据此，景德镇开发了很多更有使用价值的产品，并取得了很好的市场反响。

需求计。需求是商品得以存在的根本。因此发现需求是旅游商品设计开发的第一步。这就要求眼睛看向市场，及时地发现问题，分析得出结论。例如，全聚德的烤鸭，有些客人需要将烤鸭携带回家，但是原先烤鸭只能现烤现吃，后来应旅游者的需要，开发出可以携带的烤鸭。

新奇计。任何旅游商品的开发都要有特色，才可以激起游客的好奇心，最后形成购买的欲望。例如，广西的壮锦和土家族的土布一直都因其奇特的做工和图案成为游客的购物首选。

配套计。旅游商品，无论是大还是小，只要相互配套，总会给人以鲜明的印象。如宜兴的紫砂壶，往往都是成套出售，这样无论是送人还是自用，都会带来强烈的吸引力，因此成为到宜兴游客的购物首选。

再生计。旅游商品的再生，主要是对已经停止经营的商品经过补充和修改设计重新上市。例如蜀绣，曾经一度销声匿迹，但是随着人们对历史文化遗产保护意识的增强，蜀锦又焕发出勃勃生机。

环保计。随着全球环境污染问题的加剧，人们也逐步认识到环保的重要性。反映到旅游商品中，表现为材料、工艺、包装等各个环节的天然性。例如我国的蜡染织品以其天然特色得到了很多游客的青睐。

时尚计。时尚一直都是人们追逐的焦点，而旅游商品也要抓住游客追求时尚的心理。例如，在香港和澳门成功回到祖国怀抱之时，中国成为世界的焦点。而反映大中国情结的中国结也应运而生，并得到了世界人民的喜爱。

逆反计。逆反是人类的普遍心理特征，因此旅游商品商家完全可以利用人们的这种心理，辣和臭往往是人们讨厌的味道，但是却有很多人反而更想试试四川的辣和臭豆腐。

创造计。有时，消费者的消费习惯是由厂家和商家所引导而形成的。例如，2002 年在北京各大景点风靡一时的“公主帽”，当时并没有人意识到有这种商品的需求，但是当其摆在景点内的各个售货点时，却以其美丽和富于创新的设计得到了游客的喜爱，甚至到了人手一顶的程度。

舒适计。是指旅游商品以为游客提供舒适为出发点，开发旅游商品。例如，原先的旅行背包上的肩垫并无厚厚的海绵，对肩膀的压力很大，增加了旅游的疲劳程度。在改进之后，极大地方便了背包旅游者。因此该计比较适用于旅游用品。

外行计。“不识庐山真面目，只缘身在此山中。”对于旅游商品的开发而言，往往本行业看不出问题或机遇所在，因此可以打破常规，常常听听外行的意见，或许可以收到意想不到的效果。

直接计。根据现存的条件和消费现象，直观思维，将旅游商品纵横延伸，很有可能有新的思路。起码可以找到进一步完善现有旅游商品的办法。

聚优计。博采众长，为我所用。旅游商品的开发商和经营者可以仔细分析同类商品的其他品牌优势，取其精华，去其糟粕，完善自我。

发散计。根据某个能够引起旅游者兴趣的点，进行发散性思维，开发出与此点相关的系列产品。例如，苗族的民族风情是游客所关注的焦点，那么围绕苗族的民族风情可以开发出服装、饮食、工艺品、乐器等各种系列的产品。

养生计。当前人们越来越关注健康，尤其是在遭受“非典”洗礼后的世界人民更加了解健康是美好生活的根本。随之而来，各种养生系列产品得到人们的青睐。旅游商品也应该抓住这样的一个机遇，开发出各种养生商品，如药材、玉器等。

细分计。对市场根据各种不同的标准进行分类，再根据不同细分市场的需求特色开发和设计商品，如老年人和儿童以及青少年的商品就是不一样的。旅游商品开发商也可以把某一类细分市场作为自己的主攻对象，开发针对该市场的商品。

大众计。通过市场调查，了解到大多数旅游者所希望得到的商品，再进行商品设计，从而可以保证市场规模。

名望计。利用知名的事件、人物、景点的名望，开发旅游商品，如东坡肉。

跟随计。规模比较小的旅游商品生产企业，没有足够的资金进行研发，但是可以跟随大型旅游商品生产商和经销商，甚至可以从前者的经营品种中预测未来的发展趋势，发挥后发优势。

迷你计。旅游商品往往要旅游随身携带，因此不宜过大。无论是单体还是包装，都要做到小巧轻便。

仿古计。怀旧是人类所共有的一种情愫。因此在不能对真古董破坏的基础上，可开发出一些做工精美的仿制品满足游客的需求，如仿制的兵马俑、长城等。

组合计。可以尝试把不同的旅游商品的特征分裂开来，打破原先的组合规律，重新组合。例如，在雕塑工艺品的制造过程中，将古代人物的形象加上一些现代人的元素，会起到微妙的效果。

任务三　编写调查问卷

案例引导

重庆旅游目的地形象调查问卷

您好！我是成都师范大学的一名学生，为了了解公众对重庆旅游形象满意度，希望您能抽出几分钟宝贵的时间完成这份问卷！调查数据仅供研究统计分析用，不涉及您的个人隐私信息，请您放心作答！谢谢！

1. 您的性别：(　　)

A. 男　　B. 女

2. 您的年龄：(　　)

A. 18 岁以下　　B. 18~30 岁　　C. 31~50 岁　　D. 50 岁以上

3. 提到重庆，您第一时间会想到(　　)

A. 山城　　B. 美食　　C. 美女　　D. 红色旅游

E. 时尚购物　　F. 西部的经济中心　　G. 热情豪爽的重庆人

H. 丰富的夜生活　　I. 悠久的历史文化　　J. 三峡的源头　　K. 其他

4. 您到过重庆吗？(　　)

A. 到过（到下一题）　　B. 没到过（跳到第 6 题）

5. 您是否愿意再来重庆旅游？(跳到第 7 题）(　　)

A. 非常愿意　　B. 愿意　　C. 一般　　D. 不愿意

6. 您是否愿意来重庆旅游？(跳到第 8 题）(　　)

A. 非常愿意　　B. 愿意　　C. 一般　　D. 不愿意

7. 您选择来重庆旅游的原因是(　　)

A. 历史文化丰富，名胜古迹独特　　B. 地理位置、气候特殊，自然风景优美

C. 是西部大开发的战略重点地区　　D. 市民文化特殊，有特别的都市生活

E. 城市规划建设特别　　F. 打黑唱红圣地　　G. 其他

8. 您觉得最能代表重庆城市旅游形象的是(　　)

A. 红色旅游胜地　　B. 独特的山水城市——山城雾都

C. 内地的购物天堂　　D. 悠闲逍遥的生活节奏，丰富的夜生活

E. 特别的重庆人——豪爽、热情，美女　F. 美食天堂　G. 其他

9. 您对重庆市的第一印象是怎样的？（　）

A. 环境优美的现代化都市　B. 条件优越的商务城市
C. 特色鲜明的人文城市　D. 发展迅速的旅游城市
E. 激情四射的现代都市　F. 有一定底蕴的历史文化名城
G. 普通的省会城市　H. 火锅、美女、火热的天气

10. 您知道的重庆的旅游景点有：（多选）（　）

A. 长江三峡　B. 大足石刻　C. 武隆天生三桥
D. 缙云山、金佛山、四面山　E. 渣滓洞、白公馆、烈士墓等红色景点
F. 丰都鬼城　G. 合川钓鱼城　H. 小三峡——小小三峡
I. 其他＿＿＿＿＿＿＿＿

11. 您对重庆最突出的印象是：（　）

A. 山水风光　B. 特色小吃　C. 历史文化　D. 休闲娱乐
E. 其他＿＿＿＿＿＿＿＿

12. 您从哪些渠道获取有关重庆旅游目的地的信息？（可多选）（　）

A. 电视　B. 亲朋好友的宣传　C. 杂志　D. 网络
E. 报纸　F. 实地旅游　G. 旅行社宣传　H. 其他

13. 您认为重庆城市的标志性建筑是：（　）

A. 解放碑　B. 朝天门　C. 重庆人民大礼堂　D. 三峡博物馆

14. 您对重庆的认知形象是（请从每项中选择一个最适合的）：

①多样的旅游活动：（　）
A. 很同意　B. 比较同意　C. 一般　D. 不太同意　E. 很不同意

②良好的社会治安：（　）
A. 很同意　B. 比较同意　C. 一般　D. 不太同意　E. 很不同意

③卫生的旅游景区：（　）
A. 很同意　B. 比较同意　C. 一般　D. 不太同意　E. 很不同意

④饮食独具特色：（　）
A. 很同意　B. 比较同意　C. 一般　D. 不太同意　E. 很不同意

⑤服务人员素质高：（　）
A. 很同意　B. 比较同意　C. 一般　D. 不太同意　E. 很不同意

⑥宜人的气候：（　）
A. 很同意　B. 比较同意　C. 一般　D. 不太同意　E. 很不同意

⑦交通便捷：（　）

A. 很同意　B. 比较同意　C. 一般　D. 不太同意　E. 很不同意

⑧丰富的历史文化：（　　）

A. 很同意　B. 比较同意　C. 一般　D. 不太同意　E. 很不同意

⑨良好的城市整体形象（　　）

A. 很同意　B. 比较同意　C. 一般　D. 不太同意　E. 很不同意

⑩良好的市容状况（包括户外广告、店面、门牌、路灯等）（　　）

A. 很同意　B. 比较同意　C. 一般　D. 不太同意　E. 很不同意

15. 您对重庆的情感形象是（请从每项中选择一个最适合的）：

①令人放松的：（　　）

A. 很同意　B. 比较同意　C. 一般　D. 不太同意　E. 很不同意

②令人愉快的：（　　）

A. 很同意　B. 比较同意　C. 一般　D. 不太同意　E. 很不同意

③有趣而令人兴奋的：（　　）

A. 很同意　B. 比较同意　C. 一般　D. 不太同意　E. 很不同意

④令人流连忘返的：（　　）

A. 很同意　B. 比较同意　C. 一般　D. 不太同意　E. 很不同意

16. 如果您向朋友介绍重庆，您觉得最值得赞美的是：（　　）

A. 重庆绿化好、环境幽雅　B. 重庆巴渝古城古都

C. 重庆的旅游景点多　D. 重庆美女多、火锅好吃、气候湿润

E. 重庆很热　F. 重庆经济发达

G. 重庆人文特色鲜明　H. 重庆交通便捷

I. 重庆人激情火辣　J. 重庆市是直辖城市

17. 如果要提升重庆城市形象，您认为最需要解决的是什么问题？（　　）

A. 提高重庆的综合经济实力　B. 加快城市化步伐，扩展重庆城市空间

C. 增强重庆城市建设的规划性

D. 加强重庆以城市为单位的对外交流与合作

E. 改善重庆城市的市容、市貌　F. 建设重庆的标志性建筑

G. 提升重庆市政府的形象　H. 提高重庆人的文化素养

I. 培育国内一流的与国际接轨的大型企业

J. 改善重庆的旅游形象　K. 增设重庆的公共服务设施

L. 塑造重庆的文化品牌　M. 改善重庆的城市道路状况

N. 活跃重庆的文化舞台

再次感谢您的帮助！祝您身体健康，阖家幸福！

一、问卷的编写要求

不同的调查问卷有不同的内容、格式、要求，一份好的问卷应该做到内容简明扼要、信息包容精练，问卷问题安排合理、合乎一定的逻辑，便于对后期工作的开展。

在设计调查问卷之前，一定要搞清楚，这次调查的主题是什么，受访人群范围是否有限定，希望能够收到一个怎样的结果，根据这些来选择出题类型、描述用语，才能够达到一个比较好的效果。

在问卷的开头，一定要明确告诉对方，我们进行的是关于什么方面的调查，并且告诉对方该如何作答，是打钩，还是填写选项代码。不要让受访者一头雾水，根本不知道究竟要做什么。

在问题类型的选择上，最好以选择题为主，需要对方提出某些具体意见或建议的问答题最好控制在三个以内。这样的组合方式比较容易为人们所接受，假如都是问答题，只怕没有人愿意认真填写，都是敷衍了事，对于结果没有任何意义和帮助。

在选择题备选答案的设计上，如果是答案很明确，非此即彼的，就可以用二选一的题型；假如是问频率之类容易因个体感受不同而有分歧的问题，最好能有一个具体量化的选择，比如“一天一次、三天一次、一周一次”，而不要用“经常、有时”这样笼统的词汇。

在问题的排列顺序上，应该先易后难，并且就像我们写作文一样，按照一定的逻辑，把几个相互之间有联系的问题排在一起，不要像心理测验的卷子一样，东一问西一题，毕竟设计心理测验的目的和调查问卷是不一样的。

在描述上，一定要注意用词恰当，能够清楚表达含义，而且不会发生歧义。问题尽量用肯定句式，比如“我觉得看书是有益的”，那么答案可以是“同意、基本同意、基本不同意、完全不同意”，千万不要设计成“我不觉得看书是有益的”，有时候人们的思维定式可能会让他们错看这个“不”字，那么面对相同的答案选项，很有可能就做出了与本意相反的选择。

二、问卷的主要内容

问卷通常是由标题、前言、主体和结束语四部分组成。

（一）标题

标题要全面地概括主题，语言要精练，起到画龙点睛的作用，一般标题不宜过长。

（二）前言

前言也称为导语，在内容上包括调查的目的、意义、方法、要求和表示感谢的话语。在组织语言的过程中要用词准确、态度诚恳，既能让应答者感受到尊重，又能激发调查者的兴趣。

（三）主体

主体部分包括问题、答案，这也是整个问卷的重要部分。所谓的问题要紧紧围绕着调查者要调查的主题进行。因为问题的目的是收集信息，收集的信息是由一个个问题和答案组成的，因此问题的设计要十分严谨，做到没有多余的问题，可要可不要的问题要筛选掉，含混不清的问题要修正。问题的排序要合理，要有一定的逻辑性。其中要把简单的问题放在前面，复杂的问题放在后面；把容易回答的问题放在前面，难以回答的问题放在后面；把封闭式的问题放在前面，开放性的问题放在后面。

问题的设计要充分考虑到目标群体的基本情况，如社会阶层、年龄、文化程度、自身的能力范围等。设计好问题后要从应答者的角度去重新审视问题，对不足的地方要加以改正。

（四）结束语

在结束语部分可以再次加上对应答者的感谢，也可以写明调查人、调查时间、调查地点等。结束语一般要简短明了。

任务四　编写可行性研究报告

一、了解可行性分析报告基本格式

可行性分析报告是系统人员对现行系统的初步调查、可行性分析结果做个结论，是新系统开发的依据，也是管理信息系统开发过程中的第一份文档。

（一）引言

主要包括管理信息系统的名称、目标和基本功能，用户单位名称，新系统开发单位，该系统与其他系统或机构的关系和联系，在可行性报告中使用的专门术语及其定义，该报告中所引用的文件和技术资料。

（二）可行性分析的准备

包括对可行性分析的要求和目标，进行可行性所应具备的条件和限制，进行可行性分析所采用的方法。

（三）对现行系统的分析

包括企业要实现的目标与完成的任务，用户单位的组织机构和管理体制，现行系统的状况，可供利用的资源及制约条件，目前企业存在的主要问题及薄弱环节。

（四）新系统的方案

包括新管理信息系统的目标及要实现的功能，新系统的组成结构，计算机配置，新系统的开发的计划、安排，包括开发各阶段对人力、资金、设备的需求，新系统实现后对组织结构、管理模式的影响。

（五）可行性分析

包括开发一个管理信息系统的必要性；开发新系统经济的可行性、技术的可行性、组织管理的可行性和社会的可行性。

（六）可行性分析的结论

根据以上对开发一个管理信息系统的可行性分析，应该得出一个管理信息系统开发项目是否可行的结论。一般有以下几种方式：

- 可以立即进行系统的开发；
- 需要增加一定的设备资源后才能进行开发；
- 要推迟到某些条件具备以后才能进行开发；
- 需要对系统的目标进行重大修改；
- 不能或不必要对系统进行开发。

可行性分析报告是系统规划阶段工作的总结。可行性分析报告要用户单位领导、管理人员与系统开发人员共同进行讨论、分析和研究。可行性分析报告一旦通过，就成为用户单位领导、管理人员和系统开发人员的共同认识，并初步确定系统的总体目标，提出所需的资源条件。

二、怎样写项目可行性分析报告

（一）项目摘要

项目内容的摘要性说明，包括项目名称、建设单位、建设地点、建设年限、建设规模与产品方案、投资估算、运行费用与效益分析等。

（二）项目建设的必要性和可行性

是指项目建设的原因与重要性，以及可行的原因。

（三）市场（产品或服务）供求分析及预测（量化分析）

主要包括本项目及本行业（或主导产品）发展现状与前景分析、现有生产（业务）能力调查与分析、市场需求调查与预测等。

（四）项目承担单位的基本情况

项目承担单位的基本情况（原则上应是具有相应承担能力和条件的事业单位）包括人员状况、固定资产状况、现有建筑设施与配套仪器设备状况、专业技术水平和管理体制等。

（五）项目地点选址分析

项目建设地点选址要直观准确，要落实具体地块位置并对与项目建设内容相关的基础状况、建设条件加以描述，不可以项目所在区域代替项目建设地点。具体内容包括项目具体地址位置（要有平面图）、项目占地范围、项目资源、交通、通信、运输以及水文地质、供水、供电、供热、供气等条件，其他公用设施情况，地点比较选择等。

（六）生产（操作、检测）等工艺技术方案分析

主要包括项目技术来源及技术水平、主要技术工艺流程与技术工艺参数、技术工艺和主要设备选型方案比较等。

（七）项目建设目标

包括项目建成后要达到的生产能力目标或业务能力目标，项目建设的工程技术、工艺技术、质量水平、功能结构等目标，以及任务、总体布局及总体规模。

（八）项目建设内容

项目建设内容主要包括土建工程、田间工程、配套仪器设备等。要逐项详细列明各项建设内容及相应规模（分类量化）。土建工程：详细说明土建工程名称、规模及数量、单位、建筑结构及造价。建设内容、规模及建设标准应与项目建设属性、功能相匹配，属于分期建设及有特殊原因的，应加以说明。水、暖、电等公用工程和场区工程要有工程量和造价说明。田间工程：建设地点相关工程现状应加以详细描述，在此基础上，说明新（续）建工程名称、规模及数量、单位、工程做法、造价估算。配套仪器设备：说明规格型号、数量及单位、价格、来源。对于单台（套）估价高于5万元的仪器设备，应说明购置原因及理由、用途。对于技术含量较高的仪器设备，需说明是否具备使用能力和条件。配套农（牧、渔）机具：说明规格型号、数量、单位、价格、来源及适用范围。大型农（牧、渔）机具，应说明购置原因及理由、用途。

（九）投资估算和资金筹措

依据建设内容及有关建设标准或规范，分类别详细估算项目固定资产投资并汇总，明确投资筹措方案。

（十）建设期限和实施的进度安排

根据确定的建设工期和勘察设计、仪器设备采购（或研制）、工程施工、安装、试运行所需时间与进度要求，选择整个工程项目最佳实施计划方案和进度。

（十一）环境保护

对项目污染物进行无害化处理，提出处理方案和工程措施及造价。

（十二）项目组织管理与运行

主要包括项目建设期组织管理机构与职能，项目建成后组织管理机构与职能、运行管理模式与运行机制、人员配置等；同时要对运行费用重新分析，估算项目建成后维持项目正常运行的成本费用，并提出解决所需费用的合理方式方法。

（十三）效益分析与风险评价

指对项目建成后的经济与社会效益测算与分析（量化分析）。特别是对项目建成后的新增固定资产和开发、生产能力，以及经济效益、社会效益（如社会供种量，带动多少农户、多大区域经济发展等）等进行量化分析。

（十四）有关证明材料

承担单位法人证明、有关配套条件或技术成果证明等。

任务五　编写旅游策划书

一、策划书编写基本程序

旅游策划书是旅游策划的一个重要环节，在旅游策划公司内部，旅游策划书的撰写标志着旅游策划运作的结束，撰写旅游策划书是为了将旅游策划运作的内容和结果整理成正规的提案提供给客户。客户可以通过策划书了解旅游策划公司策划运作的结果，检查旅游策划公司的策划工作，并根据旅游策划书判定旅游策划公司对旅游策略和旅游计划的决策是否符合自己的要求。对于整个策划活动，经过客户认可的旅游策划书是旅游策划策略和计划的唯一依据，其顺序是：

- 首先撰写整个策划书的大纲；
- 列出大纲中各章的大致内容；
- 检查大纲中各部分是否平衡；
- 重新调整后，确定各章节分配；
- 撰写策划书：将自己收集的资料及构思的要点进行升华，写进各章节；这样第一稿策划书就出来了，但是还要统一策划书体例及记述方法；尤其是在几个人共同执笔的情况下，必须留意主要细节，前后呼应，然后再正式撰写策划书；
- 制作封面；
- 编撰目次。

二、策划书的结构和内容

策划书的基本结构，可分为下列 10 项：

（一）封面

封面虽不需要特别精美，但厚度要比内文的纸厚些，上面应注明下列几点：策划的形式、策划的主体（策划者及所在公司或部门）、日期、编号。此外，还可以考虑在封面简洁地附加兼有说明的内文简介，字数在 400 字内。

（二）序文

序文是指把策划书所讲的概要加以整理，内容简明扼要，最多不超过 400 字，视情况可加些说明，不过也不要超过 500 字，让人一目了然。

（三）目录

目录的内容必须下功夫。封面引人注目，序文使人开始感兴趣，那么，目录就必须力求读过后能让人了解策划的全貌，目录具有与标题相同的作用，这点十分重要。

（四）宗旨

策划的必要性、社会性、可行性等问题的具体解说，都要包含在宗旨中。

（五）内容

这是策划书中最重要的部分。内容因策划种类的不同而有所变化，但必须以一目了然为原则，切忌过分详尽。下笔欲罢不能、过分拖沓的内容，会令读者感到难以读下去。此外，还要注意避免强词夺理的内容。

（六）预算

策划是一项复杂的系统工程，它需要一定的人力、物力和财力。因此，必须进行周密的预算，使各种花费控制在最小规模上，以获得最优的经济效益。预算中最常用的是“目标估计法”，即按策划确定的目标（总目标或若干分目标）每项列出细目，计算出所需经费。这种办法计划性强，开支项目清晰。预计经费时，最好绘出表格，列出总目和分目的支出内容，既方便核算，又便于以后查对。

（七）进度表

策划进度表把策划活动起讫全部过程拟成时间表，何月何日要做什么，加以标示清楚，作为策划进行中的检查工具。如未按表行事，但完成日期已定，便必须重新制订进度表。进度表最好在一张纸上拟出，以作一览表之用。

（八）职务分配表

有关人员职务分配表非常重要，何人负责何事，一旦发生权责不分或某个环节出现差错，可马上更换。

（九）布置安排说明

策划所需的物品及场地在何时、何地提供何种方式的协助，需安排什么样的布置，这虽不如预算奖金那么困难，但耽误了时机，策划的效果就要大打折扣，所以也要细致安排。

（十）附件

策划的相关资料附件能给策划参与者提供决策参考和操作指导，资料不能太多，择其要点而附之。

三、策划书的写作技巧

一台戏剧如果情节生动有趣，但剧本却拙劣苦涩，那么这台戏上演时也会索然无味，策划书的写作也是如此，唯有形象有趣，才能吸引更多的人参与和支持。

要使策划书引人入胜，在写作时可以想象一下写剧本的有关方法。剧本为了使读者一开始就进入入迷的状态，常常一开始就制造一个悬念或描述一件读者深感兴趣的事件，一气呵成地提高观众的情绪，而且将这种气氛贯穿全剧。在这种气氛中，随着故事情节的进展，将剧情蕴含的意义及主题传达给观众。这种技巧同样也适用于策划书的写作。

第一，设定状况，尽量简明扼要地描述一个策划案发生的环境，在提出构想前，应分析设定的对象层、自己公司（或客户）的优势及竞争对手的动向等。参考剧本一般将故事背景放在情节中说明的办法，这部分应简明扼要，具体的论述则放在后文中。

第二，引人入胜地描绘策划主题。稍微大型的策划，是许许多多构想共同组成的，但这些构想一般都围绕一个中心构想——策划主题而发出来，因此应生动形象地描写这一策划主题，使之对读者充满吸引力。

第三，详细地描述整体形象，展开策划主题。依据策划主题，描述出各种状况，描绘出策划的系统形象，使读者能总体把握。

第四，按一定逻辑展开分析。在这一阶段，按一定的逻辑顺序，如时间、巨细、轻重或问题等顺序，详细地描述每个构思。策划书要形象生动，除了借鉴剧本的写作技巧外，最好还应视觉化。所谓视觉化，就是将策划书中的内容尽量用各种图表、实物照片来表示，从而给读者以直观的印象。读者可能对整段整篇的文字没什么记忆，却容易理解各种图案、流程图、箭头及图形旁的简短说明，而且便于记忆。

四、策划书的保密

同样的情节可以写就好几种不同的剧本，同一个策划书也可依照如何活用、给谁看、何种目的而有不同的形式。尤其是对不同的对象，策划书应有不同的内容。一般而言，按机密程度划分，可分为内部策划书和外部策划书。

内部策划书是绝密的，仅供高层次决策者参考，其形式可与前面所述的大纲相同，但在以下 7 个对策中应有详细的说明（这个项目应对外保密）：

- 策划实施上的人际关系对策；
- 策划实施上的相关组织或团体的对策；
- 策划实施中的资金对策；
- 策划实施同大众传播媒介关系的对策；
- 策划实施上的障碍因素对策；
- 与策划实施有关的政府机构对策；
- 与策划实施有关的法律问题。

外部策划书则是供策划的外部参与人员参考的非绝密文件（但对一般公众仍旧保密），写作时应注意：

第一，把握好保密的“度”，外部策划书不能透露策划的核心机密，但又必须让这些外部参与者对策划产生兴趣，明确自己在此项活动中的职责与行动方案。

第二，站在对方的立场上拟写，语气、思路都要让对方满意。如尽量逻辑鲜明，提纲式撰写；尽量逐条分列，重点排列；不使用对方不理解的言辞；对需特意诉求的部分深入详细地记述；等等。

第三，以“互惠”的态度，写明策划能够给对方带来的好处及相关利益。

任务六　掌握策划常用理论

策划需要掌握一定的技术和理论知识，并应用这些技术和理论知识将旅游活动过程和内容编写成人们可以操作的流程和方案，使应用者对照这些方案和流程开展各种旅游活动。具体理论有以下内容：

一、二八法则

意大利经济学家帕累托提出80%的收入来源于20%的客户，公司里的20%的员工所完成的80%的业绩，而20%的强势品牌占据着80%的市场……“二八法则”要求管理者在工作中不能“胡子眉毛一把抓”，而是要抓关键人员、关键环节、关键用户、关键项目、关键岗位。

“二八法则”之所以得到业界的推崇，就在于其提倡的“有所为，有所不为”的经营方略，确定了传媒业的视野。

二、CIS理论系统

CIS的英文全称是Corporation Identity System，中文为“企业识别系统”。CIS理论主张将企业理念、企业文化、企业行为及企业视觉标志通过统一设计加以整合，强化其传播效果，使组织迅速提升自己的知名度、美誉度和公众认可度。

CIS有三部分构成：

- 企业的理念识别（mind identity，MI）；
- 企业行为识别（behavior identity，BI）；
- 企业视觉识别（visual identity，VI）。

形象一点说，企业形象识别就是一支军队，MI是军心，是军队投入战争的指导思想，是最不可动手的一部分；VI是军旗，是军队所到之处的形象标志；而BI则是军纪，它是军队取得战争胜利的重要保证。

三、USP理论

罗瑟·瑞夫斯（Rosser Reeves）提出USP理论，要求向消费者说一个“独特的销售主张”（Unique Selling Proposition），USP理论。

USP 理论包括三个方面：

第一是每个广告不仅靠文字或图像，还要对消费者提出一个建议，即买本产品将得到的明确利益。

第二是这个建议一定是该品牌独有的，是竞争品牌不能提出或不曾提出的。

第三是这个建议必须具有足够力量吸引、感动广大消费者，招徕新顾客购买你的东西。

1954 年，瑞夫斯为 M&M 糖果所做的“只溶在口，不溶在手”的广告创意是 USP 理论典范之作。

四、SWOT 分析法

SWOT 分析法又称为态势分析法，它是由旧金山大学的管理学教授于 20 世纪 80 年代初提出来的，是一种能够较客观而准确地分析和研究一个单位现实情况的方法。SWOT 四个英文字母分别代表：优势（Strength）、劣势（Weakness）、机会（Opportunity）、威胁（Threat）。

从整体上看，SWOT 可以分为两部分：第一部分为 SW，主要用来分析内部条件；第二部分为 OT，主要用来分析外部条件。将调查得出的各种因素根据轻重缓急或影响程度等排序方式，构造 SWOT 矩阵。在完成环境因素分析和 SWOT 矩阵的构造后，便可以制订出相应的行动计划。制订计划的基本思路是：发挥优势因素，克服弱点因素，利用机会因素，化解威胁因素；考虑过去，立足当前，着眼未来。运用系统分析的综合分析方法，将排列与考虑的各种环境因素相互匹配起来加以组合，得出一系列公司未来发展的可选择对策。

五、5W2H 法

5W2H 法包含了 7 个方面，这 7 个方面是：

- Why（为何）：为什么要如此做？
- What（何事）：做什么？准备什么？
- Where（何处）：在何处着手进行最好？
- When（何时）：什么时候开始？什么时候完成？
- Who（何人）：谁去做？
- How（如何）：如何做？
- How much（何价）：成本如何？达到怎样的效果？

包含了品牌从战略（Who、Why）到策略（What、When、Where）直至战术（How）的完整运作系统，再加上另一个 H——How much（多少）即品牌预算，实际就是一个完整的品牌运作全案。

做任何工作都应该从 5W2H 来思考，有助于我们的思路的条理化，杜绝盲目性。

六、马太效应

美国科学史研究者罗伯特·莫顿（Robert K. Merton）归纳“马太效应”为：任何个体、群体或地区，一旦在某个方面（如金钱、名誉、地位等）获得成功和进步，就会产生一种积累优势，就会有更多的机会取得更大的成功和进步。它的名字来自于圣经《新约·马太福音》中的一则寓言。

此术语后为经济学界所借用，反映贫者愈贫，富者愈富，强者恒强，弱者恒弱，或者说，赢家通吃……竞争将更加残酷。

七、马斯洛需求理论

这是美国心理学家马斯洛（Abraham h. maslow，1908~1970）所首创的一种理论。

马斯洛提出需要的 5 个层次如下：

第一，生理需要，它是个人生存的基本需要，如吃、喝、住处。

第二，安全需要，包括心理上与物质上的安全保障，如不受盗窃的威胁，预防危险事故，职业有保障，有社会保险和退休基金等。

第三，社交需要，人是社会的一员，需要友谊和群体的归宿感，人际交往需要彼此同情、互助和赞许。

第四，尊重需要，包括要求受到别人的尊重和自己具有内在的自尊心。

第五，自我实现需要，指通过自己的努力，实现自己对生活的期望，从而对生活和工作真正感到很有意义。

心理学是营销学基础，对人类需求层次理论的高度把握能更好地为营销服务。

八、麦克尔·波特竞争理论

该理论由哈佛商学院的教授麦克尔·波特提出。他认为一个企业要在市场竞争中取得优胜地位，有三种战略可供选择，即最低成本、差异化营销、市场集中（lowest cost，differentiation，focus），这为企业的战略定位提供了构架。

尽管学界对波特的战略框架评价不一，但对于全球商界领导人来说，有着非凡的说服力。而且，现代管理之父德鲁克也承认，波特是仅有的几个为管理做出重要贡献的学者之一。

九、蓝海战略

在 W. 钱·金和勒妮·莫博涅教授合著的《蓝海战略》一书中，蓝海战略被定义为是超越传统产业竞争、开创全新的市场的企业战略。如今这个新的经济理念，正得到全球工商企业界的关注。“红海”是竞争极端激烈的市场，但“蓝海”也不是一个没有竞争的领域，而是一个通过差异化手段得到的崭新的市场领域，在这里，企业凭借其创新能力获得更快的增长和更高的利润。

目前在某些领域蓝海战略受到质疑，其实完全没有这个必要。我们仔细分析一下，即使竞争再激烈的市场一样会有市场空白存在，发现市场空白并第一时间介入，这一过程被国外的研究者冠以了一个很动听的名字——蓝海战略。

十、长尾理论

与二八法则相对，21世纪又出现了长尾理论，长尾理论的基本原理是：只要存储和流通的渠道足够大，需求不旺或销量不佳的产品所共同占据的市场份额可以和那些少数热销产品所占据的市场份额相匹敌甚至更大。即众多小市场汇聚成可与主流大市场相匹敌的市场能量。在长尾理论中，实际上“长尾”是二八法则中原先不怎么被重视的那80%非关键的市场和低收益客户。

长尾理论要想发挥效果必须具备条件：足够的存储和流通渠道，并且市场维护成本要尽可能小。计算机和网络技术高度发展使之得以实现。因此我们看到大批长尾理论的获利者都是互联网企业，传统市场中“二八定律”依旧大行其道，毋庸置疑。

十一、定位理论

定位理论的创始人是特劳特与里斯。定位起始于产品，但并不是对产品本身做什么行动。定位是指要针对潜在顾客的心理采取行动，即要将产品在潜在顾客的心目中确定一个适当的位置。因此，定位是对顾客的头脑进行争夺的理论，其目的是在潜在顾客心中得到有利的地位。

定位的真谛就是“攻心为上”，消费者的心灵才是营销的终极战场。要抓住消费者的心，必须了解他们的思考模式，这是进行定位的前提。

十二、品牌形象论

20世纪60年代由大卫·奥格威提出的品牌形象论是广告创意策略理论中的一个重要流派。在此策略理论影响下，出现了大量优秀、成功的广告。

其基本要点是：

第一，为塑造品牌而服务是广告的最主要的目标。广告就是力求使品牌具有并维持在一个高的知名度上。

第二，任何一个广告都是对品牌的长线投资。从长远的观点来看，广告必须尽力去维护一个好的品牌形象，而不惜牺牲追求短期效益的诉求重点。

第三，随着同类产品差异性减小，品牌之间的同质性进而增大，消费者选择品牌时所运用的理性就越少，因此，描绘品牌的形象要比强调产品的具体功能特征重要得多。

第四，消费者购买时所追求的是“实质利益+心理利益”，对某些消费群来说，广告尤其应该运用形象来满足其心理的需求。

十三、木桶理论

所谓“木桶理论”也即“木桶定律”，其核心内容为：一只木桶盛水的多少，并不取决于桶壁上最高的那块木块，而恰恰取决于桶壁上最短的那块。根据这一核心内容，“木桶理论”还有两个推论：

其一，只有桶壁上的所有木板都足够高，那木桶才能盛满水。

其二，只要这个木桶里有一块不够高度，木桶里的水就不可能是满的。

“木桶理论”可以启发我们思考许多问题，比如企业团队精神建设的重要性。在一个团队里，决定这个团队战斗力强弱的不是那个能力最强、表现最好的人，而恰恰是那个能力最弱、表现最差的落后者。因为，最短的木板在对最长的木板起着限制和制约作用，决定了这个团队的战斗力，影响了这个团队的综合实力。也就是说，要想方设法让短板子达到长板子的高度或者让所有的板子维持“足够高”的相等高度，才能完全发挥团队作用，充分体现团队精神。

十四、羊群效应

羊群效应是指管理学上一些企业的市场行为的一种常见现象，例如一个羊群（集体）是一个很散乱的组织，平时大家在一起盲目地左冲右撞。如果一头羊发现了一片肥沃的绿草地，并在那里吃到了新鲜的青草，后来的羊群就会一哄而上，争抢那里的青草，全然不顾旁边虎视眈眈的狼，或者看不到其他地方还有更好的青草。

羊群效应的出现一般在一个竞争非常激烈的行业上，而且这个行业上有一名领先者（领头羊）占据了主要的注意力，那么整个羊群就会不断模仿这只领头羊的一举一动，领头羊到哪里去吃草，其他的羊也去哪里淘金。

有则笑话也反映了羊群效应：一位石油大亨到天堂去参加会议，一进会议室发现已经座无虚席，没有地方落座，于是他灵机一动，喊了一声：“地狱里发现石油了！”这一喊不要紧，天堂里的石油大亨们纷纷向地狱跑去，很快，天堂里就只剩下那位后来者了。这时，这位大亨心想，大家都跑了过去，莫非地狱里真的发现石油了？于是，他也急匆匆地向地狱跑去。

十五、4P 理论

杰瑞·麦卡锡（Jerry McCarthy）教授在其《营销学》（*Marketing*，第一版，出版于1960 年左右）最早提出了这个理论。4P 理论为企业的营销策划提供了一个有用的框架。它的提出是自上而下的运行原则，站在企业立场，重视产品导向。4P 是指产品（Product）、价格（Price）、通路（Place）、促销（Promotion）。

十六、4C 理论

4C 理论是由美国营销专家劳特朋教授在 1990 年提出的，它以消费者需求为导向。它强调企业首先应该把追求顾客满意放在第一位，其次是努力降低顾客的购买成本，然后要充分注意到顾客购买过程中的便利性，而不是从企业的角度来决定销售渠道策略，最后还应以消费者为中心实施有效的营销沟通。它包括：

第一，消费者的需求与欲望（Consumer needs wants）：把产品先搁到一边，赶紧研究消费者的需求与欲望，不要再卖你能制造的产品，而要卖某人确定想要买的产品。

第二，消费者愿意付出的成本（Cost）：暂时忘掉定价策略，赶快去了解消费者，要满足其需要与欲求就必须付出成本。

第三，购买商品的便利（Convenience）：忘掉通路策略，应当思考如何让消费者方便地购得商品。

第四，沟通（Communication）：请忘掉促销，20 世纪 90 年代以后正确的新词汇应该是沟通。

十七、果子效应

对于消费者而言，品牌是一种经验。在物质生活日益丰富的今天，同类产品多达数十上百甚至上千种，消费者根本不可能逐一去了解，只有凭借过去的经验，或别人的经验加以选择。因为消费者相信，如果在一棵果树上摘下的一颗果子是甜的，那么这棵树上的其余的果子也都会是甜的。这就是品牌的“果子效应”。

“果子效应”能保证企业在开发新产品、介入新领域后利用原品牌影响力来统领市场。

十八、魏斯曼营销战略学说及竞争四种手段

第一，领导者战略：公司的相关产品在市场中占有最大的市场份额，它通常在价格变化、新产品引进创新、分销覆盖和促销强度上，对其他公司起着领导作用。

第二，挑战者战略：在行业中占有第二、第三和以后的位置，它可以攻击市场领先

者和其他竞争者，以夺取更多的市场份额，提升自己，有可能取代领导者的地位。

第三，市场追随者战略：它们在市场上采取跟随领导者的策略，从产品、命名、宣传等都和领导者极为相似，利用领导者的资源分割市场。

第四，利基者战略：他们只注重小块市场，并把它做深做透，从中投入较少的资源，获取较大的利润，成为小块市场的领先者，他们经常避免与大公司竞争。

十九、CI 系统

CI 是英文 Corporate Identity 的简称，意译为企业形象识别或品牌形象识别。CI 又称作 CIS，是英文 Corporate Identity System（企业识别系统）的简称。

CI 是指企业有意识、有计划地将自己企业或品牌特征向公众展示，使公众对某个企业或品牌有一个标准化、差异化、美观化的印象和认识，以便更好地识别，达到提升企业经济效益和社会效益的目的。

CI 由 MI、VI、BI 组成。MI（Mind Identity）是理念识别（企业思想系统），是指企业思想的整合化。通过企业的经营想法及做法，进行标语的整合，宣传画的美化，思想观念的教育，向公众及员工传递独特的企业思想特点。它包括了经营理念、经营宗旨、事业目标、企业定位、企业精神、企业格言、管理观念、人才观念、创新观念、工作观念、客户观念、人生观念、价值观念、品牌定位、品牌标准广告语等。

VI（Visual Identity）是视觉识别（品牌视觉系统），指企业识别（或品牌识别）的视觉化。通过企业或品牌的统一化、标准化、美观化地对内对外展示，传递企业或品牌个性（或独特的品牌文化）。它包括了基础要素和应用要素两大部分。基础要素是指企业名称、品牌名称、标志、标准字、标准色、辅助色、辅助图形、辅助色带、装饰图案、标志组合、标语组合等；应用要素是指办公用品、公关用品、环境展示、专卖展示、路牌招牌、制服饰物、交通工具、广告展示等。

BI（Behavior Identity）是行为识别（行为规范系统），指企业思想的行为化，通过企业思想指导下的员工对内对外的各种行为，以及企业的各种生产经营活动，传达企业的管理特色。它包括干部教育、员工培训、规章制度、质量管理、行为规范、文娱活动、公关活动、公益活动、品牌推广等。

二十、现代策划

策划就是一种策略、筹划、谋划或者计划、打算，它是在个人、企业、组织机构为了达到一定的目的，充分调查市场环境以及相关联环境的基础之上，遵循一定的方法或者规则对未来即将发生的事情，进行系统、周密、科学地预测并制订科学的可行性策划方案，同时在发展中不断地调整以适应环境的变化，从而制订切合实际情况的科学的方案。

综上所述，策划有以下几个主要的特点：

第一，策划的本质是一种思维智慧的结晶。第二，策划具有目的性，不论什么策划方案，都有一定的目的，不然策划就没意义了。第三，策划具有前瞻性、预测性，策划是人们在一定思考以及调查的基础之上进行的科学的预测，因此具有一定的前瞻性。第四，策划具有不确定性、风险性。策划既然是一种预测或者筹划就一定具有不确定性或者风险。第五，策划具有一定的科学性。策划是人们在调查的基础之上，进行总结、科学的预测，策划不是一种突然的想法，或者突发奇想的方法、它是建立在科学的基础之上进行的预测、筹划。第六，策划具有科学的创新，策划是人们思维智慧的结晶，策划是一种思维的革新，具有创意的策划，才是真正的策划，策划的灵魂就是创新。第七，策划具有可操作性，这是策划方案的前提，如果一个策划连最基本的可操作性都没有，那么这个策划方案，再有创意、再好也是一个失败的策划方案。

任务七　实训课业

一、实训目的

本实训旨在考查学生对本模块内容的理解和掌握情况，培养学生对旅游策划经营战略策划的技能。

二、实训要求

请学生依据所提供的材料，按照教学内容，为既定项目进行策划。编写调查问卷，题目自拟但必须涵盖任务中所给出的内容。学生也可以其他旅游企业作为策划对象，要求同上。

三、实训对象资料

某市欲开发建设一个景区，由于产品定位和市场定位与大多数景区（点）雷同，结果，景区开业时火了一段时间，但过后人气越来越差，经营了很长时间也没有起色。该景区的所有者和高级管理者经过调研发现，本地周边景区（点）项目很多，项目没有可持续性和核心吸引物，而且本市周边旅游资源丰富，各种类型的景点和度假村为旅游者提供了很多选择，如何选择自己的经营策略重点需要重新考略。

四、实训过程

第一，分析策划对象

第二，学生分组进行策划

第三，提交策划书

第四，策划案展示交流

第五，策划案总结点评

模块四　旅行社经营战略策划

导读

通过本模块的学习，学生应充分了解作为旅游企业主要业态之一的旅行社的经营战略及其战略策划原理，尤其是现在线上旅行社的出现对传统旅行社的冲击，掌握战略策划流程，通过深度解读各类战略策划案例，从中找到旅行社战略策划的关键问题和重要环节。

工作任务

任务一　洞察旅行社经营战略
任务二　旅行社经营战略策划原理
任务三　旅行社经营战略策划流程
任务四　旅行社经营战略策划经典案例分析
任务五　实训课业

任务一　洞察旅行社经营战略

一、旅行社企业的概念

虽然旅行社自产生至今已有150多年的历史，但世界各国或地区对旅行社的解释和规定却并不完全一致，人们对旅行社的概念及其性质的阐述诸说不一。

（一）欧美地区

欧美地区的旅行社主要由旅游经营商（Tour Operator）和旅行代理商（Travel Agent）构成。国际官方旅游组织联盟（IUOTO）在其《现代和潜在销售渠道的研究》中认为："旅游经营商（社）是一种销售企业，它们在消费者提出要求之前事先准备好旅游活动和度假地，组织旅行交流，预订旅游目的地的各类客房，安排多种游览、娱乐活动，提供整套服务（包价旅游），并事先确定价格及出发和返程日期，即准备好旅游产品，由自己下属的销售处或由旅行代理商将产品销售给团体或个体消费者。”而旅行代理商（社）是服务性企业，其主要职能是：

第一，向公众提供有关旅行、住宿条件、时间、费用和服务项目等信息，并售出产品。

第二，受交通运输、饭店、餐馆及其他供应商的委托，以合同规定的价格向旅游者出售他们的产品。销售合同（票据等）表明构买者和销售者是两相情愿的，旅行代理商只起中间人的作用。

第三，接受其所代表的供应商的酬劳，代理商按售出旅游产品总金额的一定比例提取佣金。

（二）日本

在日本，人们习惯上称旅行社为旅行业。《日本旅行业法》规定：旅行业是指收取报酬，经营下列事业之一者（专门提供运输服务者除外）：

第一，为旅客提供运输（交通）或住宿服务，代理签约、媒介或介绍的行为。

第二，代理提供运输（交通）或住宿业务的服务业，与旅客签约提供服务或者从事媒介的行为。

第三，利用他人经营的运输（交通）机构或者住宿设备，为旅客提供运输（交通）或住宿服务。

第四，附随于前三款行为，为旅客提供运输（交通）及住宿以外的与旅行有关的服务，代理签约、媒介或者介绍的行为。

第五，附随于第一款至第三款的行为，代理提供运输（交通）和住宿意外有关服务业，为旅客提供服务代理签约或者媒介的行为。

第六，附随于第一款至第三款的行为，引导旅客代办申领护照及其他手续以及其他为旅客提供服务的行为。

第七，有关旅行一切事项的咨询行为。

第八，针对第一款至第六款所列的行为代理签约的行为。

（三）我国对旅行社性质的界定

我国大陆 1996 年版《旅行社管理条例》规定：“旅行社是指以营利为目的，从事旅游业务的企业。”

我国大陆 2009 年版《旅行社条例》中指出“旅行社，是指从事招徕、组织、接待旅游者等活动，为旅游者提供相关旅游服务，开展国内旅游业务、入境旅游业务或者出境旅游业务的企业法人。”

我国台湾省《发展观光条例》第二条第八项规定：“旅行业是指为旅客代办出国及签证手续，或者安排观光旅客旅游、食宿以及提供有关服务而收取报酬的事业。”

二、旅行社业务

我国《旅行社条例》中指出旅行社的主要业务是招徕、组织、接待旅游者，具体包括：

安排交通服务；安排住宿服务；安排餐饮服务；安排观光游览、休闲度假等服务；安排导游、领队服务；安排旅游咨询、旅游活动设计服务。

旅行社还可以接受委托，提供下列旅游服务：

第一，接受旅游者的委托，代订交通客票、代订住宿和代办出境、入境、签证手续等。

第二，接受机关、事业单位和社会团体的委托，为其差旅、考察、会议、展览等公务活动，代办交通、住宿、餐饮、会务等事务。

第三，接受企业委托，为其各类商务活动、奖励旅游等，代办交通、住宿、餐饮、会务、观光游览、休闲度假等事务。

第四，其他旅游服务。

从对客服务的角度而言，由于旅行社的服务对象是旅游者，这一特点决定了旅行社的业务必然围绕旅游者的旅行活动而开展。因此，我们在讨论旅行社业务活动时首先应该与旅游者的需求和消费过程紧密联系在一起。另外，旅行社作为旅游服务的媒介，还需要组合各种旅游资源，形成旅游产品。通过分析旅游者的需求和消费过程以及旅行社组合资源的过程，我们可以概括出旅行社的基本业务，它包括以下四项：

（一）产品开发业务

产品设计与开发是旅行社的基础性业务。在激烈的市场竞争中，旅行社能否立于不败之地很大程度上取决于旅行社产品的竞争力。产品设计与开发的决定因素主要包括资源禀赋、设施配置和旅游需求三个方面。

（二）产品营销业务

产品营销业务是指旅行社采取各种促销策略，发展目标市场，并对旅游产品进行有效的分配。营销业务是旅行社的关键性业务，没有产品购买者，旅行社的后续业务便无法开展，特别是在目前旅游市场竞争日趋激烈的条件下，旅行社不仅需要有竞争力的产品，同时还需要更为有效的营销手段。与其他产品的市场营销策略一样，旅行社市场营销也包括产品、价格、促销和渠道几个基本要素。

（三）旅游服务的采购业务

旅游服务的采购是指旅行社为组织旅游产品而以一定的价格向其他旅游企业及与旅游业相关的其他行业和部门购买相关服务项目的行为。旅行社与其他旅游企业及服务部门既是客户关系，又是战略伙伴关系。协作网络是旅行社旅游服务采购的保障，而旅游服务采购的管理直接关系到旅行社产品的成本和质量。

（四）旅游接待业务

旅行社的接待工作是对已经预订旅游产品或服务的旅游者，在其到达目的地后提供这些产品或服务，使其圆满地实现此次出游的目的。做好接待工作要明确以下几方面的问题：接待工作的特点与要求、接待工作的计划管理、接待工作的质量管理、接待工作的成本管理、接待工作的安全管理、散客旅游的接待管理、大型和特种旅游的接待管理。

三、我国旅行社的产生与发展

虽然旅游活动在我国有着悠久的历史，但是具有经济意义的旅行社业务活动的产生，则是受到外来文化入侵的影响，是一定社会经济条件下的历史产物。

20 世纪初，英国的通济隆公司、美国的运通公司和日本的国际观光局陆续进入中国市场。1910 年，英国通济隆公司（托马斯·库克旅行社）在上海开设了第一家办事处，开展旅行社业务，向欧洲、日本等国的旅游者介绍中国。“通济隆”的含义是“为所有的旅游者提供服务，满足需要，以使旅途平安，一帆风顺”。

1923 年 8 月，当时的上海商业储备银行总经理陈光甫经北洋政府批准，正式在该银行创办了一个为中国人代理旅游业务的旅游部，这是中国第一家由华人经营的旅游服务企业。经过几年的努力，旅行社业务逐渐拓展，1924 年春组成了第一批国内旅游团，由上海赴杭州游览，并由铁路局开专列运送；1925 年春又组成了第一批由 20 多名中国人组成的赴日本游览的“观樱团”，用三周时间游览了长崎、京都、东京、大阪等地；1927 年春季出版了中国第一本《旅行杂志》。随着旅行社业务的不断扩展，该旅游部先后在铁路和长江各主要港口城市设立了 11 家办事处，并于 1927 年 6 月 1 日从银行中独立出来，正式成立了“中国旅行社”，总揽国内和国际旅游代理业务，设有运输、车务、航务、出版、会计、出纳、稽核 7 个部，并在纽约、伦敦、河内等地设立分社发展国际旅游业务，组织出国旅游。中国旅行社当时经营的主要业务范围是：代售国内外各种交通票据；办理和提供住宿和餐饮；组织赴国内外的团体旅游；出版期刊和各种导游宣传品；代办各项出国手续并提供旅途服务；提供旅游接待、导游和各项旅游服务；代办邮政电报、上海银行的旅行支票及各地的土特产；代办货物运输报关、运输保险并代理海陆空运输业务，等等。

在半封建半殖民地的社会经济制度下，社会经济发展不平衡，旅行社业务的发展也受到了很大限制，但是中国旅行社在其成立后的 20 多年里，对于方便国人的外出旅游和开展旅行社业务活动，对于促进经济和交通业的发展，对于积累旅行社业务经验，培养旅游专业人才都起到了一定的作用。可以说，中国旅行社的创立拉开了我国现代旅游业的序幕，开了我国旅行社业务的先河。

新中国成立后，经过50年的发展，我国旅行社业体系基本形成了三大系统，即中国国际旅行社（国旅）系统、中国旅行社（中旅）系统和青年旅行社（青旅）系统，这三大系统实力雄厚，业务范围各有分工，各系统的分支机构遍及全国各地，成为我国旅行社业的三大组织体系。

1949~1979年，我国的旅行社业基本由“国旅”和“中旅”两大系统垄断，二者都是由总社负责从国外引进客源，分、支社负责当地的接待工作，在体制上都是直属政府的行政或事业单位。“国旅”负责接待外国自费旅游者，“中旅”负责接待海外华侨、外籍华人、港澳及台湾同胞。当时我国政府对旅游业的方针政策决定了旅行社业务属于友好接待性质，并不注重经济效益。但在30多年的经营中，“国旅”和“中旅”积累了丰富的旅行社业务经验，培养和造就了一大批懂业务的人才，为我国现代旅行社业务的发展奠定了基础。

1979年以后，我国旅行社业由“国旅”“中旅”和“青旅”三大系统垄断，三个总社基本控制了引进客源的外联权。1979~1989年，随着我国的改革开放，大批海外旅游者纷纷涌入，旅行社组织接待的海外旅游者总人数每年以20%左右的速度增长，旅行社业务也得到了迅速发展，形成了一定的规模，1988年，全国旅行社数量达到1573家，10年间增长了约20倍，并且经营国内旅游业务的旅行社业纷纷出现，多系统、全方位开展国际、国内旅游业务已渐成趋势。

20世纪90年代中期，开始出现了一批专门从事开发国内旅游产品，经营国内旅行业务的实力较强的企业，出现了国内旅游批发、代理业务的专业分工。1998年，全国旅行社总数达6360家，其中国际旅行社1194家，国内旅行社5166家。从全国范围看，初步形成了一个不同规模、不同档次、不同服务对象、不同所有制形式的多层次、多功能格局。适应性较强的旅行社业务网络体系，在不同程度上推动了我国现代旅游业的发展。

从国际国内旅行社业务的产生和发展过程可以看出，现代旅游业的兴起是由旅行社业务的创立开始的，旅行社业务活动不但开创了现代旅游业的早期局面，而且进一步推动了旅游业在世界范围内的蓬勃发展。

四、旅行社发展趋势

（一）旅行社的多元化经营

旅游业是一个易受影响、比较脆弱的行业。影响旅游业发展的因素是多方面的，包括自然的、政治的、社会的和经济的因素，作为任何一个方面的消极变化都会影响旅游业的正常发展，甚至使旅游业陷入困境。旅行社作为旅游业的重要组成部分，不可避免地受到这一特征的影响。2003 年引起世界轰动的“非典”（SARS），使旅行社行业受到极大的冲击，迫使许多旅行社不得不考虑多元化经营策略。同时，我国旅游资源的特点，决定了我国多数旅行社业务的季节性，许多旅行社在旅游淡季出现人员、设备闲置和“坐吃山空”的现象，影响旅行社的效益水平，这也促使旅行社实行多元化的经营策略。

旅行社的多元化经营可以有以下选择：

1. 兼营与旅游相关的业务

旅行社作为游客客源的组织者和接待者，可以利用自身拥有客源的优势，兼营饭店、餐馆、文娱场所等企业，可以使旅行社降低采购成本，并在供应紧张时保证所需要的服务。这种经营战略被称为“后向一体化经营战略”。

2. 兼营旅游业以外的业务

兼营此类业务的最大优势是在旅游业不景气的情况下，可以用兼营业务的收益帮助旅行社渡过难关。目前我国的旅行社并不是单纯地由旅游业各部门开办的，其他许多行业也纷纷涉足旅行社的经营。在这种情况下，发挥各行业特有的优势进行旅行社的多元化经营便成为旅行社的最佳选择。

（二）旅行社的自动化管理

计算机对旅行社发展的影响表现为正、反两个方面。

1. 积极意义

从积极意义来看，计算机对旅行社的发展主要有三个方面的促进作用：

（1）计算机的应用可以提高旅行社的工作效率。例如，在手工操作的情况下，订购一张机票必须经过与航空公司联系、咨询、付款、取票等一系列步骤，浪费很多时间。实现自动化管理以后，联系只需要几秒钟，甚至更少时间。自动预订系统可以自动签票、印制通知单和日程表，其速度是任何工作人员的手工操作都望尘莫及的。

（2）计算机的应用有助于提高旅行社的服务质量。利用计算机印制的各种票据和文件字迹工整，会给旅游者留下良好的印象。借助计算机可以减少人为失误，有利于实施旅行社质量监控措施。

（3）计算机的应用有助于提高旅行社的管理水平。计算机可以随时为旅行社的各级管理部门提供准确、全面的信息，为管理决策提供科学的依据。计算机的应用使旅行社各个环节的操作实现规范化，使旅行社同协作部门的联系更为密切，还可以帮助旅行社减少人工开支。

2. 不利影响

但是，计算机的应用也会为旅行社的发展带来一些不利的影响：

（1）对旅行社业务的威胁。在以往的信息不对称时期，相关的旅游信息主要由旅行社所掌控，旅游者对旅行社的依赖性较强。而如今，随着计算机技术和国际互联网的应用与普及，旅游信息资料逐步为社会所有，如果各种咨询、预订系统设立在图书馆或其他公共场所，又或者和个人的家用计算机联网，旅游者便可以自行直接预订全世界的航班和饭店，甚至可以购买包价旅游产品，这将使旅行社失去现有的部分业务。

（2）旅行社的安全管理。随着计算机在旅行社中的普及，计算机的安全管理问题也会日益突出。近年来日趋增多的各类计算机病毒也对计算机的应用构成威胁。

（三）旅行社的业务代理制

1. 旅行社正逐步成为一个低利润行业

20 世纪 90 年代以来，我国旅行社行业的平均利润水平明显低于以往的总体水平，目前我国旅行社业的平均纯利率只维持在 3%左右。我国旅行社行业如同旅游发达国家一样，正逐步成为一个低利润行业。

2. 规模经营是低利润行业提高经济效益的重要途径

众所周知，对于低利润行业来说，规模经营是提高企业经济效益的重要途径，这对于旅行社行业同样适用。美国、德国、英国、法国、西班牙、意大利和其他许多旅游发达国家旅行社业发展的实践也证明了这一点。因此规模经营将成为我国旅行社行业提高经济效益的重要途径。

3. 旅游需求的特点决定了旅行社业不适合采取高度集中的经营方式

规模经营并不意味着要通过高度集中的方式来提高旅行社单位企业的规模，况且旅游需求的特点也决定了旅行社业不适合采取高度集中的经营方式。随着旅游需求在我国的日益普及，人们希望能像购买日用品一样方便地购买各种旅游产品，这就要求旅行社经营者将旅行社的营业场所广泛设立于旅游者便于购买的所有地方。换言之，旅行社的网络化布局将成为社会现实的需求，高度集中的经营方式无疑很难满足这一需求。

4. 代理制是妥善解决旅行社广泛分布和规模经营的有效方式

旅行社业的代理制是在西方旅游发达国家已长期存在并行之有效的旅行社业务运作方法。它通过旅游代理商对旅游经营商、旅游批发商或其他旅游供应商产品销售权的代理，既妥善解决了旅行社专业化分工和网络化布局问题，又通过佣金制妥善解决了合作各方的经济利益问题。旅游代理商一般规模较小，它可以隶属于某一旅游经营商，成为所属经营商的一个销售窗口，但更多的则是独立存在的。旅游代理商通常并不从事产品开发，也极少拥有其他接待设施。他们一般根据产品的市场销售状况自行确定代理范围，并在销售产品后根据合同规定从批发商或经营商处获得销售佣金。

5. 计算机网络化是旅行社业实施代理制的必要条件

我国的旅行社业在实施代理制后，旅行社的业务似乎因专业化分工而变得简单，但事实上，由于代理商通常同时代理销售不同旅行社和其他旅游供应商众多不同的产品，这就要求各种信息完整、准确、及时、快捷。因此，计算机网络化是旅行社实施代理制的必要条件。

任务二 旅行社经营战略策划原理

加拿大麦吉尔大学管理学教授明茨伯格（H. Mintzberg）提出了企业战略是由5个规范的定义阐明的，即计划（plan）、计策（ploy）、模式（pattern）、定位（position）和观念（perspective），构成了企业战略的5P's。所谓战略是一种计策，指的是在特定的环境下，企业把战略作为威慑和战胜竞争对手的一种“手段”；战略是一种模式，它反映企业的一系列行为；战略是一种定位，是一个组织在自身环境中所处的位置；战略是一种观念，它体现组织中人们对客观世界固有的认识方式，同价值观、文化和理想等精神内容为组织成员所共有一样，战略的观念要通过组织成员的期望和行为而形成共享。

旅行社在对企业进行经营战略策划时，必须依据科学的原则，成功的经营战略策划通常是在以下几条原则下进行的：

（一）适应环境的原则

成功的旅行社经营战略策划重视的是企业与其所处的外部环境的互动关系，其目的是使企业能够适应、利用甚至影响环境的变化。旅行社经营战略要求企业必须随时监视和扫描内外部环境的震荡变化，分析机遇与威胁的存在方式和影响程度。高层管理者在制定和实施企业战略的过程中，要清楚地了解哪些内外部因素影响企业，这些影响发生的方式、性质和程度，以便制定新的战略或及时对旅行社现行战略进行调整。

（二）全过程管理原则

旅行社经营战略策划要取得成功，必须将企业战略的制定、实施、控制、评价等看成一个完整的过程来加以管理，以充分提高这一过程的有效性。

（三）整体最优原则

成功的旅行社经营战略策划，是将企业视为一个不可分割的整体来加以管理的，其目的是提高企业的整体优化程度。旅行社通过制定企业的经营宗旨、目标、战略和决策来协调各部门、各单位的活动，使之形成合力。

（四）全员参与原则

旅行社经营管理不仅要求高层管理者的支持，而且也需要中下层管理者和全体职工的参与和支持，尤其是经营战略选择确定以后，它的实施就在相当大的程度上取决于企业中下层以及全体职工的理解和支持。

（五）反馈修正原则

旅行社经营战略策划与实施的时间跨度一般在3~10年。经营战略的实施通常包括一系列中短期行动计划，它们使战略在行动上具体化和可操作。然而，旅行社经营战略的实施不会是一帆风顺的，只有不断地跟踪反馈才能确保经营战略的适应性。从某种意义上说，对现行经营战略管理的评价和控制是新一轮经营战略管理的开始。

同时，旅行社的经营战略策划，在服从于国家利益，遵守国家政策、法令、法规和统筹兼顾、顾全大局的首要原则下，还应该坚持以下8个“性”。

1. 相关性

第一，旅行社行业是整个国民经济中的一个支柱产业，它和国家整个国民经济的发展紧密相连，行业的发展都应符合国民经济的总体需要，服务于国民经济的发展计划，旅行社的经营战略策划必须顾及这个大前提。第二，相关性也反映在旅行社必须在国家有关旅游行业的政策、法令、法规指导下进行经营服务活动，而不能游离，特别是不可违背政策、法令、法规行事。第三，旅行社的经营战略策划都和国家旅游局、地方旅游主管部门的旅游发展规划紧密相关，都要符合、适应总体规划的要求。第四，旅行社的计划制订和管理，还涉及同行业的协作、交往，特别在市场经济激烈竞争的情况下，不应忽视与同行业之间的相关性。第五，从业务角度看，旅行社的经营战略策划还要和交通运输、餐饮住宿等相关行业紧密协作，因此还必须顾及这些相关行业。

2. 连续性

事物的发展运动，都有其自身一定的规律。一般来说，同一事物的过去、现在和未来，其共同规律和本质是在不同条件、不同形式下具有相互联系、延续的性质。例如，旅游活动是随着人民生活水平的提高而不断高涨的，其消费需求和样式也在不断升华。根据这个规律，可以从20世纪80、90年代我国旅游消费增长的比例和规律，以及我国经济增长的速度预测到今后旅游大致增长的趋势、比例。连续性原则，为制定旅行社短期、长期经营战略提供了一个科学预测的依据。

3. 因果性

事物之间普遍存在的因果联系，是一切事物运作结果好与差的根本原因。好的原因一般会引起好的结果。坚持优质服务、信誉第一的企业宗旨，并且切实贯彻实施，是创造好业绩的关键。因此说，一种好或差的结果，一般总是由现实原因引起的，只有把握、运用好现实原因，才可以取得预想的好结果，这就是因果原则发挥的重要作用。旅行社经营战略就要从因果联系的原则出发，把握运用现实原因，即各种催化、促进事物发展的因素，充分实现好的结果。

4. 阶段性

计划的制订和实施要注意阶段性原则。任何计划要实现其预期目标，都要分成几个段落，不能一蹴而就。而阶段计划目标也不是随意、简单确定的，而是要对客观实际做科学分析。分段目标确定不正确，总体预期计划目标就难以实现。所以把总体计划目标科学、客观地分解到各个阶段是制订计划、实施计划的重要原则。

5. 完整性

一个企业的总体计划目标，必然涉及企业各个方面、各个部分的工作。总体上说，应该包括物质文明和精神文明两个方面。在制订计划时如果疏忽了一个方面，则影响全局。所以，经营战略必须具有完整性，把各项任务纳入计划轨道，使每个部门、每个环节，甚至每个岗位都有目标要求，都有章可循。旅行社的计划具体有接待计划、导游计划、质监计划、人员培训计划、财务计划、流动资金周转率计划、备用奖金创利润计划、思想政治教育计划、精神文明建设计划以及经营国际旅游业务和出境旅游业务的所有创汇计划等，这些都是为总目标服务的一系列配套指标，从而形成一个为实现预期总目标的完整计划。

6. 市场适应性

在计划经济体制向市场经济体制转换的条件下，旅游业正面临一个全新的外部环境。因此，旅行社计划的制订、实施和管理，必须适应这个全新的外部环境，企业决策应该符合这个根本性变化，一切按市场经济规律办事。旅行社经营战略的市场适应性原则，关键是要进行市场调查，掌握大量市场信息，制定开拓旅游新线路、新项目（新产品）的发展策略，并采取促进产品销售的广告、公关、价格、竞争等有效手段。而了解、掌握游客消费的新需求、及时推出新产品，则是制订计划、加强管理、参与竞争的一个重要方面。

7. 民主性

计划管理的民主性原则，体现在计划管理的全过程，特别是计划的制订，应该充分体现民主性原则。计划、目标的确定绝不应该只是少数决策者、领导层的主观意念，而必须充分发动群众参与，上下结合、广泛研讨。只有共同参与制订的计划，大家才能自觉贯彻执行计划，努力去争取计划的实现。否则，领导单独确定的计划目标，职工难以以主人翁意识去实施、实现。因此，旅行社制订计划要充分发动全体干部、员工，通过多次上上下下讨论、论证，统一思想，最后确定下来。同时在计划实施、管理过程中，监督、协调、控制和计划实行情况的考核评估，都应体现群众参与的民主气氛。

8. 可行性

经营战略策划的可行性，应该反映企业科学决策的预见性和拼搏精神，还应建立在企业人、财、物现状，上一年度计划完成情况及市场变化的客观实际的基础上。制订计划首先要科学预测，考虑到这个计划目标是否可能达到，没有科学依据的任意翻一番、翻几番，明显达不到的指标，会挫伤人的积极性。但是，科学预测不能忽视员工的潜在能力而把指标定得过低，不花大力气就可以实现的计划达不到应该追求的好效益，也会影响员工的积极性。所以，旅行社经营战略目标既要避免唾手可得的低指标，又要避免脱离实际的过高要求，要制定出能激励员工奋发拼搏，敢于攀登高峰，经过努力能实现的指标来。这样的指标既有高效果，又是可行的。

任务三　旅行社经营战略策划流程

旅行社经营战略策划是在市场经营条件下，旅行社为谋求长期生存与发展，在外部环境和内部条件分析研究的基础上，以正确的指导思想，对企业主要目标、经营方向、重大经营方针、策略和实施步骤做出长远的、系统的和全局的策划。其全过程一般可分为以下五个步骤。

一、战略分析

战略分析，是旅行社企业经营战略制定的前提，根据分析的内容，可以分为企业外部环境分析和企业内部条件分析。

企业外部环境分析。企业是环境的产物。旅行社经营战略的有效性，取决于战略制定者对企业外部环境的认知程度。因为旅行社经营战略中所规定的发展目标与行动方案，必须与企业所处的外部环境相适应。只有充分掌握了外部环境的变化，旅行社才能把握由于环境变化所产生的机会，并能有效地降低或消除由于环境变化所出现的威胁。旅行社的外部环境主要包括宏观环境和微观环境两个方面。宏观环境，主要有政治法律环境、经济环境、技术环境和社会文化环境；微观环境，主要有行业性质、竞争者状态、旅游者状态，以及旅游生产商的状态。

企业内部条件分析。孙子曰：知己知彼，百战不殆。旅行社经营战略是根据企业资源与市场环境相适应的要求制定的。因此，对企业内部条件的分析，是旅行社制定经营战略的一项重要内容。对旅行社内部条件的分析，是要确定旅行社内部战略要素，其过程是要对旅行社经营状况的各个方面进行调查，并通过相关分析方法，确定内部各个战略要素对形成旅行社经营优势与劣势的影响程度，并结合旅行社市场环境来确定企业的战略地位。

二、目标确定

战略目标，是对旅行社企业战略经营活动预期取得主要成果的期望值。战略目标的设定，同时也是企业宗旨的展开和具体化，是企业宗旨中确认的企业经营目标、社会使命的进一步阐明和界定，也是企业在既定的战略经营领域，展开战略经营活动所要达到的水平的具体规定。

旅行社企业战略目标的确定过程。一般来说，确定战略目标，需要经历调查研究、拟定目标、评价论证和目标决断四个具体步骤。

战略目标的体系结构和内容。由于战略目标是企业使命和功能的具体化，一方面有关企业生存的各个部门都需要有目标；另一方面，目标还取决于个别企业的不同战略。因此，企业的战略目标是多元化的，既包括经济目标，又包括非经济目标；既包括定性目标，又包括定量目标。

三、方案选择

战略方案选择阶段所要回答的问题是“企业走向何处”。战略选择阶段的工作可以分为制订战略方案、评估备选战略方案和战略选择三个步骤。

（一）制订战略方案

在制定战略过程中，当然是可供选择的方案越多越好。旅行社企业可以从对企业整体目标的保障、对中下层管理人员积极性的发挥，以及企业各部门战略方案的协调等多个角度来考虑，采取自上而下、自下而上或上下结合的方法来制订战略方案。

（二）评估备选战略方案

评估备选战略方案，通常使用两个标准：一是考虑备选战略方案是否发挥了企业的优势，克服了劣势，是否利用了机会，将威胁削弱到最低程度；二是考虑备选战略方案能否被企业利益相关者所接受。需要指出的是，实际上并不存在最佳的选择标准，管理层和利益相关团体的价值观和期望值在很大程度上影响着战略的选择。此外，对战略的评估，最终还要落实到战略收益、风险和可行性分析的财务指标上。

（三）战略选择

旅行社战略选择会对企业未来产生重大的影响。因而，这一决策必须是非常慎重的。在实际工作中，旅行社管理者往往在经过对各项可能的战略方案进行全面评价之后，发现好几种方案都是可以选择的，在这种情况下，需要综合考虑企业过去的战略、管理者对风险的态度、企业对外部环境的依赖性、企业文化和战略方案的时期性、竞争者的反应等因素，进而做出正确的战略选择。

在旅行社经营发展战略中，产品—市场发展战略是最常使用的一种。安索夫（H. I. Ansoff）认为企业的经营战略的四项要素（即现有产品、未来产品、现有市场、未来市场）有四种组合，即市场渗透（现有产品和现有市场的组合）、市场开发（现有产品与未来市场的组合）、产品发展（现有市场与未来产品的组合）和多角化经营（未来产品与未来市场的组合）。

1. 市场渗透战略

市场渗透战略，是由旅游企业现有产品和现有市场组织而产生的。此战略强调决策者应系统地考虑市场、产品及营销组合的策略，以促进市场渗透。那么，旅行社如何在市场方面扩大其现有产品的销售量呢？第一，发现和挖掘潜在顾客；第二，从竞争对手那里吸引顾客；第三，增加回头客，扩大老顾客的使用频率；第四，提高产品及服务质量，增加产品的无形价值；第五，在销售价格、销售渠道、促销手段（广告、销售促进、人员推销）、服务等营销组合方面进行改进，以增加现有产品的销售量。

市场渗透战略需要较少的投资，实施成本低。与改变现有设施，增加服务（产品开发战略），或开拓新的细分市场（市场开拓战略）相比，需要较少的组织资源和技巧，对现有市场和顾客较为熟悉。但是也存在局限性：第一，风险低，回报也低。第二，在现有市场拓展的可能性是有限的，一旦市场成熟，市场渗透的机会就消失了，而且，即使市场渗透战略在短期内取得成功，在长期内它可能不如其他市场战略有效。如果将市场渗透战略与企业的长期发展目标结合起来，则市场渗透战略有可能避免其局限性，在这种情况下，成功的市场渗透辅之以企业规模的扩大和市场主导地位的确定，消费者更倾向于规模较大、知名度高、信任度更高的企业。第三，市场渗透战略易引起竞争者报复，竞争者很容易通过增加推销预算或降低价格等措施来增加市场份额。第四，市场渗透战略比较适合一个新的或正在成长的市场，因为成熟的市场销售量相对稳定，从竞争者那里夺取市场份额时花费较大，而且易导致竞争者报复。此时，消费者的消费行为已较稳定，已有了一定的品牌忠诚度，已不容易改变消费者的品牌偏好，而在一个尚未成熟的新市场或还在成长的市场，消费者行为不稳定，尚在寻找最适合自己的品牌。

因此，在以下情况下，旅行社适合采取市场渗透战略：第一，在旅游产品/服务生命周期的初期，市场仍在变化，消费者没有明显的产品/服务偏好，因为市场正在扩展，所吸引的新的消费者并不是从竞争者那里夺取过来的。第二，一个企业比竞争者拥有更多的、更擅长使用的营销技巧（如广告、营销推广等）。第三，确认近期内扩大市场占有率可以保证获得长远利益。

总之，市场渗透战略是希望通过对现有产品进行小的改善以赢得更多的消费者。如果市场处于成长期，在短期内此战略可能会使利润增长；但当市场日趋成熟时，企业必将面临激烈的竞争。市场渗透战略表面看起来是风险最小的一种发展战略，但由于以下原因，它可能又是风险最大的一种发展战略：第一，除非企业在市场上处于绝对优势地位，否则必然会出现许多强有力的竞争对手。第二，决策者把精力放在现有事务处理上，可能错过了更好的机会。第三，顾客兴趣的改变将导致企业目标市场衰竭。

2. 市场开发战略

市场开发战略，是由现有产品和新的市场组合而产生的战略。它是开拓现有产品的新顾客层或新的地域市场，从而扩大产品/服务销售量的战略。在企业现有产品的市场中，企业通过长期经营已经建立了一定的市场基础，具有一定的市场竞争能力，且掌握了与经营现有产品有关的人力、物力和管理经验。实行这种战略的办法有：第一，市场开发，即将现有产品打入别的市场上去，如旅行社可以将某条成熟的旅游线路销往新的顾客群。第二，在新市场上寻找潜在顾客，如旅行社可以组织小学生进行夏令营式的旅游，来培养孩子在家所得不到的锻炼。第三，增加新的销售渠道，采用新的促销手段。

市场开发战略比市场渗透战略风险性大，因为要开拓一个新的市场，事先必须掌握它的特点和要求，选择合适的销售渠道，采用正确的营销手段和方法，否则将会遭受很大的风险和损失。但是这种战略迫使决策者放开眼界、拓宽思路、重新确定营销组合，是一种长期的发展战略，而且收益也较大，对企业长期发展带来有利的影响。

3. 产品发展战略

产品发展战略，是由企业原有市场和本企业的新产品组合而产生的战略，即对企业现有市场投放新产品或增加产品种类，以扩大市场占有率和增加销售额的企业发展战略。从某种意义上讲，这一战略是企业发展战略的核心。因为对企业而言，市场是不可控的，而产品开发则是通过努力可以控制的。

采用此战略的旅行社必须对它原有顾客有彻底的了解，能够满足顾客需要的其他产品。这种战略具有一定的创新开拓性，但由于仍在原有市场的顾客群中寻找机会，可能会损失其他市场的机会。因此，产品发展战略也可以是将新产品进入别的企业已成熟的市场，这时要求这种新产品必须是全新的，是别的企业从未有的产品。只有具备这样的创新，才能带来创新战略所具有的收益。这种战略具有高风险—高收益的特征。风险一方面来自新产品不一定适合该市场顾客群的需要；另一方面来自缺乏别的企业已成熟的市场的资料和经验。

产品发展战略适用于经营管理素质好、产品开发能力较强的企业。旅行社要采取这种战略，就必须积极创造条件不断进行产品开发工作，以求保持自已的产品在技术上的先进性和功能、质量、价格等方面的优势。

4. 多角化经营战略

多角化经营，也称为多样化经营或多种经营。它是指企业同时生产或提供两种以上基本经济用途不同的产品或劳务的一种经营战略，即企业在为现有市场提供产品或服务的同时，又以新的产品或服务开辟新的市场。目前，此战略已成为许多企业适应新形势、开辟新市场的必然选择。旅行社采用多角化经营战略有以下几个方面原因：第一，社会经济的发展促进了人们旅游消费范围的扩大和消费欲望的增长，旅游消费呈现出多层次、多方位、多样化的特点，这为旅行社发展提供了众多的市场机会，促使一批企业进行多角化经营，这既满足人们不断增长的旅游消费需求，也促进了企业的发展。第二，由于市场扩大化和竞争复杂化，企业采用单一产品、单一市场的集中经营风险加大，为分散经营的风险，增加经营的安全性，可考虑多角化经营。第三，当企业的资金、人力等资源有富余，为充分利用富余的经营资源，可考虑采用多角化经营战略。第四，当企业的产品已达生命周期成熟期的后面部分时，要想取得较长期的利益及稳定的发展，必须向新产品及新市场进军。这时，可考虑采用多角化经营战略，进行产品结构的调整，向新兴的经营领域开拓。

旅行社采用多角化经营战略，必须以一定的人力、物力、财力为基础。当企业规模小而产品及市场都在不断增长的情况下，就应该集中资本扩大生产原有产品，而不宜采用多角化战略。因此，决策者应深入研究本企业是否应当采用多角化经营，多角化到什么程度才能最大限度地发挥企业潜力，并使资源达到最充分的运用。因为多角化程度越低，管理越简单，多角化经营程度越高，管理越复杂。超过一定限度，则可能好事变坏事，使企业无法控制。

按各项业务与主业的关系，多角化经营战略可分为以下五种类型：

（1）专业型战略。企业专业化比率很高（95%以上），称为专业型多角化战略，这是把已有的产品或事业领域扩大化的战略。

（2）垂直型战略。某种产品的生产，往往只取从原材料生产到最终产品销售整个系统中的一个阶段，而每个阶段都有其完整的生产体系。垂直型战略，就是或向上游发展，或向下游渗透。

（3）本业中心型战略。企业专业化比率较高的多角化战略（20%~95%），称为本业中心型战略，即企业开拓与原有事业密切相关的新事业，而仍以原有事业为中心的多角化战略。

（4）相关型战略。企业专业化比率低（低于20%）而相关比率较大的多角化战略。一般来讲，多角化战略的核心是经营资源，实行相关型多角化战略，就是利用共同的经营资源，开拓与原有事业密切相关的新事业。

（5）非相关型战略。企业相关比率很低，也就是企业开拓的新事业与原有的产品、市场经营资源毫无相关之处，所需要的技术、经营资源、经营方法、销售渠道必须重新取得。

国内外饭店业实行多角化战略的企业屡见不鲜，如雅高集团经营餐饮娱乐业、会议业、出入境旅游活动和旅行社的经营，该公司在悉尼的达令港经营了一个会议展览中心，在香港海洋公园经营餐饮娱乐，目前正在与 Carlson Wagonlit 旅行社系统分布于全世界的4000家分支机构进行联系，积极寻找新的发展机遇。“一业为主，多种经营，以主带副，协调发展”是首汽集团发展的总方针，首汽集团已下辖100多家企业，涉足的行业包括汽车出租、修理、租赁、旅行社、饭店、商务大厦、商贸、房地产、通信、广告、影视等数十个行业，其涉及范围之广，在我国旅游企业中首屈一指。

然而，多角化经营战略不是任何企业的灵丹妙药。世界上成功的企业，既有高度集中经营的公司，也有多角化经营的公司；而经营失败的企业中，两种战略的企业也都存在。因此，决策者不能迷信任何一种经营战略。应因时、因事、因人制宜。当企业不采用多角化经营战略仍能达到经营目标时，则以不进行多角化经营为宜，因为多角化经营需要较大的投资，也要冒较大的风险。如企业对新进入的经营领域预测有误时，就会产生负面效应，使得企业不仅在新的经营领域内无法成长，而且对企业原有的经营领域有干扰。

四、战略实施阶段

（一）战略发动阶段

旅行社企业的领导人要研究如何将企业战略变为企业大多数员工的实际行动，调动起大多数员工实现新战略的积极性和主动性，这就要求对企业管理人员和员工进行培训，向他们灌输新的思想、新的观念，提出新的口号和新的概念，消除一些不利于战略实施的旧观念和旧思想，以使大多数人逐步接受一种新的战略。

（二）战略计划阶段

战略计划就是将经营战略分解为几个战略实施阶段。每个战略实施阶段都有分阶段的目标、政策措施、部门策略，以及相应的方针等。

（三）战略运作阶段

旅行社企业战略的实施运作，主要与以下六项因素有关。即：旅行社企业各级领导人员的素质和价值观念，旅行社企业的组织机构，旅行社企业文化，资源结构与分配，信息沟通，以及控制及奖励制度。通过这六项因素，使经营战略真正进入到旅行社企业的日常经营活动中去，成为制度化的工作内容。

五、战略控制阶段

战略控制，主要是指在企业经营战略实施过程中，检查企业为达到目标所进行的各项活动的进展情况，评价实施企业战略后的企业绩效，把它与既定的战略目标与绩效标准相比较，发现战略差距，分析产生偏差的原因，纠正偏差，使企业战略的实施更好地与企业当前所处的内外环境及企业目标协调一致，使企业战略得以实现。

任务四　旅行社经营战略策划经典案例分析

一、旅行社经营战略策划的综合性

（一）案例

A旅行社是我国某著名旅游目的地大型旅游运营商，在当地的旅游接待业务中占有较大的市场份额。该旅行社高级管理者抓住国内旅游市场蓬勃发展的契机，在国内主要旅游客源地都设立了营销机构，年接待人数超过了10万人次。但企业下一步如何发展，如何才能将企业打造成为一家百年老店，如何让企业成为一个具有可持续发展能力的旅行社，如何才能提升企业的客源市场结构……该旅行社与专业咨询人士进行了接触，他们在专业人士的帮助下，认真梳理了企业存在的问题、力图解决以下问题：

如何实现A旅行社"旅游综合运营商"的战略定位，实现企业健康、快速地发展？

如何凭借已经形成的竞争优势，迅速扩大市场份额，尽快构筑规模经济效应，防止强力竞争对手凭借资源优势进行疯狂打压？

如何提升主题旅游产品的创新和包装能力，尽快走出目前价格竞争的怪圈，树立A旅行社品质旅游第一品牌？

如何建立旅行社统一高效的质量管理体系和售后服务体系？

如何迅速提升各地分支机构对总社的向心力，从而防止关键分支机构的出走风险；提高总社与各分支机构、各分支机构之间整合营销、统一行动的能力？

如何改善目前企业的组织结构和管理体系，使之与将要实施的产品创新、质量管理相吻合，将突出的个人竞争力转化为企业组织结构和流程的竞争力？

如何改善企业目前缺乏核心竞争力的局面，化有形竞争力为无形竞争力？

如何解决高速发展中的人力资源建设问题？

（国家旅游局人事劳动教育司编：《旅行社经营管理》，北京，旅游教育出版社，2006年）

（二）分析

以上的案例告诉我们，旅行社经营战略策划涉及旅行社经营管理的方方面面，从企业的战略定位到企业人力资源的建设都是经营战略策划所要思考的内容，是典型的综合性、多维度旅游策划。同时，案例本身也为开展旅行社经营战略策划提供了诸多思考的角度。

二、失败的多角化经营战略策划

（一）案例

汉商集团2001年年报显示，公司净利润比上年下降了86.79%，其根本原因是主业萎缩。公司商业主业 2001 年实现销售收入 5.29 亿元，比起 1998 年的销售收入 10.03 亿元，下滑了将近 50%。汉商集团主业为何萎缩如此之快？回头看看该公司近三年的经营和投资活动，给人一个强烈的印象：汉商集团没有找到发展方向。

汉商集团原是一家区属商场，1996 年上市后，由于专注于商业主业，公司获得较快发展。但自 1998 年后，伴随着公司投资的“四处出击”，汉商集团的商业主业也开始大幅度下滑。

当时，国内旅游业升温，汉商集团提出把旅游业当作第二大支柱产业培育，公司在湖北咸宁建温泉山庄的同时，拟在一年内投资 3500 万元在武汉市郊蔡甸南湖建“千步滩度假村”。该项目包括两个长数百米的半岛和 4.2 平方千米的湖面，当年公司就投入了 880 多万元。

但是公司总投资 4000 万元的千步滩工程截至 2001 年年底仍只投入了 1300 万元，三年来基本未有大的投入，成为了一个“烂尾工程”。而据公司年报显示：公司下属旅游业公司 2001 年亏损 72 万多元，培育了三年的第二支柱产业现在还只是一根“矮桩”。

涉足旅游业之后，汉商集团又在 2000 年年初瞄上了会展业。公司先是将投资武汉国际会展中心项目列入配股预案予以公告，但临到股东大会时，公司又认为组建家居装饰中心“可优化公司产业结构”，于是马上丢下会展中心项目，将家居装饰中心项目列入配股预案，并称装饰中心将借鉴美国公司先进经营模式，年平均回报率可达 25%。

配股完成半年后，汉商集团又更改了全部募集资金投向，斥资 1.2 亿元控股武汉国际会展中心，重新捡起了丢下的“苞谷”。然而会展中心经过半年的经营后，目前已至少负债 6 亿元，在沉重的负债下，汉商集团在 2002 年的经营计划中，将会展中心的经营指标大大调低，计划全年实现会展销售收入 5400 万元，而公司在更改募资投向时公告的该项目盈利预测为年利润 7885 万元。

汉商集团在商业主业之外的四处出击“没找着北”。公司的商业主业经营在这三年也是翻来覆去，似乎也没找到方向。1999 年年底，国内兴起“超市热”，汉商集团见势推出便民连锁超市工程，计划用两年时间在较大的居民区开设 28 家便民超市，此举还获得了武汉市政府的贴息贷款扶持。但一年后，公司只开了两家便民超市，倒是后来居上的武汉中百的便民超市遍地开花，当地政府遂取消了对汉商集团的贴息贷款扶持政策，转而将此政策给予了武汉中百。汉商汉口商场在公司上市之初曾辉煌一时，效益颇佳，随着周边购物环境的变化，汉商为了迎接江汉路步行街开通，专门面对女性群体将之改造为专对女性消费群体的专门商场“女之都”。但商场的改造定位和营销手段并没有取得预想的效果，相反还加重了商场的经营负担。

2000 年时，汉商集团在武汉当时的五大商业上市公司中还位居第三，而到 2003 年该公司的商业销售额已处于武汉上市公司的末位，而且与上一位武汉中百 14.76 亿元的销售额相差了9亿多元。在汉商集团商业大滑坡的同时，武汉的其他三家商业上市公司得到了迅猛扩张。鄂武商年商业销售额已超20亿元，下属武汉广场连年蝉联全国单体商场销售第一，武汉中商年销售也达到了16亿元以上，武汉中百则拥有全市最多的商业网点。

（刘巧云：《证券时报》，2002年3月27日）

（二）分析

企业经营战略策划是关系到企业发展的重要工程，是具有宏观性质的重点策划项目。汉商集团的多角化经营战略策划不但没有为企业的发展铺平道路，反而丧失了在原有市场上的优势地位，可见开展企业经营战略策划需要慎之又慎，务必在充分了解企业自身实力和外在市场要求的前提下，科学实施。

任务五　实训课业

一、实训目的

本实训旨在考查学生对本模块内容的理解和掌握情况，培养学生对旅行社经营战略策划的技能。

二、实训要求

请学生依据所提供的材料，按照教学内容，为既定旅行社进行经营战略策划。策划提纲自拟，但必须涵盖任务中所给出的内容。学生也可以其他旅行社作为策划对象，要求同上。

三、实训对象资料

某市A旅行社企业设立之后，由于产品定位和市场定位与大多数旅行社雷同，结果，企业经营了很长时间也没有起色。该企业的所有者和高级管理者经过调研发现，本地由于市区人口众多，周末出游的潜力很大，而且本市周边旅游资源丰富，各种类型的景点和度假村为旅游者提供了很多选择，但至今却没有一家旅行社企业将其作为战略重点。

四、实训过程

第一，分析策划对象

第二，学生分组进行策划

第三，提交策划案

第四，策划案展示交流

第五，策划案总结点评

模块五 旅行社品牌策划

导读

通过对本模块的学习，学生应能够洞察旅行社品牌的内涵和外延，掌握旅行社品牌策划原理并应用这些原理学会旅行社品牌策划流程，在深度解读旅行社品牌策划经典案例的基础上，能够学会自己对旅行社品牌进行策划。

工作任务

任务一 洞察旅行社品牌

任务二 旅行社品牌策划原理

任务三 旅行社品牌策划流程

任务四 旅行社品牌策划经典案例分析

任务五 实训课业

任务一 洞察旅行社品牌

一、品牌

与品牌相关的概念有许多，其中最为基本的概念包括品牌（Brand）、品牌名称（Brand Name）、品牌标记（Brand Mark）、注册商标（Trade Mark）、品牌内涵（Brand Concept）和品牌化（Branding）。

品牌是指用于区别不同销售者所售产品或服务的名称、词语、图案、标记或其他特征，是一个较宽泛的概念。品牌名称指的是品牌中可以用语言表达的部分，包括文字与数字，通常是识别产品的唯一标志。没有品牌名称，生产者无法识别自己的产品。对消费者而言，品牌名称是产品的基本组成部分。品牌名称可以使消费者简化购买过程，使产品保证一定的质量，并成为消费者自我表现的凭借物。品牌标记是指品牌中非文字或数字表述的部分，通常是图案或标记。注册商标是指依法注册的标记，表明注册者对特定品牌或品牌组成部分具有唯一使用权。品牌内涵与上述概念有着密切的关系，它是指营销者为特定品牌创造并用于与目标市场进行沟通的特定含义；而品牌化则是指赋予某种产品特定品牌的活动。

由以上分析可以看出，品牌是其中最基本的概念，品牌名称和品牌标记只是品牌的必要组成部分，注册商标可以理解为经法律认可的品牌，而品牌化正是赋予某种产品特定品牌和品牌含义的活动或过程。

品牌对于生产者和购买者都具有重要的意义。对于生产者来说，品牌有助于他们区分不同的产品，有助于他们进行产品介绍和促销，有助于他们培育回头客并在此基础上形成客户的品牌忠诚。对于购买者而言，品牌可以帮助他们识别、选择和评价不同生产者生产的产品，并可以通过诸如消费名牌产品等方式获得心理的满足和回报。

二、旅游品牌

从供给角度看，旅游产品是为满足旅游者旅游活动需要的产品。从需求角度看，旅游产品是旅游者的一次完整的旅游经历。

结合营销学者菲利普·科特勒（Philip Kotler）对于品牌的理解以及旅游产品的相关定义，我们认为：所谓旅游品牌，是指旅游企业在竞争中为便利消费者对自身产品或服务的识别、实现差异化、建立比较优势，以名字、术语、标志、符号、图案或是它们的组合为载体，在消费者心目中形成的一种综合体验和认知。

旅游产品作为服务产品具有明显的生产与消费同时性的特征，它建立在人与人之间关系的基础之上。旅游品牌的实质是关系，是产品及其名称与消费者发生的各种关系的总和。它首先是某种标志、符号；其次是消费者使用某种产品的体验和感受。旅游品牌的终极形态是旅游企业的无形资产。

三、品牌的特征

人们对于品牌概念的把握经历了三个阶段：第一阶段，品牌是一个名称，借助符号、颜色等可识别因素与消费者进行有效沟通。第二阶段，品牌不仅仅是一种标记，而且是象征，属复杂象征和综合象征。第三阶段，品牌是一个综合概念，是企业的无形资产。品牌在实践运用和理论研究中体现出以下三种特征。

（一）无形性

品牌自身是无形的，不具有独立的物质实体。它通过一定直接或间接的物质载体予以表现。品牌的直接载体多是图形、品牌标记等。间接载体包括与品牌相关的价格等。品牌的价值与间接载体的价值有着不可分离的关系。

（二）效益性

品牌是企业的无形资产，可以促进企业的生产经营和服务长期、持续发挥其资产作用。给一双普通的运动鞋加上“耐克”或“李宁”的标志，其价值马上增加，由一般的运动鞋变为时尚产品，甚至具有身份与地位的象征意义。

但品牌提供的未来经济具有较强的不确定性。若出于技术与经营服务方面的原因，在竞争中未能保持其品牌特色，则可能导致企业原有的品牌迅速贬值。

（三）专有性

主体对品牌的专有排他性。这有效维护了企业的利益，刺激着企业进行品牌经营的积极性，企业可选择自身保密和反不正当竞争法来维护（如专有技术、经营秘密）；也可选择取得广泛而普遍的法律保护（如专利权），而这种方法必须以适当公开其内容为代价；还可以选择以长期生产经营服务中的信誉取得社会的公认（如商标、品牌认知等）。

四、品牌的功能

美国可口可乐公司的一位副总裁曾经说过：如果可口可乐公司在全世界的所有工厂，一夜之间被大火烧光，只要“可口可乐”品牌还在，就可以东山再起，因为各大银行家肯定会争先恐后地向可口可乐公司提供贷款。这一理念是以对品牌功用与价值的充分认识为基础的。

对消费者而言，品牌具有以下功能：

（一）识别功能

品牌可减少消费者在选购商品时所花费的时间和精力。在市场营销中，消费者对品牌产生一种整体感觉，这就是品牌认知。英国营销专家约翰·墨菲（John Murphy）在其著作中指出：所谓全体的概念就是任何整体都不只是部分的总和。在心理学上，这个过程被引入到观念形成的过程中。一个婴儿在一开始时并不知道围绕在他身边的物体就叫“人”。一旦他知道后，就可凭借片段的消息来辨认（如手的形态或特殊的香水味），然后在脑中形成物的整体。品牌正是这种“整体”的概念。它不仅是所有部位的总和，而且是一种无形的识别器，它的主要功能是减少顾客在选购商品时所花费的精力与时间。品牌的识别功能主要体现在以下两个方面：一方面，品牌是产品的标志；另一方面，品牌是企业的代号。

（二）保护权益功能

由于品牌具有排他性的专用性特征，品牌的商标通过注册以后受到法律保护，禁止他人使用。如果产品质量有问题，消费者就可以根据品牌溯本求源，追究品牌经营商的责任，依法向其索赔，以保护自己的正当权益不受侵犯。

对企业而言，品牌具有以下功能：

1. 增值的功能

品牌是一种无形资产，它本身可以作为商品进行买卖。谁拥有了知名品牌，谁就拥有了“点金术”。品牌不仅是一种资产，更是一个取之不尽、用之不竭的宝藏。

2. 竞争的功能

品牌是建立差异化优势的重要手段。日益激烈的市场竞争中，产品同质化现象越来越明显，企业只有突出个性才能赢得优势。通过品牌个性塑造体现差异性，成为竞争中的有效手段。

3. 促销的功能

品牌是产品品质的标志，消费者常常按照品牌选择商品。这样一来，一方面，品牌有利于引起消费者的注意，满足他们的需求，实现扩大产品销量的目的；另一方面，生产经营者必须关心品牌的声誉，不断开发新产品，加强质量管理，树立良好的企业形象，从而使品牌经营步入良性循环的轨道。

4. 内聚的功能

在企业的竞争中，人才是制胜的关键。人们在为一个优秀品牌工作的过程中更能得到成就感，品牌具有对人才内聚整合的潜力。品牌在市场运营中可以通过合资、合作、并购、联盟等形式，与其他企业联合起来扩张自己的市场。

任务二　旅行社品牌策划原理

一、旅行社品牌策略

旅行社无疑需要品牌策略，但旅行社产品的特性又决定了旅行社的品牌策略与生产企业有所不同。旅行社应致力于企业品牌的建设，这主要包括：

第一，确立适当的公司名称。公司名称是服务品牌的核心，旅行社的名称应具有独特性、恰当性、可记性和灵活性。

第二，在综合考虑各种因素的基础上赋予企业品牌独特的内涵。

第三，设计与公司的名称、内涵相一致的公司标志，并连同公司名称一并注册，取得合法的排他性使用权。

第四，通过品牌内涵的管理和品牌内涵的营销沟通，唤起消费者对品牌的注意，强化消费者的认同态度，促成消费者的购买行为。需要指出的是，应由旅行社所有与品牌相关的传播性要素共同塑造一个完整的形象。在树立强品牌的过程中，服务营销人员能够做的最重要的一步是前后一致地、始终如一地展示品牌的可见性要素。可见性要素是指公司的名称、标识语、颜色、制服、设备等，公司在顾客心中的形象越统一，品牌地位就越强。

第五，通过优良的服务和售后服务不断吸引回头客，培育顾客的品牌忠诚。“最佳服务是最佳宣传”的原理告诉我们，服务产品的无形性决定了对已有顾客的优良服务无论是对吸引回头客还是对口碑宣传都具有至关重要的作用。售后服务的目的则在于保持与老顾客的关系，这对于服务企业来说尤为重要，因为吸引新顾客较稳定老顾客的成本要高得多。

二、旅行社品牌识别设计的原则

（一）简洁明了，易读易记

旅行社品牌需要深刻的内涵与优美的文采，但不能与“简洁明了，易读易记”这一首要原则产生冲突。不宜将过长或难以理解和诵读的字符作为品牌名称，也不宜将呆板、没有视觉冲击力的符号、图案用于品牌标志。

（二）巧妙构思，突出特点

旅行社品牌需要通过巧妙构思体现自身与众不同之处，突出产品的特性与优势。品牌外观的文字、图案是吸引消费者眼球的最直观手段，设计应具有冲击力、感染力。

（三）赋予内涵，注入情感

旅行社品牌设计的图形和文字要具有一定的含义或象征，可以是产品的功能，可以是典故。内涵丰富、注入情感的品牌才能打动旅游消费者，引起消费者的共鸣，使品牌长期发挥效应。

（四）匠心独具，避免雷同

一方面，与已有品牌雷同的设计难以获得《商标法》中规定的商标专有权，无法通过法律保护品牌获利能力的独占性；另一方面，若企业成功获得了申请，在宣传自己品牌的同时也会为竞争对手的类似品牌进行宣传，使品牌传播费用扩大、传播效果减低。真正想获得长远发展的企业，应在旅游品牌的设计上尽可能避免与他人的雷同。

（五）符合法律，入乡随俗

旅行社品牌的识别设计应全面考虑政治、法律法规、文化等宏观环境因素的影响。在中国，《商标法》等相关法律禁止品牌设计与中国或外国的国家名称、国旗、国徽、军旗勋章具有相同或相似之处。在品牌设计中，还应该关注超越所在地域的历史文化、语言文字、审美情趣的影响。避免由于不同文化价值观念及审美情趣的不同而使得对同一品牌的理解产生很大差异。

三、旅行社品牌延伸的原则

第一，旅行社品牌延伸必须保持与原有产品的相关性与一致性。一方面，具有相关性与一致性的品牌延伸才容易取得成功。旅游消费者日益成熟，在形成品牌忠诚度之后，依然会对延伸商品进行相对理性的判断，若延伸产品与原来品牌依托的商品之间差异非常大，消费者对品牌的忠诚与喜爱便难以延伸。另一方面，若延伸后的产品与原产品相差甚远，可能会冲淡原有品牌，对产品定位会产生不利影响。

第二，旅行社品牌延伸必须建立在市场容量分析的基础之上，旅行社企业在品牌延伸中，往往首选热门行业。但进入某一领域之前，不仅要进行宏观分析与预测，还应有效进行行业的中观考察，充分分析热门行业的市场竞争状况，考察市场容量潜力。确定进入的价值和获利的概率是延伸的前提和基础。

第三，旅行社品牌延伸必须以某一品牌产品已形成绝对优势为前提，简而言之：先稳定，后发展。旅行社品牌在延伸的过程中，资源配置必然发生相应变化，可能会影响到企业集中力量突出品牌某一方面的优势。若没有品牌定位上绝对优势的建立，新产品在市场竞争中的已有品牌优势便相对弱化，并且品牌延伸可能影响到品牌的长远发展。

第四，旅行社品牌延伸应该有“一荣俱荣，一损俱损”的准备。品牌延伸的风险是与收益并存的。企业在利用品牌延伸获取更多利润的同时，应充分认识到风险的存在。延伸后的品牌产品在竞争中虽然具有一定的知名度与美誉度优势，但依然要遵循市场经济竞争的客观规律。只有做好周密细致的工作才可能取得最后成功。同时，延伸品牌的发展还会影响到主品牌的经营与发展，两者之间的关联既是利润的来源，同时也是风险所在，必须有充分的正确认识。

四、旅行社品牌的创新

经济的发展离不开创新，旅游业激烈的竞争要求企业不断进行创新。创新一般围绕技术、管理及制度而展开。无论是何种形式的创新，都有利于企业劳动生产力或资产运营效率的提高。旅行社品牌应力求自身的不断创新，反映出企业的活力。

（一）旅行社品牌的技术创新

企业发展动力的源泉主要来自四个方面：资本的积累、资源的更有效配置与使用、劳动生产力的提高以及技术的进步。其中，技术的进步是最根本与持久的动力。拥有了新的技术，旅行社企业就可能找到新的增长模式、开拓新的市场。

（二）旅行社品牌的产品创新

旅行社品牌的创新主要来自旅行社产品的创新。旅行社产品作为服务产品，与有形产品的创新有类似之处，也有自身的特点。

1. 产品的创新都必须以消费者的需求为出发点

例如，随着残障人士旅游需求的膨胀，部分旅行社创新出适合聋哑人游览的旅游线路，对该旅游服务进行了专门设计，及时弥补了这一新兴市场需要的产品空缺，成功地为品牌增添了新的元素。

2. 产品的创新可以从服务产品中消费者与消费者之间的影响着手

例如，北京某旅行社创新出由日本小朋友和中国小朋友共同参与的“北京夏令营”产品。这一产品从参与者角度进行了创新。对于选择这一旅游产品的消费者而言，看重的恰恰是中日消费者之间的交流。在原有线路基础上，通过组织参与者完成了对产品的创新，为旅行社品牌增添了新的亮点。

任务三　旅行社品牌策划流程

一、旅行社的名称

有的旅行社在并购活动后，会改变企业名称。例如，托迈酷客旅游集团在并购了地平线旅游公司后，还在一段时间内继续使用地平线的宣传资料，只在不太醒目的位置标注了托迈酷客旅游公司的标志。而英国航空公司并购了“速鸟”旅游公司后，将其改为“英航国际假日公司”，以便在市场上产生品牌认同，继续吸引母公司的忠实消费者。

名称的选取还应该符合企业发展战略的要求。如果一家旅行社有跨国经营的国际化发展战略，那么公司名称除了要朗朗上口外，还应该考虑到旅游目的地国的语言和风俗习惯；如果旅行社执行的是多元化发展战略和单一品牌战略，则公司名称最好大众化一些，不要出现与旅游密切相关的词语，这样在向旅游业以外的其他行业发展业务时，便可避免受到名称识别上的限制。

二、旅行社的标志

旅行社的标志包括简单的图画、美术图案，甚至包括可以识别的文字。一个完整的旅行社标志，通常包括企业名称以及一些装饰性的图案。这些图案往往与企业名称有一定的关系，以加强消费者对品牌的记忆。

颜色在标志上的应用也非常重要。中青旅的标志采用了活泼、热情的红色，而企业的中英文缩写则使用了冷色调。其冷暖搭配醒目，使得企业标志在众多以黑色、蓝色为主色调的旅行社标志中脱颖而出。然而，如果其他旅行社也选用了这种搭配的话，中青旅的上述优势就不复存在了。

除了图案和颜色的选择外，旅行社还可使用各种不同的字体来突出品牌名称。例如，在图 5-1 中，中青旅标志的文字部分就采用了斜字体，其他几家旅行社也分别使用了各异的字体。

中国旅行社总社	上海春秋国际旅行社有限公司	中青旅控股股份有限公司	中国康辉旅行社有限责任公司
中旅	春秋国旅 SPRING INTERNATIONAL	CYTS 中青旅 青旅在线	CCT 康辉旅游 kanghuiTravel

图 5-1　我国部分旅行社的标志

三、旅行社的品牌形象

旅行社除了可以设计自己独具特色的品牌标志，还可选择一些与产品和品牌内涵相关联的特殊形象，来帮助旅游者迅速辨认出本旅行社的产品。例如，中旅的吉祥物“旅行者”由人的眼睛、耳朵、双脚组成一个旅行者的形象，寓意为“耳闻、目睹、走天下”，极具亲和力。英国库奥尼旅游公司也成功地塑造了主要的国际产品形象。其每年的宣传资料上都会展示出一些非常精彩的照片，宣传旅游接待国的风土人情。

四、旅行社的宣传语

旅行社还可以在产品宣传册中加上合适的宣传语，并在以后做广告的时候使用。宣传语不但要向旅游者传播旅行社的市场定位和目标市场，还应该简单、明了、新颖，这样旅游者才容易记住。以下是国内外一些旅行社的宣传语：

瑞士某旅游公司：“还不快到阿尔卑斯山玩玩，6000 年以后这山就没了。”

荷兰某旅行社：“请飞往北极度蜜月吧！当地夜长 24 小时。”

大连申江旅行社：“冬季到大连来滑雪。”

成都某旅行社：“游历畅销小说《尘埃落定》的地理背景与民族风情。”

五、表明所提供的产品

旅行社宣传资料的设计，必须准确反映其所提供的产品，并且能帮助消费者把旅行社产品和旅行社的名称联系起来。

品牌形象的树立，一般要花费很多时间和精力，如果改变品牌形象则会产生巨大的成本。1991 年，英国 ILG 旅游公司倒闭后，成立了里瓦旅游公司。里瓦最初希望把自己打造成一家高档旅游经营商，然而由于对自己所提供的旅游产品的档次没有清醒的认识，最终还是成为一家大众型旅游运营商。

旅行社宣传册的封面上通常会表明所提供产品的类型。例如，海南某旅行社介绍家庭度假产品的宣传册，在封面上出现沙滩度假的家庭旅游者；而出境旅游的宣传册更多地会在封面上显示旅游目的国的异国风情；针对青年人的度假产品，多在宣传册封面上展示青年人享受度假乐趣的照片；而针对老年人的旅游产品宣传册，则更着重突出旅游目的地的舒适或交通便捷等老年人关心的问题。

六、确定品牌内涵

品牌内涵是指营销者为特定品牌创造并用以与目标市场进行沟通的特定含义。一般来说，企业在确定其特定品牌的内涵时都应遵循图 5-2 的思路。

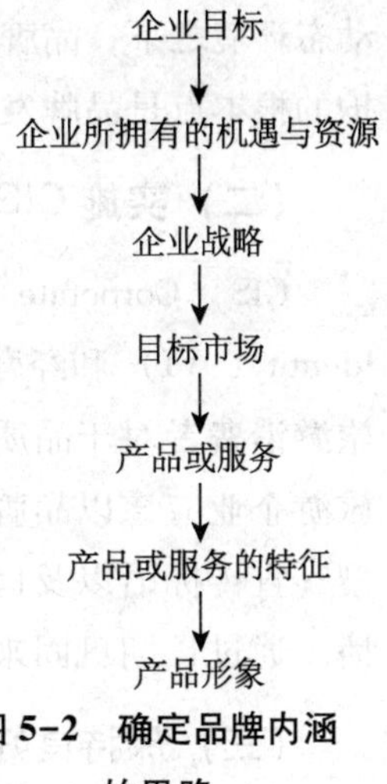

图 5-2　确定品牌内涵的思路

产品品牌内涵的确立只是品牌管理的一个方面，企业还应在产品品牌确立后不断加强对于品牌内涵的管理。所谓品牌内涵的管理（Brand Concept Management）是指企业在特定品牌生命周期的全过程对其内涵进行的策划、传播与控制。品牌内涵管理的最终目的在于不断增加品牌资本。

品牌资本是品牌价值的积累，品牌资本主要由品牌的名称与图案、品牌名称的知名度、品牌产品的质量、顾客对品牌产品质量的理解、品牌联想、清晰的品牌所有权和品牌忠诚等因素构成。一般来说，品牌资本越高，则相应产品的边际利润率越高。不仅如此，品牌资本还可以用来作为竞争障碍。此外，品牌资本还为企业提供了产品种类扩张的可能性。正因为如此，企业普遍希望提高自己的品牌资本。目前，可供企业选择的品牌资本增值的途径主要有以下几种：

- 不断提高特定品牌产品的质量；
- 不断监测自有品牌和竞争对手品牌的市场含义或形象；

- 为品牌内涵创造独具特色的、适量的品牌联想；
- 选择适当的竞争优势；
- 保持品牌内涵一定的稳定性。

七、培育品牌忠诚

“最佳服务，最佳宣传。”服务产品的无形性，决定了优质服务无论是对吸引回头客还是对口碑宣传，都具有至关重要的作用。售后服务的目的，则在于保持与老顾客的关系。这对于旅行社来说尤为重要。因为，吸引新顾客要比稳定老顾客的成本高得多。

事实上，旅行社品牌增值的渠道，从另一方面对企业品牌内涵的管理提出了目标要求、提供了管理的思路。

八、维护品牌

旅游企业可能通过某种策略科学而有效地获得较高的品牌知名度和美誉度。成功树立的品牌必须正确使用才能发挥出长期效益。

（一）保持与旅游消费者需求之间的动态平衡

旅游品牌的创建与使用是处于动态市场环境之中的。要维护好旅游品牌，必须维护好动态环境之下，品牌与消费者之间、与竞争品牌之间以及与传媒之间的关系。旅游品牌维护的根本点是品牌发展必须以市场为中心，不断调整品牌以适应消费者变化的需求与偏好。

（二）实施 CIS 战略

CIS（Corporate Identity System）即企业形象识别系统，它包括企业视觉识别（Visual Identity，VI）和经营理念识别 MI（Mind Identity）。品牌并不能简单等同于 CIS 战略。但旅游消费者对于品质与形象越来越挑剔，而这正是许多旅游企业一直比较疏忽的方面，旅游企业应该以品牌定位为中心，对企业标志、标准字、标准色、相片图案、企业造型、宣传标语以及口号进行统一设计，并通过公关、展示等活动向消费者和用户进行传播。通过长期巩固来维持在消费者心目中良好的整体形象。

（三）保持良好信誉

在市场经济环境之下，企业必须保持良好信誉。在旅游服务过程中，会有各种各样的突发事件，也可能会碰到挑剔甚至无理取闹的客人。旅游企业无论处于怎样的市场环境之下，都必须坚持企业的服务理念，即使暂时增加了经营成本，也应该以维护企业品牌良好的信誉作为行为依据，唯有如此，才可以保持品牌魅力。

任务四　旅行社品牌策划经典案例分析

一、案例：广之旅的品牌策划

广之旅成立于1980年12月5日，至今，已经走过了38年。目前广之旅仍然是华南地区在规模、实力、美誉度方面都是最高级别的旅行社，更是国内唯一获得全国旅游业质量管理最高荣誉“中国用户满意鼎”的综合性强社，拥有全国地方旅行社第一个“中国驰名商标”，前不久还因曾率先于业内导入CI系统而摘取“广东旅游十大首创之星”的桂冠，以及获得改革开放30多年“广东标杆企业”的荣誉。广之旅的发展历程，对于广东整个旅游行业而言，不仅具有示范意义，更是一个引领风气之先的标杆。

（一）屡获重量级殊荣，成就标杆典范

企业的金质典范，需要重量级殊荣的“烘焙”，2008年时，适逢改革开放30周年，多家权威机构都评选出国内具有标杆典范的企业奖项，以总结改革开放以来广东企业取得的卓越成就。其中，广之旅首创旅行社CI管理，多年的诚信经营，获得了一个又一个叱咤风云的大奖。

在2008年广东国际旅游文化节重头戏之一的开放论坛的号召下，社会公众公开投票，从专家提名的30家优秀单位中评选出“广东旅游十大首创之星”，《羊城晚报》、广之旅、白天鹅宾馆等10家为广东旅游做出划时代首创意义的单位获奖。广之旅国际旅行社公司以首家导入CI系统的旅游公司摘取“广东旅游十大首创之星”的桂冠，成了旅行社方面的唯一代表，评审委员会充分肯定了广之旅在广东旅游文化史上所做出的贡献。据介绍，广之旅在1994年导入CI系统，是中国第一个旅行社自创的品牌。经过这么多年来的发展，该社在广东旅游市场做出了优异的成绩，成为广东旅行社中组团量名列前茅的旅行社。

自改革开放以来，在广东这片热土之上，各行各业涌现了一批领跑全国的优秀企业，上演了一场“广货北伐”的商战大戏，彰显了“广东制造”的强大力量。“改革开放30年广东标杆企业”评选活动是落实广东省委省政府重要指示而举办的，旨在隆重表彰改革开放以来为广东乃至全国的发展做出突出贡献的优秀企业。其中美的、万家乐、广之旅等国内知名企业入选“改革开放30年”标杆企业。

（二）38年的千锤百炼，屹立于商海不败之地

至今，改革开放近40年，广之旅也走过了38载。38年来，广之旅的发展速度一直保持在市场平均发展速度之上。1990年，广之旅营业收入只有2240万元，利润183万

元。但到了2000年，广之旅已经发展成为首家营业额超4亿元的旅行社。2002年全年营收达49337万元，实现利润654万元，分别是1990年的22倍和3.6倍。2003年度旅游业虽然遭受“非典”的严重打击，广之旅仍然取得了营业额4.3亿元、利润40万元的较好成绩。2004年、2005年、2006年每年的营收都保持30%以上的增长。2007年，广之旅共组织接待游客151.98万人次，同比增长47.47%。营业收入17.97亿元，同比增长55.96%；利润878.87万元，同比增长22.31%；创汇232.35万美元，同比增长25.5%。在广东乃至中国南部地区的旅行社中遥遥领先。广之旅在国际百强旅行社排名也从2005年的第31名跃升到2007年的第13名。在2008年这一“多难亦多喜”之年，广之旅的营业额保持平稳发展趋势，1~11月广之旅的营业额超16亿元，组团人数逾150万人次，再次刷新了广东旅行社的记录。

（三）率先导入CI，开拓名牌之路

在1993年，公司成为广州市首家以旅游接待收入为主的超亿元企业，但是企业领导并没有沾沾自喜，故步自封。凭借长期从事旅游业的专业优势和参与市场竞争的阅历以及由此练就出来的敏锐眼光和超前胆识，经过周密的调查、研究、探讨，广之旅正式决定导入CI企业识别系统，创出企业名牌。

“广之旅，无限风光带给您”这句在1994年香港国际旅游交易会上正式公布的广告词，“灿烂阳光、怒放红棉、无边绿野”的标记已深入民心。

（四）品质好才是硬道理

广之旅作为全国地方旅行社唯一的中国驰名商标，在多年的品牌建设过程中，总结了一套管理经验。曾任广之旅董事长的郑烘说，服务行业品牌的树立和维护，就更加需要口碑和积累，而且旅游行业是人才密集型的行业，每位员工，都对品牌的建立有着密切而重要的作用。

“相对于旅游业的景区、酒店等其他品牌而言，旅行社在品质控制上的难度会更大。它需要太多层面的配合，要不断挑选合作的分供方。在这方面，广之旅的经验是，根据不同时期消费者对品牌的关注点和他们的消费诉求重点，推出质量提升举措。”郑烘说道。为确保质量，广之旅首先将社会监督机制引入公司，1994年广之旅针对当时旅游业货不对板的不良现象，紧接在推出CI后，自发在全国同行中第一家推出旅游质量保证金制度，之后又通过推行服务承诺制、10万元买意见，认证ISO9001质量管理体系，向社会聘请质量监督员，推出以“一切为了客人满意”为核心的“五心服务”“VIP客户星级服务”等，不断进行品牌建设和品牌维护，逐渐树立了广之旅作为旅游业优质品牌的形象。

（五）构筑完善的销售网络，拓展全球化经营业务

除了狠抓品牌，不断提升质量以外，广之旅还借鉴国际经验，结合广之旅自身的实

践，实行特许经营、参股、控股当地旅行社，设立非法人分社等方式，逐渐构筑起完善的销售网络，到2008年，广之旅在广东省内的网点已达到200个，经营网络已经覆盖整个珠江三角经济重镇，并向二级城市拓展，网络覆盖面之大让很多企业难以望其项背，成为真正扎根广东辐射华南的区域大品牌，让广大游客真正实现“报名就在家门口”。

随着旅游市场的进一步开放，国内旅游市场与国际旅游市场接轨成为一个必然发展的趋势，为此，广之旅主动出击，走出家门、国门，积极参与国际市场的竞争，分享国际旅游业的利益。早在1988年，广之旅就首次走出家门，在香港参股并经营管理新广州（香港）国际旅游有限公司，其后，通过参股和控股等形式，先后在北京、云南、澳门、马来西亚、法国、澳大利亚建立了自己的分支机构。

（六）建立现代企业制度，勇于做“第一个吃螃蟹”的人

在外部取得巨大成功的同时，广之旅在内部改革上，通过思想再解放、端掉“大锅饭”、打破“铁饭碗”等一系列有效措施强化管理、拓展经营、提高服务品质、提高经济效益、促进了改革的整体推进。

继1994年在旅游系统内首家实施全员劳动合同制度等改革后，1998年，广之旅实现了企业发展的二次飞跃，进行股份制改革，由国有企业改制为股份制企业，成立了广之旅国际旅行社股份有限公司，开了广州地区股份制旅行社的先河。

（七）在危机中寻找机遇，迎战“2009旅游大考年”

2008年，对于中国，对于旅游市场来说，都是极其“难忘”的一年。从年初的冰雪灾害、“3·14”事件到汶川地震，再到国际金融海啸，接连不断的危机给旅游业带来了一次次沉重的打击。广之旅认为，金融危机这只猛虎，将在一定程度上迫使中国旅游行业加快产业化的步伐，毕竟行业整合是提高企业国际竞争力的必然手段。旅游企业只有不断地自强，不断地向国际学习先进的管理经验，不断地加强与国际的合作，跨行业的整合，发展品牌、提升品质，才能够尽快地完善自身，提升市场竞争力。

因此，面对市场危机，广之旅应加大行业整合的步伐，掌握尽可能多且全面的市场资源，参与上游资源整合，加强直接采购力度；在市场竞争中，该社以保证产品质量为第一要素，避免进入低价竞争而给消费者带来任何可能的伤害；与跨国集团结盟共同发展，广之旅率先与瑞士第一大旅游集团——康尼旅游集团（Kuoni Travel）签署了跨国合作协议，结成全球战略联盟；跨行业整合资源，“抱团取暖”，广之旅不断开拓新客源，寻求新的合作伙伴，先后与中国银行、渣打银行等多家银行巨头结为合作联盟伙伴关系，以品牌集聚效应联手提升产品和服务质量。

与时俱进，不断创新，使广之旅在一次次危机中化险为夷，越战越强。客户对广之旅的未来充满信心，相信广之旅能在行业整合的道路上走在市场的前头，为带动全行业

的健康可持续发展做出贡献。

（《羊城晚报》，2008 年 12 月 29 日）

二、案例分析

广之旅是中国旅行社业品牌打造的典型成功案例，从旅行社名称的选定、标识的设立，到产品质量的提升和品牌知名度、美誉度的建立，广之旅经过长期的市场磨炼，塑造了成功的旅行社品牌，可见，旅行社品牌策划不仅仅是名称、口号、标识的设立，更是产品、服务和企业形象的总体设计。

任务五　实训课业

一、实训目的

本实训旨在考查学生对本模块内容的理解和掌握情况，培养学生对旅行社品牌策划的技能。

二、实训要求

请学生依据所提供的材料，按照教学内容，为既定旅行社进行品牌策划。策划提纲自拟，但必须涵盖任务中所给出的内容。学生也可以其他旅行社作为策划对象，要求同上。

三、实训对象资料

某市由于市区人口众多，周末出游的潜力很大，而且本市周边旅游资源丰富，旅行社 A 企业的高级管理者经过慎重考虑，决定将企业定位为“某市短线旅游产品经营商”，放弃传统的、自己并不擅长的长线产品，专业经营本市至周边地区的短线旅游。他们在对本市周边旅游景点、度假村进行深入调查研究的基础上，形成了丰富多样的产品手册。将市场重点放在市民周末度假旅游和商务会议、企业拓展培训市场，由于市场定位明确，产品适销对路，取得了很好的经营业绩，成了“短线产品专家”。

四、实训过程

第一，分析策划对象

第二，学生分组进行策划

第三，提交策划案

第四，策划案展示交流

第五，策划案总结点评

模块六　旅行社产品开发策划

导读

通过对本模块的学习，学生应能够洞察旅行社产品的内涵与外延，在此基础上掌握旅行社产品开发策划原理，并应用这些原理解读旅行社产品开发策划流程，在深度分析旅行社产品开发策划经典案例的基础上能够初步策划旅行社产品。

工作任务

任务一　洞察旅行社产品

任务二　旅行社产品开发策划原理

任务三　旅行社产品开发策划流程

任务四　旅行社产品开发策划经典案例分析

任务五　实训课业

任务一　洞察旅行社产品

旅行社产品，是指旅行社为满足旅游者旅游过程中的各种需要，通过组织协调一系列旅游经营企业，而向旅游者提供的各种有偿服务，即旅游线路或旅游项目。旅行社产品是一种以无形服务为主体内容的特殊产品，是由食、住、行、游、购、娱各种要素构成的“组合产品”。

这一概念也可以从买卖双方来理解。从旅行社一方来说，旅行社产品是指旅行社通过组织协调一系列旅游经营企业，向旅游者提供的以满足其在旅游过程中的组合需求的服务。

从旅游者一方来说，旅行社产品是旅游者为了获得物质和精神上的满足，通过花费一定的货币、时间和精力向旅行社购买的一次旅游经历。

旅行社产品按产品所包含的内容可以分为包价旅游产品和非包价旅游产品。

一、包价旅游产品

包价旅游是旅游者在旅游活动开始之前将全部或部分旅游费用预付给旅行社，由旅行社根据与旅游者签订的合同或协议相应地为旅游者安排旅游项目。包价旅游产品可以分为全包价旅游产品、半包价旅游产品、小包价旅游产品和零包价旅游产品及组合旅游产品。

（一）全包价旅游产品

旅游者将涉及旅游行程中的一切相关的服务项目费用统包起来预付给旅行社，由旅行社全面落实旅程中的一切相关服务项目。全包价旅游产品中的一切相关服务项目包括食、住、行、游、购、娱各环节及导游服务、办理保险与签证等。团体旅游通常是全包价旅游产品。

（二）半包价旅游产品

半包价旅游产品指在全包价旅游产品的基础上扣除中、晚餐费用（不含中、晚餐项目）的一种包价形式。半包价旅游的优点是降低了产品的直观价格，提高了产品的竞争力，更好地满足了旅游者在用餐方面的不同要求。部分团体旅游产品采用了这种半包价旅游形式。

（三）小包价旅游产品

也称可选择性旅游，或自助游。它由非选择部分和可选择部分构成。非选择部分包含城市间交通（长途交通）和市内交通（短途交通）及住房（含早餐）；可选择部分包括景点项目、娱乐项目、餐饮、购物及导游服务。小包价旅游具有经济实惠、手续简便和灵活机动等特点，通常向散客旅游者推出。

（四）零包价旅游产品

这是一种独特的产品形态。参加这种旅游的旅游者必须随团前往旅游目的地，返回时也必须随团离开旅游目的地，在目的地期间旅游者可自由活动，旅行社不安排项目，完全由旅游者自己来安排项目。零包价旅游产品特点是：旅游者活动自由，只受到行程期限的限制，行程内容由自己安排；旅游者即使以散客的形式也能够享受团体机票的优惠；旅行社统一代办签证和保险。目前我国公民出境探亲旅游多采用此种方式。

（五）组合旅游产品

组合旅游产品也称自由人旅游，这种产品是旅游目的地的旅行社把来自不同旅游客源地的零散游客会集起来，组成团队进行旅游，旅游活动结束后，旅游团就地解散，各自返回原客源地。组合旅游产品的特点是：异地拼团，避免了一些客源地旅行社组团能力不足而造成客源浪费的弊病。另外，组合旅游的组团时间短，有利于目的地旅行社在较短的时间内招揽大量的客源。还有，组合旅游产品比通常的散客全包价费用低，这对于散客旅游者是很有吸引力的。

二、非包价旅游产品

非包价旅游产品主要指单项服务，也称委托代办业务，是旅行社根据旅游者的具体要求而提供的各种非综合性的有偿服务。旅游者需求的多样性决定了单项服务内容的广泛性，其中常规项目包括办理交通票务、订房、订餐、办签证、办边境证、伴游、租车、会务安排等，旅行社单项服务的对象主要限于散客。

从以上旅行社的包价与非包价产品的介绍可以发现，从全包价旅游产品到单项服务产品，旅行社产品的构成要素逐步减少，服务要素的构成方式也各不相同，但绝不等于说旅行社的产品只有这几种形态。事实上，只要有利于满足旅游者要求和提高产品竞争力的任何形态的旅游产品都大有开发潜力。

旅行社产品按档次可以分为豪华等、标准等、经济等旅游产品。豪华等旅游产品旅游费用较高，游客主要追求的是舒适的享受，一般住宿和用餐于四星级、五星级酒店或豪华邮轮里（或高水准的客房、舱位）；享用中高级导游服务；享用高档豪华型进口车；欣赏高水准的娱乐节目等。标准等旅游产品旅游费用适中，游客一般住宿和用餐于二星级、三星级酒店或中等水准的宾馆、邮轮；享用空调旅游车。经济等旅游产品旅游费用低廉，游客更看重价格，住宿和用餐一般在低水准的招待所和旅社，享用普通汽车。此外，在使用长途交通工具上，豪华等旅游产品往返使用飞机航线（干线或支线）；标准等旅游产品大部分往返使用飞机航线（只限干线）；经济等旅游产品一般使用汽车、火车和普通轮船。

旅行社产品按旅游者在旅游过程中的位移距离和活动范围，可分为远程旅游、中程旅游、短程旅游产品。远程旅游产品一般跨省级旅游区范围以上，包括海外旅游、边境旅游和国内省级旅游，旅游者活动区域大、线路长、时间长，如欧洲 11 国 15 日游、“丝绸之路”旅游（西安—甘肃—敦煌—吐鲁番—乌鲁木齐 9 日游）等。短程旅游产品一般是区内旅游或者是到附近城镇、郊外的旅游，通常一日可以来回，如市区游或近郊游。中程旅游产品通常指省级旅游区内或者省级旅游区周边近邻地区的旅游，旅游者的位移距离和所费时间介于远程和短程之间，如北京到承德、南昌到黄山的旅游等。

根据旅游者一次出游活动所需的时间，旅行社产品又可分为 1 日游、2 日游、3 日游或多日游产品等。采用这种方式划分旅游线路在我国的国内旅游中是比较普遍的。其优点是旅游者一眼便可看出所需旅游时间的长短；对于旅行社来说，可根据时间长短来安排旅游内容，并且比较容易确定价格。从我国旅行社现行的操作情况来看，它的缺点是对旅游主题的表述往往不明确，体现不出旅游线路的特色。例如，北京天津包机 6 日游、昆明大理丽江 8 日游等，旅游消费者很难从中看出产品的核心利益。

旅行社产品按照旅游者的旅游动机、旅游活动内容和性质可以分为观光游览旅游产品、度假休闲旅游产品和专项旅游产品（特种旅游产品）。

（一）观光游览旅游产品

观光游览旅游产品是指旅行社以旅游目的地的自然旅游资源和人文旅游资源为依托，以旅行社安排的各项接待设施为媒介，组织旅游者前往参观游览自然风光、文物古迹及考察民情民俗的一种旅游产品类型。进行观光游览的旅游者一般无特殊要求，主要是满足自身观光游览的需要。因而旅行社在这一类产品中要安排较多的旅游点，而旅游时在每一旅游点停留的时间较短，重复旅游的概率较小。观光游览旅游产品包括文化观光、自然观光、民俗观光、生态观光、艺术观光、都市观光、农业观光、工业观光、科技观光、修学观光、军事观光等。观光游览旅游产品一般具有资源品位高、可进入性大、服务设施多、环境氛围好、安全保障强等条件，长期以来一直是国际旅游市场和国内旅游市场的主流产品，深受广大旅游者的喜爱。而且由于观光旅游产品开发难度小、操作简易，是旅行社开发度假旅游产品和专项旅游产品的基础。观光旅游产品的优点是旅游者能在较短的时间内领略旅游目的地的特色，缺点是旅游者参与的项目少及旅游者对旅游目的地的感受不深。

（二）度假休闲旅游产品

度假休闲旅游产品是指旅行社组织旅游者前往度假地（区）短期居住，进行娱乐、休闲、健身、疗养等消遣性活动。旅游者的主要目的是休息、度假。旅行社在设计这类旅游产品时，旅游景点不需要太多，1~2个足矣，让旅游者在每个旅游点的停留时间稍长，并且重复前往的概率较大。度假休闲旅游产品包括海滨度假、山地度假、湖滨度假、温泉度假、滑雪度假、海岛度假、森林度假、乡村度假等。度假休闲旅游产品要求度假地（区）具备四个条件：环境质量好、区位条件优越、拥有良好的住宿设施和健身娱乐设施，以及服务水平高。度假休闲旅游产品所包含的项目都是参与性很强的，如水上运动、滑雪、高尔夫运动、垂钓、温泉浴、泥疗、狩猎、潜水、农家乐等。购买度假旅游产品的旅游者在旅游目的地的停留时间较长、消费水平较高且大多数以散客的形式出行。

（三）专项旅游产品

专项旅游产品又称特种旅游产品，是以一种或某一主题内容为主要设计思路而开发的旅游线路。产品当中各个组成项目之间有比较统一的内容或属性，具有较强的文化性、知识性、趣味性和专业性。此类旅游产品由于各产品的主题多种多样，因而受到有各种专项需要或不同兴趣爱好的旅游者的欢迎。专项旅游产品包括：商务旅游、会议旅游、体育旅游、探险旅游、漂流旅游、登山旅游、考古旅游、品茶旅游、书画旅游、宗教旅游、烹饪旅游、保健旅游、老年旅游、自驾车旅游、事件旅游等。专项旅游产品适应了旅游者个性化、多样化的需求特点，是今后旅行社产品的开发趋势；但同时由于专项旅游产品的开发难度大、操作程序多，有时需要多个部门的协作或参与，费用一般较高，这在一定程度上抑制了旅行社的开发积极性。

任务二　旅行社产品开发策划原理

不同类型的旅行社产品在策划创意时有不同的侧重点和各自独特的要求，需要旅行社产品开发人员予以充分的重视。

一、观光游览型旅游产品策划的思路

（一）产品设计从观光游览项目的价值性着手

旅游产品消费者在选择旅游线路的过程中，通常首先考虑的是旅游线路中的景点数量多少，其次考虑别的接待因素，如果旅游消费者在完成所有的参观游览行程后觉得“质价不符”，并最终形成对该产品的不良评价，这种不良评价将通过“晕轮效应”和“社会效应”影响该旅行社别的产品的推介和此产品的继续扩大销售。因此，旅行社在设计该类型的产品时，要大胆地打破常规的思维模式，摒弃以往“只要点多，不要影响”的设计思路，要抓住旅游消费者喜欢“景多价廉”的消费心理，更要考虑产品所推介的观光游览对象的内在价值。旅行社只有积极推介那些确有深刻的观光价值的游览项目，才会赢得旅游消费者对此旅游产品的认可。

（二）产品设计要努力刺激旅游消费者的二次消费欲望

旅游产品设计的大忌之一就是将某旅游目的地的所有标志性参观游览项目全部包括。善于进行产品设计的旅行社，应该在产品设计开发过程中，给予该产品一定的“回味”，即在产品内涉及众所周知的经典景点，对于那些消费者未必了解的标志景点，可以在旅游目的地通过导游的讲解，引起旅游者对该景点的向往，产生新的“求新、求奇、求知”心理，从而促使其产生到该旅游目的地进行二次观光的动机，刺激其进行二次消费。

（三）产品设计应加大旅游消费者的主动参与性

惯例性的旅游产品对旅游消费者而言，是种被动性的消费产品，难以在旅游消费者和旅行社之间产生互动，更难以在消费者群体之间产生共鸣。在激烈竞争的旅游产品市场中，旅行社要积极主动地把握市场先机，不是依靠自身力量就可以实现的，关键是要借助旅游消费者的社会力量。因此，旅行社提高产品的社会吸引力和社会认可度就显得异常重要，而产品的社会吸引力和社会认可度主要来自旅行社对旅游消费者的主动参与性的尊重，要在旅游产品开发中贯彻“游客至上，游客为本”的服务观，积极拓展能够吸引游客主动参与的项目。

（四）产品设计必须考虑旅游目的地的综合条件

旅游目的地的综合条件主要是指除参观考察对象之外的其他所有的接待条件和社会条件，它是旅行社产品设计中不可忽视的一部分。旅行社在选择产品开放对象（旅游目的地）时，必须要对该地区的可进入性、服务设施状况、社会治安条件等做出仔细、系统的分析，切实保证游客能够在旅游目的地安全、顺利地进行参观游览活动。

二、休闲度假行旅游产品策划的思路

（一）产品设计要重视旅游目的地的选择

旅游目的地是度假休闲旅游产品设计首要考虑的问题。一个能够吸引旅游消费者的旅游目的地可以使得产品在面市之后迅速得以销售，并且在销售过程中能够不断检验产品设计的完整性，从而促使该产品日益完善，提高其在同类产品中的竞争力。在旅游目的地的选择上，要选择自然环境优美静谧、区位条件优越、交通便利、可进入性强、具备良好的住宿设施和健身娱乐设施，且接待服务水平高的地区作为开发对象。

（二）产品设计要精心挑选活动项目

活动项目在度假休闲旅游产品中所占比重并不大，但是它直接关系着旅游产品的丰富性以及对消费者的吸引力。在度假休闲旅游产品中只要安排旅游目的地的部分标志性景点，不宜安排过多的旅游参观景点，要将此产品与传统的观光游览产品明确区分，不要将其变成观光型产品，要注重产品的度假性和休闲性；为了丰富产品，在产品设计中要根据旅游休闲目的地的有利条件开展一些具有地方特色的活动，调动消费者的主动参与性，加强消费者对产品的深层次体验。

（三）产品设计要灵活多变

度假休闲旅游产品的度假属性，要求旅行社应该以消费者为中心。旅行社在进行产品设计时，应该因地制宜，根据消费者的假期时间合理地进行规划，努力使产品在整体上丰满，且要使消费者劳逸结合、劳逸适度。针对消费时间的长短，适当安排观光景点。

度假休闲旅游产品的消费形式以散客为主的特点，决定了旅行社在设计产品时，要以散客旅游的操作流程来指导。根据实际情况，可以开展自驾游，即旅行社为消费者提供代订度假地宾馆、度假地餐饮、度假地休闲娱乐场所等旅游单向服务；亦可开展房车游，即旅行社为那些假期长、要求进行长途度假的消费者，以房车为旅游交通工具，以边行边游为方式，并最终到达度假地，以享受度假为目的设计的专项产品。

（四）产品设计标准要高

度假休闲旅游产品的休闲属性，决定了产品是以使消费者得到休闲、放松为目的。

旅行社要满足消费者的高端消费心理，应重视产品服务与接待标准。首先，设计人员在进行产品设计时，要和旅行社的采购人员沟通，充分了解、掌握旅游度假休闲目的地的接待设施的条件状况与休闲活动的配套设施的配置，在熟悉这些基本信息的情况下再开展设计。其次，设计人员应该尽力满足消费者所提出的要求，当消费者的需求没有得到及时满足时会影响其对产品的认可度和满意度，对于确实不能满足的情况要做出细致、耐心的说明和解释。再次，产品的设计方案要留有余地，保证产品在特别时期做出及时细微的变化而不会影响整个产品的销售。最后，产品的设计过程中，设计人员务必要始终将人性化服务思想深入其中，在产品中多增加一些人性化的细节服务，如：为产品消费者免费代订往返机票、车票；免费提供客房送餐服务；免费提供洗衣、送衣服务等。

三、商务型旅游产品策划的思路

商务旅游产品是一种市场前景非常光明的产品，且随着商贸全球一体化进程的迅速发展，该产品将会以更快的消费节奏呈现于社会，这给旅行社行业带来了巨大的发展机遇，旅行社若能抓住机遇，会为企业未来的发展开拓更为广阔的空间。

（一）产品设计应当尊重个性化需求

个性化需求是旅游消费者在旅游消费过程中产生的一种心理状态。在时代飞速发展与社会需求进步的今天，旅游者越来越喜欢发扬个性，个性化的旅游产品越来越受到人们的青睐。基于商务旅游产品消费者消费能力较强，对产品价格不太敏感，以及商务游客消费结构比较集中，对现代办公设施需求较大的特点，旅行社在设计产品时，要为其提供具有特色或个性化的服务。例如，在酒店住房服务方面，要为其安排可以随时上网的宾馆，以使其能便捷地与外界进行联系；在餐饮服务方面，尽量安排可以提供自助餐服务的餐厅；在大交通安排上，选择飞机等出行工具，减少旅途过程中在旅游交通上所耗费的时间；在景区旅游交通方面，安排一些豪华的商务车型或舒适度高的旅游车（如：装有车载洗手间的车、设有航空座椅的车、设有车载冰箱的车、设有车载冷热两用饮水机的车等）；在旅游线路方面，最好能够为其提供多种可供选择的行程安排，给其自由选择的空间；在综合服务方面，能够结合商务游客的身份与消费习惯来规划，等等。

（二）产品设计应当满足集团差旅性需求

商务旅游市场相比于传统旅游市场，有很大差异。商务旅游的购买者通常是企业，而消费者却是企业的员工。旅行社在为商务企业提供商务旅游产品时，除了提供代订机票、车票和代订宾馆等旅游单项服务以外，更应当设法满足集团对差旅活动的综合需求。因此，旅行社为商务企业设计商务旅游产品时，在保证旅行社自身经济利益的前提下，要协助商务企业进行集团化的集体采购，降低商务企业的成本开支；要为商务企业制定翔实、切实可行的商务差旅活动计划，充当企业的战略伙伴和差旅顾问；帮助商务企业事前规划所有公务旅行，提出众多可供选择的方案、意见和建议。

（三）产品设计应当注重商务散客性需求

商务旅游市场的一个突出特点——集体采购、个体消费，决定了旅行社在为商务旅游产品的消费者提供服务时要摒弃以往的重团队、轻散客的观念。旅行社的商务旅游产品的个体消费，就单个产品的利润而言不会太高，但由于个体消费的频率比团体消费的频率高出数倍，因此就整体消费看来却是高利润。旅行社行业的“三七定律”（团队旅游只占市场份额的30%，而占市场70%份额的却是散客旅游）要求旅行社在商务旅游中也应该更加注重商务散客，对商务散客的消费需求也应即时满足。

（四）产品设计应当适应差异化需求

商务旅游产品的消费者是来自各行各业、全球各地的商务个体或商务群体。由于行业的差异、消费者的文化水平和个体差异、民族文化背景的差异等，要求旅行社在设计旅游产品时，要做出适当的差异分析。当前，国际贸易的无国界发展，经济的一体化和全球化给发展国际商务旅游带来了契机，必须注意到文化差异对商务游客的影响，要为不同文化背景的商务游客提供差异化、具有本土文化气息的商务旅游产品和服务，以充分满足游客的需求。

（五）产品设计应当遵循质优价廉原则

商务旅游产品是一种关联性很强的旅游服务综合体，旅行社在进行产品设计包装前，势必要对各生产要素进行采购，在采购过程中，要积极拓展采购渠道，并针对某一要素进行不同采购渠道的价格与服务对比，做到性价比最优组合。同时，基于商务旅游产品的总体效益比传统旅游产品效益好，必然会吸引众多的旅行社加入商务旅游市场的竞争行列，因而，旅行社在进行产品设计时要始终贯彻质优价廉的产品设计理念，以期获得最大的市场竞争力。

四、事件型旅游产品策划的思路

（一）制造概念，用于创新

“新闻总会发生，视角各有不同”，这句新闻节目的广告语应用在事件旅游产品设计中十分贴切。在现实社会中，每天、每个角落都可能发生形形色色的事件，要在纷繁复杂的事件中寻觅商机，旅行社产品设计人员必须具备制造概念的能力，要用敏锐的头脑、独特的视角和快速的反应，从事件中提取对消费者有吸引力的因素，创造性地设计产品。普通的现象如果策划得当，可以变成具有轰动效应的事件。例如，城市动物园对城市居民来说，几乎不能成为旅游目的地，人们即使要去，也不会通过旅行社组织，自己就可以乘坐公交车前往。但如果旅行社策划出一个“关爱动物，为珍稀动物献爱心”的公益活动，并且提供捐助渠道及相应的交通、餐饮服务，这个活动就可以设计成为一个事件旅游产品。因此，在事件旅游产品中，独特的概念和创意是产品设计的灵魂。

（二）注重包装，密集推广

由于事件发生具有时间性，旅行社要在极短的时间内抓住机会，设计并销售产品，因而产品的包装非常重要。产品的名称和主题必须使用高度煽情、具有冲击力的语言，快速点燃游客心中的激情和渴望，使其迅速加入到旅游团队中。同时要采用密集推广方式，尽可能在较短时间内让众多潜在游客知晓产品内容，产生旅游动机和旅游行动。

（三）一个主题，多个卖点

每个事件都有鲜明的主题，这既是事件旅游产品的优势，同时也是事件旅游产品的劣势。正因为事件的独特性，使之产生巨大的吸引力，但如果整个活动只有一个主题，过于强调其独特性，又会使产品显得单调，内容不够丰富。求新、求异、求变是人们进行旅游活动的主要目的之一，人们希望在旅游活动中能进行多方面的尝试，获得多种体验。即使有了一个很好的创意，如果不能够充分满足旅游者其他方面的心理需求，仍然不能算是一个成功的旅游产品。因此，在设计事件旅游产品时，设计人员要围绕事件主题，附带安排其他一些具有亮点的旅游景区或活动项目，形成一个主题，多个卖点，从而使产品内容丰富多彩，使游客感到旅游价值获得了提升，物超所值。

（四）周密组织，确保安全

事件旅游产品具有很强的时间性，而且事件本身有发生、发展、高潮、尾声四个阶段，旅游者通常希望能在最高潮的时候亲临事件现场，因此旅行社在开发事件旅游产品时必须考虑时间安排。首先，由于事件发生地可能在很短时间内聚集大量人群，旅行社在组织旅游活动时的首要问题就是要确保旅游者的安全，防止发生游客走失、财物被盗、食物中毒、交通意外等不安全事故。其次，大量人群在短时间内涌入，对事件发生地的接待设施也是一个巨大的考验，旅行社必须未雨绸缪，事先确定宾馆客房数量、餐饮地点，预订往返交通票据，准备好旅游车等，以便游客能够及时到达，迅速离开。最后，旅行社还要处理好内部人员调配，确保事件发生、旅游者出游高峰时有足够的、富有经验的导游接待服务人员，事件结束后又能够使这些富余人员得到妥善安置，从而使整个工作团队保持昂扬的工作状态，为游客提供满意的服务。

任务三　旅行社产品开发策划流程

一、调研旅游市场

任何产品的设计开发都必须建立在充分的市场调研、分析的基础之上，只有全面了解客源市场的需求之后，才能有针对性地设计出新产品。旅行社产品的开发也不例外，通过旅游市场调查可以帮助旅行社及时掌握旅游消费者的需求特点，了解市场动向，把握市场脉络，从而确定正确的产品设计方向。旅行社在旅游市场调研之初首先需要明确调研目标，才能有针对性地开展市场调研，一般而言，旅行社关于产品开发的市场调研主要围绕以下几个方面的目标进行，旅行社工作人员可视具体情况有侧重点地加以选择。

第一，旅游市场需求信息，包括旅游者的构成及特征，旅游者消费行为特征及其原因、旅游者的旅游动机等。

第二，旅游市场供给信息，包括旅游目的地的可进入性、旅游资源禀赋、旅游接待水平、旅游目的地承载力等。

第三，竞争对手信息，包括竞争对手数量，产品特征、质量、品种，营销策略，竞争实力以及长短期的竞争战略等。

第四，旅游市场环境信息，包括经济环境、政治环境、法律环境、人文环境、自然环境、技术环境等。

旅游市场调研的目标一旦确定，下面的调研过程就要围绕这一目标开展，正确的目标能够为产品开发工作奠定基础，否则调研工作就失去了意义。

针对旅行社产品开发的旅游市场调研，主要有四种方法可供选择，即文案调查法、询问法、观察法和实验法。产品开发人员需要根据调研目标和旅行社自身情况加以选择，在保证调研科学性的同时注意成本的控制。

旅行社工作人员开展市场调研的过程是根据调研的目标，采用已决定的调研方法进行具体资料收集的工作。旅游市场调研的结果科学与否直接关系到后期旅行社产品的开发过程，因此对于调研所得信息，旅行社工作人员应加以详尽的分析，并形成书面报告。

此阶段应做以下工作：

第一，数据资料汇总、整理、分析。数据资料的整理分析一般采用统计软件 SPSS 进行，首先进行频数统计。其次可以按某一变量与其他变量进行交叉分组统计。最后进行统计分析。

第二，撰写调查报告。市场调查得到的结论要以调查报告的形式加以总结，并提供给决策者。在撰写调查报告时，必须考虑报告提交的对象，对调查结果进行的概括和表达必须做到清楚、准确、简明扼要、易懂。调查报告一般应包括以下内容：导言，即标题、前言；报告主体，即调查目的、方法说明、调查的时间和地域、调查总体和样本确定、对材料的审核鉴别要求、结果的描述、发现与建议；附录，即能证实本报告的可靠性而附加的照片、录像、录音、图表、被调查者名单等。

二、目的地实地考察

产品制作、线路编排，具体实施阶段的首要步骤是进行资讯准备。产品的资讯准备，需要什么方面的资料呢？目的地概况、各类相关介绍，以及对目的地的评价文章等，都可以视为是对产品设计有用的参考资料。其他旅行社的现成产品在资料收集中也十分有用，但应该仅仅用作参考，而不是以“拿来主义”的方式，不做区分地直接采用。否则，不仅会对旅行社的智慧产生伤害，还有可能使旅行社的品质受到质疑。

对于设计新的产品，尤其是涉及一个新的国家、新的线路、新的特色的旅游产品时，实地考察不是可有可无，而是必须要有。在考察中所发现的问题，在办公室是无论如何也想不出来的。因此，在新的旅游线路产品制作过程中，实地考察线路是一项重要的工作步骤、一项必备的前期投入。许多旅行社的线路设计平淡、安排不精粹、行程不合理，原因多与产品成型阶段没有对线路进行实地考察有关。实地考察期间，应要求参加考察的人员，时时以旅行社与游客的双重身份出现，常常从两种角度审视周围的一切。

实地考察阶段，要对目的地构成旅游六要素的食、住、行、游、购、娱进行全方位考察。餐食卫生状况是否适合中国游客的口味；住宿饭店的级别如何、是否能为中国客人提供开水；路况、车况如何、行程是否过长；景点是否精彩、安排是否合理；购物质量如何、是否安排太多；娱乐节目是否符合中国旅游局制定的法规要求；收费是否太高等。在一次全方位的考察中，要珍惜机会、掌握要领，力求在最短的时间里获取最大的收益。

用敏锐的眼光对生活进行细致观察，考察中是时时处处都不能疏漏的。往往是在考察中发现的一个当地人司空见惯的细节，就有可能使考察者灵机一动，产生一个智慧的闪光点，一个好的产品就有可能在此萌发。考察中，将路边行人偶然流露的新奇感觉保留下来，并进行深入观察和探访，这就可能成为对日后新产品出台所做的铺垫。

三、旅行社产品设计

新产品的开发过程要从寻求创意开始。所谓创意，就是开发新产品的设想。虽然并不是所有的设想或创意都能变成产品，但尽可能多的创意却可以为开发新产品提供更多机会。因此，大多数企业都非常重视对创意的发掘。旅行社创新产品主要有以下几种途径。

（一）投诉问题分析法

旅游消费者是产品信息的最好来源，而产品若被旅游者投诉则说明产品肯定存在问题，需要改进。分析这些投诉，经过综合整理，最后则可转化为创意。例如，国庆节期间，某旅行社推出北京双飞四日游产品。在促销期间，一些旅游消费者要求旅行社在行程中增加参观天安门升国旗的项目。产品设计部人员经过进一步调查研究，采纳了这个建议。结果，该产品受到了旅游消费者的高度认同。

（二）内部人员会议法

召集旅行社相关人员，如导游、组团部工作人员等围绕某个问题，各抒己见，从中激发灵感、激发创意。

（三）旅游中间商、代理商提供法

旅游中间商、代理商与旅游消费者直接接触，他们最了解消费者的行为和心理，同时对竞争对手也比较了解，来源于他们的创意往往是最佳的。

（四）头脑反向风暴法

该方法是把不同岗位、不同职务、不同部门甚至完全不相关的行业专家或人员召集起来，如媒体工作人员、学校教师等，围绕某个主题没有限制地各抒己见，在思想的相互激荡中，寻求新产品设计的灵感。头脑反向风暴法要求主持者有高度的把握会议的能力，成员对彼此的观点不做评价，更多的只是表达自己的观点。而产品设计者的任务是通过听取他人的发言，遴选出对产品设计有价值的建议。

好的产品需要好的策划，而好的策划离不开大胆的畅想。创造性思维在产品策划中的重要性，无论如何强调都不为过。来自社会各个方面的信息，都能提供给我们许多畅想的机会。旅行社的视野，应该在缤纷的世界中展得更开。

四、旅行社产品打造

旅行社产品打造本质上是旅游线路的打造，旅游线路是旅行社根据市场需求，结合旅游资源和接待服务的实际状况，为旅游者设计的包括整个旅游过程中全部旅游项目内容和服务的旅游游览路线。旅游线路设计主要包括以下内容：

（一）确定线路名称

线路名称是线路的性质、大致内容和设计思路等内容的高度概括，因此确定线路名称应考虑各方面因素，并力求体现简约、突出主题、时代感强、富有吸引力等原则，例如“烹饪王国游”这一线路名称表示了这是面向美食家或美食爱好者，让旅游者既可尝遍中华名菜、欣赏烹饪技艺，又可游览各地风光的旅游线路。

（二）策划旅游线路

从形式上看，旅游线路是以一定的交通方式将线路各节点进行的合理连接。节点是构成旅游线路的基本空间单元，一个线路节点通常称为一个有特色的旅游目的地。一般来说，同一条旅游线路中的各节点，都有相同或相似的特点，用于满足旅游者的同一需求并服从于某一旅游主题，起着相互依存、相互制约的作用。节点可以是城市，也可以是独立的风景名胜区。线路的开端是第一个旅游目的地，是该线路的第一个节点，终端是线路的最后一个节点，是旅游活动的终结或整个线路的最高潮部分，而途经地则是线路中除了开端和终端外的其他节点，是为主题服务的旅游目的地。因此，策划旅游线路就是从开端到终端以及中间途经地之间的游览顺序，在线路上合理布局节点。

（三）计划活动日程

活动日程是指旅游线路中具体的旅游项目内容和地点及各项活动进行的日期，应体现劳逸结合、丰富多彩、节奏感强、高潮迭起等原则。

（四）选择交通方式

交通方式的选择要体现“安全、舒适、经济、快捷、高效”的原则。首先要了解各种交通方式的游览效果，依次顺序为直升机、水翼船、汽车、火车、轮船、客机；其次要了解各种交通工具的适用旅程，其中直升机、汽车、水翼船适宜短途旅游，火车、轮船适合中程旅游，客机、海上邮轮适于长途旅游；最后要了解国内外交通现状，如类型、分布、形式、网络等。

（五）安排住宿餐饮

食、住是使旅游活动得以顺利进行的保证，应遵循经济实惠、环境优雅、交通便利、物美价廉、有特色等原则进行合理安排，并注意安排体现地方和民族特色的风味餐。

（六）留出购物时间

购物通常在游客总花费中占据30%左右。需要遵循时间合理、能满足大部分游客的需要、不重复、不单调、不紧张、不疲惫的原则适当安排。

（七）筹划娱乐活动

娱乐活动要达到丰富多彩、雅俗共赏、健康文明、体现民族文化的主旋律和文化交流的目的。

五、旅行社产品试销与深度开发

如果旅行社的最高管理者对某种新产品开发设计结果感到满意，就可以着手用市场营销方案把新产品装扮起来，向旅游消费者推介新的线路。推介的主要方法有做广告、发宣传单、营销人员直接对潜在旅游者推介或给予低价、赠送项目等让利方式，以便尽快地吸引第一批游客报名参加旅行。在这一阶段，旅行社应密切关注游客在旅游过程中对活动项目的评价、旅游接待过程中各个环节的衔接状况以及旅游目的地的接待服务水平等，并且不断地与相关接待部门进行沟通、协商，对旅游中出现的问题加以调整和改进，以提高产品质量。

新产品经过一段时间的试销，如果效果良好，旅行社就应该及时地将该产品全面投放市场，运用恰当的市场营销手段，尽量扩大产品在市场上的占有份额，提高产品的销售量和利润率。

新产品开发投放市场之后，即使受到旅游者的欢迎，仍然只能算一个初级产品，其旅游资源的配置、所提供的服务仍基本处于初级阶段，产品以“小型、粗品、经济”为主要特征。初级产品主要是完成了对主题部分的命名，旅游形式以“慢拙”为主，提供常规的、满足游客“生理和心理的底层需求”的、“无疑难服务要求”的旅游服务产品。因此，新产品在市场上有了一定的占有率之后，必须进行深度设计开发。

任务四　旅行社产品开发策划经典案例分析

一、成功的事件型旅行社产品策划

（一）案例

珍藏瞬间，见证中国航天历史

王祖淦先生策划和组织的“珍藏瞬间，见证中国航天历史——中国神舟五号载人航天飞船首次发射现场”活动，是中国旅游界开创“时事旅游”先河的第一个策划案，是一次善于捕捉历史时机、创造第一和唯一的成功策划案例，也是产品创新和实现差异化壁垒的实战案例，更是打破常规思维定式、借势造势的经典营销策划案例。

从2003年年初，中国宣布了即将发射载人飞船“神舟”五号开始，天津黄土地旅行社的王祖淦先生就密切关注着有关“神舟”五号发射升空的进展。凭借10年的策划营销经验和策划人所具有的直觉认为，这是一次千载难逢的好机会，也是企业借势造势的最佳机遇。之后，一个关于“珍藏瞬间，见证中国航天历史——中国神舟五号载人航天飞船首次发射现场”活动的设想在王祖淦先生的脑海里渐渐清晰。

这个想法大胆而独特。作为一家旅行社如果能够把握住飞船历史上第一次发射的契机，让普通游客能够到现场亲历“神舟”五号发射这一重大历史时刻，这将不仅仅是一次简单的主题旅游策划，同时将在中国旅游界策划开发出一项前所未有、极具独特的旅游产品——时事旅游。这种新的差异化旅游产品，就是人们潜在的心理需求，会有极大的卖点和市场推广价值。

经过反复分析和多方面的调研论证，王祖淦决定通过地方政府的旅游主管部门来与地方驻军疏通关系并以此来予以安全责任担保。几经周折，通过酒泉市旅游局与发射基地进行了多轮的谈判和磋商，终于，特许旅行社有50人可以在现场近距离观看“神舟”五号升空实况。

在行程内容的设计上，也是策划案实施的关键要素之一。如果仅仅是观看“神舟”五号升空实况，行程和内容就显得单一和单薄，还应该有其他附加价值的旅游目的地才能吸引目标客户更大的成行兴趣。因此，该次旅游把西部文化精髓的世界文化遗产敦煌莫高窟、沙漠奇观月牙泉、长城西部起点嘉峪关长城等著名文化景观以及西部独特而神秘的民族风情一并融入进去，使整个策划方案的行程变得丰富、饱满、有感召力，实现了一个主题、多个卖点的产品结构。

“中国‘神舟’五号载人航天飞船首次发射”这个前所未有的重大时事旅游产品由于其“第一次”的特殊意义所在，由于其特定的历史时刻，决定了它是一项极高端的旅游产品，它对客户的要求也很高。这项活动的目标人群必须定位在“有钱、有闲、有体验价值意愿”的人群上。在深入研究之后，王祖淦先生提出一个巧妙而独特的设想：目标人群定位在由天津新闻媒体报道或炒作过的社会新闻人物上。这些人，无论从自身价值的约束力上，还是从其本人、社会、新闻媒体需要的高度提升价值和荣誉感上都是整合成“特别荣誉观摩团”的最佳人选。

这次活动不仅是在中国旅游界确定了开“时事旅游”先河的位置，而且也开辟了满足普通国民尽享尊贵要员待遇的心理体验需求的尝试。得到了参加活动的这些“平凡名人”对旅行社操作实力的一致好评，再一次应用了“借名人之嘴容易成名”的打造品牌的技巧。此外，针对发射现场不接待地方新闻媒体的规定，天津一些新闻媒体记者也随同本团进入了发射现场进行采访报道，也必然在各种报道上连带地宣传了策划组织单位。天津市黄土地旅行社的知名度和美誉度通过这些名人的嘴、这些记者的笔得到了大力的传播。

（肖星主编：《旅游策划教程》，广州，华南理工大学出版社，2005年）

（二）案例分析

“事件”一词由英文单词“Event”翻译而来，事件旅游产品是近年来新兴的一个产品类型。有史以来，人们经常采用丰富多彩的方法来创造生活中的重要事件：从中国的春节到西方的圣诞节，从希腊的酒神狂饮到拉丁美洲的狂欢，从盛大的巴黎时装展示会到非洲狂野摇滚歌会，从上海的F1超级车赛到博鳌的亚洲政治经济领袖峰会，从“神舟”六号载人飞船的发射到香港回归10周年庆典，更不用说万众瞩目的奥运会，期间产生了众多集会、典礼、仪式、庆祝、推广和交流活动。这些事件有一个共同的特点，那就是为数众多的人希望亲自参与或者了解、欣赏、见证这些事件，因而，事件是产生人流、物流、资金流、信息流的源头所在。旅行社通过设计合适的产品，组织公众参加活动、了解事件，从而在事件中觅得商机。王祖淦先生策划的事件型旅行社产品不但开辟了满足普通国民尽享尊贵要员待遇的心理体验需求的尝试，而且也为旅行社声誉的提升提供了很好的契机。

二、成功的休闲度假型旅行社产品策划

（一）案例

北戴河休闲度假产品

下面是北京某旅行社设计的关于避暑胜地——北戴河度假休闲的旅游产品。

度假休闲日程

第1天：从北京乘空调旅游车赴北戴河，4小时后到达北戴河，入住××度假酒店。下午自由活动。

第2天：漫步于海上亚运村海边，欣赏美丽的北戴河风光，免费参加沙滩排球。夜宿××度假酒店。

第3天：金海岸沙滩营地沙滩特色游，自由活动或海边日光浴。晚上参加篝火晚会。夜宿特色双人沙滩帐篷。

第4天：观看露天怀旧电影，海上酒吧娱乐，卡拉OK。晚上自费品尝海鲜、烧烤。夜宿特色双人沙滩帐篷。

第5天：早晨看海上日出，乘海上游船观北戴河风光（门票自理）。入住××度假酒店。

第6天：石塘路海产品市场观光购物。入住××度假酒店。

第7天：中午退房，下午集合乘车返回北京，结束愉快旅行。

友情提示

（1）金海岸沙滩营地沙滩特色游——在这里的夜晚：你与大海零距离。

（2）营地设有沙滩双人特色帐篷、沙滩影院、沙滩排球场等，可进行沙滩拔河比赛、篝火晚会、烧烤、品尝海鲜、观海上日出。

（3）北京至北戴河的火车时刻一览表（表6-1）。

表 6-1　北京至北戴河火车时刻一览表

车次	类别	始发站	出发站	出发时间	目的站	到达时间
1138/1139	普快	太原	北京	4：55	北戴河	9：18
1712/1713	普快	包头	北京	4：47	北戴河	8：08
4495	普快	北京	北京	15：22	北戴河	18：49
D517	动车组	北京	北京	6：25	北戴河	8：15
K215	空调快速	北京	北京	14：21	北戴河	19：00
K27	空调快速	北京	北京	17：30	北戴河	21：50
N226/N227	空调快速	石家庄	北京西	00：28	北戴河	5：14
T582/T583	空调特快	石家庄	北京西	10：35	北戴河	15：22
Y509	空调快速	北京	北京	7：50	北戴河	10：48

（万剑敏主编：《旅行社产品设计》，北京，旅游教育出版社，2008 年）

（二）案例分析

本产品是一个标准的度假休闲型旅游产品。其策划设计的内容与理念紧扣度假休闲旅游产品的基本特征。

第一，本产品所选择的开发对象是北戴河海滨度假区。该度假区环境优美，区位条件优越，具备良好的住宿设施和健身娱乐设施，且地方接待服务水平高，特别适宜度假休闲旅游产品的开发与设计。

第二，产品消费时间长。本线路在设计过程中，将常规的北戴河两日游的行程通过项目的拓展，延伸为一周的行程，区别于传统的观光型旅游产品。在整个行程中，有意地将多项运动休闲项目错开进行，可以使消费者在休闲活动中度过假期，切实做到劳逸适度。

第三，产品以短线游为特征。短线游是指旅游客源地与旅游目的地的空间距离为 300 千米以内的旅游线路，也有业内人士将两地之间的陆路交通运输时间小于 6 小时的旅游线路称为短线游。北京到北戴河的陆路交通运输时间为 4 小时左右，因此该产品属于短线游。

第四，本产品安排了众多的休闲活动。休闲活动对旅游消费者具有极强的吸引力，能够吸引产品消费者的主动参与，增强其对产品内容丰富的认同感。

第五，本产品安排了具有地方特色的金海岸沙滩夜营，住特色帐篷。这些和常规的行程与众不同的策划，极大刺激消费者的求新、求奇心理，激发出游动机。

第六，本产品内容丰富。除了海滩休闲活动和夜生活之外，还安排了观海上日出、乘海上游船观北戴河风光等北戴河旅游精华项目。且乘海上游船观北戴河风光属自行付费项目，完全尊重了旅游消费者的消费意愿，能够为消费者所接受。

第七，在产品的友情提示部分，还将北京至北戴河的火车时刻都全部列出。这样做在很大程度上方便了旅游消费者，特别是那些可能会临时调整度假休闲计划的消费者。这一细节，体现了产品设计者人性化的服务理念。

任务五　实训课业

一、实训目的

本实训旨在考查学生对本模块内容的理解和掌握情况，培养学生对旅行社产品开发策划的技能。

二、实训要求

请学生依据所提供的材料，按照教学内容，为指定的旅游目的地进行多种旅行社产品开发的策划。策划提纲自拟，但必须涵盖任务中所给出的内容。学生也可以其他旅游目的地作为策划对象，要求同上。

三、实训对象资料

南京市，战国时楚威王始置金陵邑，以为“王之地也”，简称“宁”，是中华人民共和国江苏省省会、副省级城市。南京是“中国四大古都”之一，有“六朝古都”之称。南京位于长江下游沿岸，是长江下游地区重要的产业城市和经济中心，中国重要的文化教育中心之一，也是华东地区重要的交通枢纽。南京是中国著名的四大古都及历史文化名城之一。千百年来，奔腾不息的长江不仅孕育了长江的文明，也催生了南京这座江南城市。南京襟江带河、依山傍水、钟山龙蟠、石头虎踞、山川秀美、古迹众多。早在20世纪30年代，著名文学家朱自清先生游历南京后，写下的《南京》一文中就有这样一段评价：“逛南京像逛古董铺子，到处都有些时代侵蚀的痕迹。你可以揣摩，你可以凭吊，可以悠然遐想……”南京市旅游局为方便游客旅游南京，整合出10条南京的精品旅游线路。分别是：六朝怀古游、大明胜迹游、郑和遗踪游、民国文化游、宗教文化游、秦淮风情游、科教修学游、滨江风貌游、温泉度假游、乡村美景游等。

四、实训过程

第一，分析策划对象

第二，学生分组进行策划

第三，提交策划案（包括针对目的地的观光型、休闲度假型、事件型三种以上产品类型的策划）

第四，策划案展示交流

第五，策划案总结点评

模块七　旅行社产品营销策划

导读

通过对本模块的学习，学生应该能够洞察旅行社产品营销的内涵，应用旅行社企业产品营销策划原理进行旅行社营销相关项目策划，在掌握旅行社企业产品营销策划流程的基础上，进一步学习旅行社企业产品营销策划经典案例，通过对案例的分析，有效地掌握旅行社产品营销的精髓。

工作任务

任务一　洞察旅行社产品营销

任务二　旅行社企业产品营销策划原理

任务三　旅行社企业产品营销策划流程

任务四　旅行社企业产品营销策划经典案例分析

任务五　实训课业

任务一　洞察旅行社产品营销

一、旅行社价格

旅行社价格是指旅游消费者为实现旅游活动需要而购买的旅行社产品的价格，是旅行社所提供的产品价值的货币表现。从价值构成看，旅行社价格由成本和盈利两部分组成。其中，成本用于旅行社补偿采购住宿、餐饮、交通、景区等单项旅游产品的物化劳动的耗费及导游、员工等人工劳动的耗费。盈利是旅行社价格扣除成本后的余额，包括向政府缴纳的税金和旅行社经营者的利润两部分。

旅行社价格具有两大特点：一是综合性。由于旅行社产品是一项综合性的产品，既包括有形产品，也包括无形产品；既有完全的劳动产物，也有非劳动的自然物；是各种自然的、社会的、有形的和无形的产品及服务组合而成的一个综合体，因此，旅行社价格也具有综合性的特点。二是季节性。旅行社产品是以无形服务为主的产品，具有不可转移性、不可存储性的特点，因而旅游供给价格弹性较小。与此同时，旅游需求具有较高的弹性。因此，旅行社价格只有随季节调整，才能使旅游供求趋于平衡。

二、旅行社定价策略

旅行社定价策略是指旅行社从定价目标出发，根据影响旅游产品价格决策的各种因素，确定价格变动范围和价格变动方向。一般来说，任何产品价格都有一个从最低价到最高价的选择幅度，旅行社价格也是如此。旅行社产品的最高价取决于旅游者对价格的接受程度，但它必须在国家政府、法律容许程度的范围内。最低价是旅行社对价格的承受程度。旅行社对价格的承受程度、旅游者对价格的接受程度及国家政策法律的允许程度构成了旅行社定价策略中的“三度”，它们相互作用，共同决定了旅行社价格的变动区间。

旅行社产品定价策略，一方面要在定价目标的指导下，确定某种旅游产品是处于高价范围、低价范围或中价范围；另一方面，随着时间推移，还要确定价格变动的方向，即应从低价、中价区向高价区变动，还是高价向低价、中价区变动等。由此可见，旅行社产品定价策略是由旅游产品定价目标确定的，又是选择具体定价方法的指南。

三、旅行社产品促销策略

旅行社产品促销策略是旅行社总体发展战略指导下的一种市场营销策略。一般而言，我们可以将其分为四种基本形式：

（一）推式策略

推式策略着眼于积极主动上门推销，把本社的产品直接推向目标市场，表现在销售渠道中，每一个环节都对下一个环节主动出击，强化顾客的购买动机，说服顾客迅速采取购买行为。这种策略与之相应的促销方式显然是以直接营销为主，即采取人员推销并辅之以营业推广和公关活动等。

（二）拉式策略

拉式策略是立足于直接激发最终购买者对本旅游产品的兴趣和愿望，促使其主动向旅行社寻求指名服务，最终达到把旅游者拉引到本旅行社的目的。这种策略是以广告宣传和营业推广为主，辅之以公关活动等（图 7-1）。

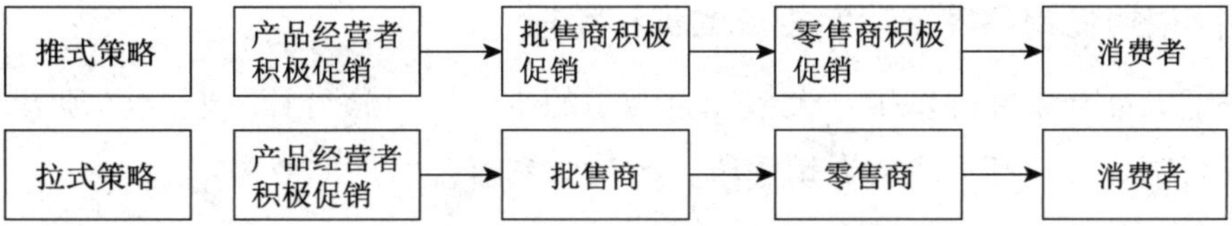

图 7-1　推式、拉式策略示意图

（三）锥形辐射策略

锥形突破是一种很奏效的非均衡快速突破策略，它是外联销售人员将自身的多种旅游产品排成矩形阵容，而以唯我独有、最具招徕力的拳头产品作为开路先锋（锥尖），以求其像锥子一样迅速突破目标市场，然后分梯级阶段，层层推出丰富多样的旅游产品。这种策略采用以人员推销、人员推广为主，辅之以广告宣传的促销组合策略。

（四）创造需求策略

这是旅行社根据自身优势和特点，举办一些独具特色的旅游项目或活动，在诱发、创造旅游需求的基础上，引导消费者和潜在消费者购买本企业的产品。例如与旅游景区或旅游目的地合作，共同举办独特的活动来吸引游客。这一策略可采用广告为主，辅以人员推销的方式吸引游客。

四、促销策略组合的选择原则

不同促销手段各有其特点，不同的企业、产品在不同的时间、空间等情况下，应选择适合需要的促销手段。

（一）根据产品来确定相应的促销手段

价格高、风险大的旅游产品，旅游者往往不满足于一般广告所提供的信息，而倾向于更加理智地购买，希望能得到更为直接可靠的信息来源，对这类产品，人员推销、公共关系往往是更有效的促销手段；而对于购买频繁、价值不高以及季节性较强的产品，旅游者则有品牌偏好，因而可选择广告位最佳的促销手段。

（二）根据旅行社产品的生命周期来确定相应的促销手段

当产品处于引入期，扩大产品的知名度是旅行社的主要任务，因广告的宣传覆盖面广，有可能在短时期形成较好的品牌效应。当产品处于成长期，旅行社要扩大销量，需调动各方面的力量促销，因此可采用多种促销手段并用的策略。当产品处于衰退期，此时旅行社应转移促销重点，可采取营业推广为主，以达到快销快转的目的。

（三）根据促销环境来确定相应的促销手段

某些重大社会事件的发生、大型社会活动的举办等，旅行社外联就必须考虑选择应用与市场营销环境相互适应的促销手段，才能收到有针对性的效果。

任务二　旅行社企业产品营销策划原理

一、成本价上升后的处理策略

由于旅行社产品的销售是一种预约性交易，价格往往需要提前半年或者更长的时间报出，根据国际惯例，旅游价格一旦报出，在执行年度应该保持基本稳定，不宜频繁修改。这是维护旅行社声誉的必要条件。因此，旅行社在制定产品售价以前，应该注重调查研究价格的变化趋势和影响因素，尽量避免由于当地价格变化给旅行社造成的损失。

旅行社应该保持旅游价格的相对稳定，并不等于说在其他相关价格发生变化的时候旅行社只能成为唯一的受害者。实际上，当由于各种原因造成的旅行社产品成本增加和价格上涨的时候，旅行社可以根据国际惯例和企业的实际情况加以妥善处理。与旅游附加费用相关的国际惯例做法包括以下五种：

（一）全部转嫁

即旅行社在产品目录当中不做任何价格方面的承诺，当产生附加费用的时候，把它们全部转嫁到旅游者的身上。如此一来，旅行社的产品报价会因为不必考虑可能发生的附加费用而具有一定的吸引力，但额外的费用和加价，会损害企业的形象。

（二）全部承担

即在产品目录中保证不收取附加费用，当产生附加费用的时候，由旅行社全部承担。这是一种极其具有吸引力的做法，但旅行社的风险会因此增加，而且报价也会因为考虑了可能的附加费用而趋于偏高，因而影响旅行社在市场中的竞争能力。

（三）有条件转嫁

即旅行社将全部附加费用转嫁给旅游者，但如果附加费用超过原有价格的一定比例，旅行社允许旅游者无条件取消预订。

（四）有条件承担

即旅行社对可能发生的附加费用进行水平规定，规定水平以内的由旅游者承担，规定水平以外的由旅行社承担。

（五）提前汇款免收附加费用

即旅游者在旅行社规定的时间内预付费用，在此情况下，如果发生任何附加费用，旅行社就应全部承担。

二、影响旅行社产品价格的因素

（一）市场供求关系

旅行社在确定产品价格的时候，必须考虑售价与市场供求之间的内在联系，也就是供给量、需求量和价格之间的相互关系，其表现为：

第一，在一定时间内需求量是一定的，如果需求量增加，价格就会上升；如果需求量减少，价格就会下降，即需求规律。

第二，在一定时期内供给量是一定的，如果供给量增加，价格就会下降；如果供给量减少，价格就会上涨，即供给规律。

第三，如果价格上涨，市场需求量减少，就会出现供过于求的现象；如果价格下降，市场需求量增加，就会出现供不应求的状况。

第四，如果是供求平衡，就会存在一种均衡价格。这个价格既可以满足旅游者的需要，又可以满足供给者的需要。

旅行社产品价格的高低可以调节市场需求，价格合理可以吸引更多的旅游者。因此，旅行社不但应该对旅游市场的供求有灵敏的反应，并且应该研究旅游者的旅游消费水平，以使旅行社制定的产品价格在旅游市场上具有吸引力。

（二）需求弹性

需求弹性就是需求的价格弹性，它表明需求对价格变动的反应程度。一般来说，旅行社产品的需求弹性比较大，因为旅游是一种高级消费方式，不同于生活必需品，这就要求旅行社在利用价格调节需求的时候，必须充分考虑到需求弹性的大小，尽量避免价格决策的失误。另外，旅行社产品价格的高低，极大地影响着旅游者选择的目的地、停留时间和支出水平。因此，价格弹性系数也是旅行社制定合理的旅游地区差价、季节差价、质量差价和数量差价的重要依据。

（三）汇率

汇率是两种不同货币之间的比价，也是一国货币单位用另外一国货币单位表现出来的价格。旅行社在国际旅游市场的产品销售价格，一方面取决于产品本身的价值；另一方面取决于本国货币与外国货币的比率。在旅行社产品价值不变的情况下，产品的价格与汇率变化呈现反比例变化的趋势。也就是说，为了避免由于汇率变化而带来的损失，在人民币贬值的时候，旅行社应该适当地提高产品的外汇售价；在人民币升值的时候，旅行社应该采取适当的价格策略，降低旅游产品的外汇售价，以避免因为价格的上涨而失去客源。在实际经营中，旅行社应该根据实际情况采取相应的措施。

（四）国家价格政策

目前，我国实行有中国特色的社会主义市场经济，因此，国家价格政策或多或少地影响着旅游产品的价格。但值得注意的是，近年来国家对旅游价格的控制趋于放松，取消了一系列国家行政干预价格的行为和政策，例如，最低结算标准、地区差价等。国家旅游行政管理部门更多地致力于旅游市场秩序的建立。

（五）成本因素

成本是影响旅游定价最直接的因素，决定着一个企业产品和服务的定价最低限度。因此，在旅游企业定价的时候，应该首先考虑的就是成本因素。

（六）营销目标

旅游企业的营销目标直接影响着产品的定价决策。营销目标具体表现为营业额或者接待人次等数量目标。为了达到长期赢利的营销目标，企业会频繁地调整价格策略来适应旅游者需求的变化。

（七）竞争因素

在旅游业运营过程中，企业短时间内对产品的价格进行调整，大多数情况下是由于竞争因素造成的。由于竞争的加剧而互相降价，形成价格战的局面（现象）。这种价格策略尤其是在竞争者大量涌入的时期，旅游业形成供大于求的局面，供求关系的变化必然导致价格的下调。因此，竞争因素是旅游企业制定价格时必须考虑的因素。

三、旅行社广告的媒体选择原则

旅行社广告媒体类型的选择，应基于如下 4 个方面来考虑：

（一）目标顾客的媒体视听习惯

例如，针对高层商务旅游者，以网络、报纸、杂志为好；针对普通市民，以电视、报纸、电台为好。又如，针对自驾车旅游者，以广播电台为好；而针对青年，以时尚的电视、报刊为佳。

（二）针对促销产品的特点来选择媒体

例如，针对风景旅游点，就宜选择杂志彩页和电视做广告；针对线路及服务项目，以报纸、电台为好。

（三）针对广告信息的特点来选择媒体

时效性很强的旅游信息，比较适合以报纸为媒体；对常规主打的一贯线路和景点，可选择在杂志上做广告；对集中性炒作的某一特色产品，可以电视、报纸、电台、网络一齐上。

（四）根据费用水平来考虑

不同的媒体费用不同，即使同一媒体，因版面大小、位置、时段及制作不同，价格也不一样，原则便是尽量节约成本也要有的放矢，取得最佳效果。如掌控好广告时机，了解各种媒体的特点、价格和栏目都是非常必要的。

四、旅行社广告策划书的写作

在完成广告调查、研究和分析、制定出广告策略并确定广告目标之后，应将对广告的设想形成文字，撰写成广告策划书。

完整的广告策划书一般包括 8 个方面的内容：前言、市场分析、广告战略、广告对象、广告地区、广告战术、广告预算及分配、广告效果预测。

（一）前言

应详细说明广告策划的任务和目标，必要时还应说明广告主的营销战略。

（二）市场分析

市场分析主要包括五个方面的内容：市场环境分析、企业经营情况分析、产品分析、竞争商品分析和消费者分析。应该根据市场环境分析的结论，说明广告主企业经营与产品所具备的优势，再将广告产品与同类竞争商品做出详细比较，并指出消费者的爱好和偏向。如有可能，提出产品改进和产品开发建议。

（三）广告战略

根据产品定位、市场定位研究的结果和广告层次研究的结论，解决广告策略的战略性问题：用什么方法使商品在消费者的心目中建立深刻难忘的印象？用什么方法刺激消费者产生购买兴趣？用什么方法改变消费者的使用习惯，使消费者改变品牌偏好，改为使用广告主的商品？用什么方法使消费者形成购买习惯？用什么方法扩大广告产品的销售范围?

（四）广告对象

根据定位研究得出目标受众的有关情况，再根据人口研究结果得出具体的分析数字，如人口总数，人口地区分布，人口的年龄、性别、职业、文化程度、阶层、收入等分布和构成，得出广告诉求对象的大致数量，说明他们的需求特征、心理特征、生活方式和消费方式等。

（五）广告地区

根据市场定位和产品定位研究结果，确定目标市场，说明选择理由和地区分布，并说明该地区的销售特点。

（六）广告战术

根据广告战略中所列出的重点，详细说明广告实施的具体细节：

第一，报纸媒介，说明选择哪一家或哪几家报纸单位，选择理由，刊登的日期、次数和版面，并说明每次刊登的面积大小。

第二，杂志媒介，说明选用的媒介单位、选用理由、刊登次数、每次的面积和刊发日期。

第三，电视媒介，说明选择哪一家电视台、哪一个频道或哪几个频道，分别选择什么时间播放，说明选择的理由，计划播映次数，每次播映的时间长短，广告片的形式和播映日期。

第四，广播电台，说明选用的媒介单位、插播还是专题、播出时间和日期、选用的理由，以及计划播出次数和每次播出时间的长短。

第五，选择其他媒介进行广告组合，如模型、海报、招贴、焦点广告、邮寄广告、传单和说明书等，均应说明印刷的数量和分发方式、分发日期等内容。

第六，举行相关的促销活动，列明举办日期、地点、方式、内容和赠品、奖品等，说明举办的理由和主持人。

在选用多种媒介时，还应说明如何对各类媒介的发布进行交叉配合。

（七）广告预算及分配

根据广告涉及的各方面内容，查阅资料和供应单位的报价表，比较供应商的报价选择较低的价格并将各项目列出表格，将选择的价格填入对应的项目，最后计算出总的预算费用。

（八）广告效果预测

广告推出以后要有专门的人员应用各种手段开展调查分析预测，统计广告推出的效果，根据预测的情况适时调整广告的内容和手段，对不适合的内容和手段进行更换，以达到最佳效果。

任务三　旅行社企业产品营销策划流程

一、旅行社产品定价策划

（一）分析价格构成要素

不同类型的旅行社产品其构成要素是不尽相同的，这直接影响产品成本价的计算和最终价格的制定，因此在为旅行社产品定价之初，必须先了解各类型旅行社产品各自的价格构成要素。

组团包价一般包括房费、文娱活动费、标准餐饮费、综合服务费、城市间交通费和专项附加费 6 大组成部分。

1. 房费

1988 年以前，房费属于综合服务费用，旅行社为旅游者安排的客房均为标准间，对旅游团实行折扣优惠。1988 年以后，我国旅游者的住房条件得到了明显的改善，房费也因此从综合服务费用中独立出来。

2. 文娱活动费

该项费用于 1990 年从综合服务费中单列出来。根据《旅游行业对旅游者服务的基本标准》规定，旅行社应该将文娱活动作为固定节目安排。游览日程在 3 天以内的，文娱活动一般不少于 1 次；4~7 天的一般不少于 2 次；8 天以上的一般不少于 3 次。

3. 标准餐饮费

该项费用于 1991 年从综合服务费中独立出来，并采取标准餐饮费加餐差的做法。

4. 综合服务费

综合服务费包括基本交通费（市内交通费，每天限制 50 千米）、翻译导游费（地陪劳务费）、全程陪同费（全陪差旅费和劳务费）、组团和接团费（组团社和接团社毛利）、宣传费用（每天每外联和接待 1 个人代收 1 元钱宣传费用，分别交给国家旅游局和地方旅游局），以及领队减免费用（用于 15 人以上非经济等旅游团，每 16 人享受部分旅费的减免）。

5. 城市间交通费

旅游团在城市之间转移的过程中发生的交通费用。

6. 专项附加费

包括汽车超公里费用、游览江河的费用、参观游览旅游景点门票费、专业活动费、不可预见的费用、途中的饮料费、行李搬运费和票务手续费等。

半包价是指在组团包价的基础上扣除午餐和晚餐费用后的价格。小包价由旅行社接送费、饭店房费、早餐费和旅行社手续费构成。单项服务价格由旅游者委托的服务项目费用和旅行社手续费构成。修学旅游、会议旅游、山洞旅游、体育旅游等特殊的旅游形式，在执行组团包价的时候应该根据各自的特点收取费用，并扣除不发生的费用。

（二）确定产品基本价格

旅行社产品作为服务产品的一种，还有着与一般服务产品不同的特性。旅行社产品具有较强的综合性，其中多数服务项目和服务内容，都是从相关部门采购而来。所以，旅行社产品的直接成本较高。这就使得旅行社在进行产品定价时，首先选择的大多是成本导向的定价策略，而不是顾客导向的价格策略。当然，旅行社在以成本为中心确定了基本价格后，还应采取顾客导向的价格策略，对已经确定的基本价格进行必要的修订，以更好地适应市场的需要。

成本加成，是一种常见的定价方法。它是在产品单位成本的基础上增加一定比例，来确定产品售价的方法。从理论上讲，旅行社产品的价格应包括直接成本、各种费用、税金、利润和固定资产折旧等。但在旅行社的实际业务运行中，人们一般将产品的售价简单地表示为直接成本加利润。这里的利润，是包含旅行社各种费用、税金和折旧在内的利润。它通常根据直接成本的一定比例来确定。这个比例，既可以是旅行社预期的利润率，也可以是旅行社经营管理人员的经验数据。但无论如何，这一比例的大小都会受本地区旅行社行业平均利润率的影响。事实上，在目前我国的旅行社中，除去一些由于各种原因，在经营或产品方面具有垄断性的旅行社外，绝大多数旅行社采取的都是行业平均利润率。因此，成本加成的公式便可以表示为：

旅行社单位产品基本价格=单位产品直接成本×（1+平均利润率）

（三）灵活运用定价策略

在确定了旅行社产品的基本价格之后，需要根据市场需求的变化、竞争对手的战略等灵活运用定价策略，调整基本价格，以确定旅行社产品的最终价格。在实际操作中，以下 3 种定价策略是最常见、常用的。

第一，取脂定价策略。取脂定价策略主张对产品采取高价投放市场的政策。这样可以使旅行社在短期内获取高额利润。它适用于经营具有垄断性和需求缺乏弹性的产品。这一定价策略的缺点，在于当其产品尚未在消费者中建立声誉之前，实行高价投放，不利于开拓市场；与此同时，如果高价投放销路仍然很好，则会迅速招致竞争者，导致竞争白热化，企业的高额利润自然也就会随着竞争的加剧而降低。因此，取脂策略一般只适用于某种新、特产品投放市场的初期，旅行社如果想长期采取这一策略就必须不断进行产品创新。

第二，渗透定价策略。与取脂定价策略相反，渗透定价策略，主张采取低价投放市场的政策，以便增加销量，广泛地占有市场，并借此排斥竞争者的加入，从而达到长期占有市场的目的。这一策略适用于具有大批量接待能力、经营缺乏垄断性和需求富有弹性的产品。但这一策略必然导致旅行社经营利润率偏低。

第三，旅行社可以使用的心理定价策略，主要包括尾数定价法、声望定价法和吉祥定价法三种。尾数定价法，是相对于整数定价法而言的，它是指旅行社在确定产品价格时，采用低于但又非常接近于一个整数的数字作为产品的销售价格。声望定价法，该法是指有声望的企业采取的高价策略，一般名牌企业经常使用这一定价策略。吉祥定价法，此法是采取具有吉祥意义的数字作为产品销售的策略。

二、旅行社产品促销策划

（一）媒体广告促销策划

旅行社可以将旅游产品通过媒体工具进行广而告之的宣传推广，以求达到吸引他人眼球的作用，达成吸引游客报名出行的目的。世界上所有成功的营销几乎都离不开广告宣传，这种快速有效的宣传手段在旅行社行业也同样很盛行。

1. 媒体选择

在进行旅游广告促销之初，旅行社企业首先必须根据促销的目的和产品的性质选择合适的媒体。

媒体广告主要包括电视广告、杂志广告、报纸广告、广播广告、户外广告和互联网广告等，每种媒体又存在为数众多的载体，如特定的电视节目、杂志等。媒体广告作为重要的旅游促销方式由来已久，不同的媒体具有各不相同的特点，表 7-1 显示了主要的广告媒体及其优缺点比较。

目前我国大部分旅行社主要采用报纸广告和杂志广告，也有些旅行社业开始利用互联网，在大型的综合门户网站或是旅游网站上发布企业和产品信息的广告。

表 7-1　广告媒体及其特点

广告媒体	优点	缺点
电视	综合视觉、听觉和动作，富有感染力，能引起高度注意，触及面广，及时，地域可选择性强。	费用高，时间短，观众选择性差。

续表

广告媒体	优点	缺点
杂志	地域人群可选择性强，阅读和保存时间长，印刷效果好，可提供精美图画。	发行量少，价格偏高，时效性差。
报纸	灵活、及时，地域可选择性强，覆盖面广，费用较低。	保存性差，干扰多，缺少形象表达手段。
广播	地域可选择性强，覆盖面广，及时。	不能保存，听众选择性差。
户外广告	可直接面对目标市场，醒目、灵活，展示时间长。	内容受局限，摆放地点观众选择性差，费用较高。
因特网	覆盖面广，传播迅速，费用低廉，高度交互性，表现力强，信息可及时反馈。	广告点击率低。
车身广告	地域可选择性强，费用低，直观，触及面广。	人群可选择性弱，表现内容有限。

2. 广告策划

旅游广告策划是一项复杂的系统工程，必须遵循一定的步骤或程序进行。一般而言，一项完整的旅游广告策划活动包括了调查、策划、实施和评估4个基本程序，具体为成立策划班子、开展市场调研、实行广告定位、确定广告目标、进行广告创意、选择广告媒体、预算广告费用、形成广告策划书、发布广告作品、评估广告效果10大环节。其中广告策划是整个广告活动过程的核心和灵魂，对广告活动具有指导性和决定性的作用。旅游广告策划贯穿于旅游广告活动的各个阶段，涉及旅游广告的各个方面。想要开展任何成功的旅游广告活动，都离不开对旅游广告的精心策划，需要尽最大可能使旅游广告能“准确、独特、及时、有效、经济”地传播信息，达到宣传旅游企业与旅游产品，引导消费，促进销售，开拓市场等目的。

3. 广告作品形成与发布

在旅游广告的定位（主题）、目标、创意、媒体与费用确定后，如果要付诸实施，还必须对旅游广告的表现形式、旅游广告的发布时间和地区等进行研究，形成旅游广告策划书。

广告常见的表现形式有文案、图案、图片、视频。但文案、图案、图片、视频在不同媒体上的表现形式又各有不同：电视广告有说明型、证明型、名人推荐型和故事型等；广播广告有直接型、对话型、访问型等。应依广告目标与条件选择最佳的媒体表现形式。中国目前的旅游广告，大多采用说明型广告，这种广告不够生动，而推荐型和故事型的现身说法，可以增加信任感，应在今后的旅游广告策划中予以充分应用。

4. 旅游广告的时间选择

旅游广告强调及时性和有效性，旅游活动具有非常明显的季节性，因此选择合适的时间进行广告宣传十分重要，一旦错过时间，则会由于旅游产品的不可存储性而失去广告的意义。尤其是一些特定季节的旅游线路，如哈尔滨的冰灯节和青岛的樱花节，这些旅游节庆活动或专题活动，并非终年存在，广告时间的安排和选择尤其重要。

5. 旅游广告策划书的撰写

旅游广告策划书是旅游广告策划的产物，是在广告调研的基础上，制定出广告目标和策略后，将广告策划所形成的战略、策略、方法、部署、步骤以书面的形式表现出来；是广告的主题、目标、对象、创意、媒体、费用、发布、评估等一系列决策的总结；是为广告实施提供一个行动大纲。一般而言，一份完整的广告策划书主要包括8个方面的内容：前言、市场分析、广告战略、广告对象、广告地区、广告战术、广告预算及分配、广告效果预测。

6. 发布旅游广告作品

旅游广告创作完成之后，就要将完成的旅游广告作品送到预先选定的媒介刊播，同时需要对刊播的质量、日期实施监督。

（二）公关关系促销策划

一般而言，旅行社的公关活动都是以具体的产品品牌为中心进行的，大致包括以下几个方面：

1. 针对新闻界的公关活动

新闻媒体具有可信度高、影响面广、传达力强和宣传成本低的优越性，它强有力地影响着公众的态度。因此，旅行社要想提高其知名度，建立并维持良好的形象与声誉，就必须将新闻媒体作为一个重要的公关对象，与他们保持经常的、广泛的、良好的关系，充分利用新闻媒体开展宣传促销活动，善于不断地寻找新闻、制造新闻，吸引新闻舆论和公众的注意。如定期向新闻媒体提供新闻稿件、邀请电视台新闻记者进行线路考察和全程报道、在举办展销会的同时召开记者招待会等，以借助新闻媒体传播产品信息，扩大旅行社的影响。

2. 针对旅游消费者的公关活动

旅游消费者是旅行社最重要的外部公众之一，他们对旅行社的评价决定着旅行社能否保持或扩大市场份额。因此旅行社应加强与旅游消费者的沟通，主动且定期或经常性地向旅游消费者介绍本企业的情况，征求其意见和建议，争取其支持和理解，及时消除他们的不满和怨恨。

3. 针对政府部门的公关活动

政府是国家法律、政策、计划的制定者和调节者，是重要信息的发布者和国家权力的执行机构，也是企业的重要公关对象和最大影响力量。旅游业是个对政策法规变化十分敏感的行业。因此，旅行社不仅要服从政府的监督，遵守政府制定的各项法律和法令，更要设法与政府部门特别是旅游主管部门建立稳定的沟通关系，以赢得政府部门的信赖和支持。

4. 针对其他相关公众的公关活动

旅行社面对的公众是多层次、多种类、多部门的，除了要和新闻界、旅游消费者、政府部门保持良好的沟通关系外，还应通过公共关系不断完善与相关企业、社区以及其他相关公众的关系。通常可以采用召开同业经验交流会与研讨会、资助社会公益事业、参与和赞助社区活动、出版杂志报纸和音像宣传资料等方式与公众沟通，强化与各有关公众之间的情感联络，以赢得公众好感，进而赢得潜在旅游消费者对旅行社产品的认同。

（三）销售推广促销策划

销售推广，是近年来发展极为迅速的一种促销方式。它包括面向行业（旅游中间商）的销售推广和面向消费者（旅游者）的销售推广两类。在旅游业中以前者更为普及。另外以提高旅行社销售人员销售积极性为目的的销售推广，也是旅行社常用的促销方式。

面向中间商的销售推广活动，包括熟悉业务旅行、旅游博览会、变易折扣、联合（合作）广告、销售竞赛与奖励和提供宣传品等众多不同的方式。

中间商考察旅行是目前国际上常用的推销手段，即组织中间商来旅游目的地进行考察，向他们介绍旅游路线和活动，特别是介绍旅行社的新产品，使他们通过实地考察，了解旅行社产品和旅游目的地的情况，产生来本地旅游的欲望。尽管邀请中间商来访成本较高，但往往可以取得较好的推销效果。

除了上文介绍的几种常见的旅行社产品促销方法之外，随着时代的发展，越来越多的旅游促销方法被旅行社企业所使用，比如直接营销也是近年来发展迅速的一种促销方式。它包括三种主要形式：

人员推销。它是指旅行社通过委派销售人员，直接上门向旅游者推销产品。这是一种比较传统的直接营销方式。

直接邮寄。这是近年来普及的一种新的直接营销方式。它是指旅行社通过直接向旅游者寄送产品目录或宣传品推销产品。

电话营销。它包括向内（inbound）和向外（outbound）两种方式。向内电话营销，是指旅行社通过公布 800 等免费电话，吸引旅游者使用电话查询或预订产品；向外电话营销，是指旅行社销售人员通过电话游说旅游者购买其产品。

任务四　旅行社企业产品营销策划经典案例分析

一、旅行社产品价格策划

（一）案例

庐山游的定价策略

1995 年 7 月，深圳人纷纷打电话到深圳旅游集团海外部问："报纸广告上的盘子和刀叉是怎么回事?"原来，这是该公司推出的庐山自助游的形象广告。这种表现方式在当时的旅游广告中还是挺稀有的。这年夏天，深圳计划开通庐山（九江）直航班机，面对这一商机，深圳旅游集团海外部成功地实施了一套保护自己的价格策略，从而保障了产品开发者的利益。以往去庐山旅游，均由南昌进出，路上耗费不少时间，往往在山上住一晚就匆匆离去，现在，面对即将开通至庐山脚下九江的航班，如何做才能形成自己的相对优势，不至于转瞬又陷入价格战的旋涡中？经营者首先对目的地作了分析，庐山是一个很适宜休闲度假的地方，和黄山相比，风景可能略逊一筹，但山上的度假条件却得天独厚，拥有各种档次的酒店，还有一个上万人的小镇，交通良好。同时，经营者对市场作了分析，深圳人很忙，工作节奏快，喜欢直航。深圳人容易接受新事物、新概念，易被引导。对航空包机人而言，需要有市场推动人。经过分析，经营者决定在市场上以"专业"和"全面"的形象出现，根据目的地特色和市场情况，设计出几种套餐：

自助游。以庐山的接待条件，非常适合自助游，这在当时还是较新的旅游概念，对于平日紧张惯了的深圳人而言，早上不用按时起床，想走就走，想停就停，无疑是很有吸引力的。更重要的是，山上拥有从各类疗养院到星级酒店多种选择，适宜不同客人的不同需求，这样，只需要酒店派车到机场接送，无须增加地接成本，在价格上，从疗养院的 1380 元起至三星级酒店 1780 元，形成了无敌价，竞争对手很难切入。

推出各种全包团。由于在市场上率先推出，有酒店和航空公司的支持，其产品也就成了市场上的标准，而谁制定了标准，谁就有了优势。

有了一系列的策划和强有力的推广，该公司很快取得了庐山直航线的绝对优势，使得该公司在庐山线上成了最大的赢家。

价格在产品差别不大，市场尚未形成优势品牌时，是重要的竞争手段，但当你运用价格策略时，一定要搞清楚你的目的是什么？否则，很容易伤到自己，伤及市场。庐山直航的定价 1380 元绝对是市场最低的，它有效地遏制了后来者的价格竞争策略，避免了你降 10 元、我降 20 元的现象出现，甚至在相当长的时间里令对手无法出招而只能走联合的路线。最低价的制定并不影响其在主推产品（三星级酒店）上的获利，前者主要是为自己形成壁垒，后者才是主力。

（魏敏主编：《旅游市场营销》，长沙，中南大学出版社，2005 年）

（二）案例分析

倡导非价格导向的深度旅游并非不注重成本控制，相反，价格是深度旅游营销的重要环节。价格竞争绝对是一个重要手段，只是当它远远偏离了价值本身时，必然像一柄双刃剑伤及消费者和企业、行业自身。价格策划是旅行社产品营销的关键，物美价廉的产品永远是旅游者所追求的对象。

二、综合性促销策划

（一）案例

自驾游促销文案

山水旅行社春节自驾游促销计划

总体目标：开发自驾游市场，通过组织春节自驾游项目，树立本社又一品牌和产品，以获得新的营业收入。

情况分析：略

促销策略：媒体广告（电台、报纸）+销售推广（针对旅游者的自制宣传品）+直接营销（电话、网络）

组织和实施：旅行社领导负责，外联部经理具体实施，外联部人员分工执行，由社领导和外联部经理控制、监督和检查各项工作的落实、进展与效果。

预算：媒体广告租用费+自制宣传品费+人员工资+通信、交通+其他

效果预测：采取信息传播覆盖面达到目标市场的 80%以上，受众面占目标市场居民数的 10%，即占全部本地居民 500 万人口的 10%，即 50 万人，争取实际购买者达其中 0.1%，即 500 人左右，按成本利润预算，购买人数在 60 人以上即可将成本持平并产生利润。

（魏敏主编：《旅游市场营销》，长沙，中南大学出版社，2005 年）

（二）案例分析

该案例促销目标明确，即开发自驾游市场，树立该社又一品牌和产品，以获得新的营业收入。促销达成的目标包括目标市场销售量（500 人左右）、市场占有率、信息传播覆盖范围（80%以上）等。计划实施采用了辐射方式（广告、宣传品策略）。计划的组织和实施落实到个人，并有责任分工。促销成本费用也做了预算。这是一个比较好的促销计划，但也存在不足，如缺少必要的促销行动计划表和成果检查评价，并且在时间上

没有严格规定，奖罚是多少也未明确。

三、旅行社产品广告策划

（一）案例

图 7-2　九如山瀑布群一日游特价广告

资料来源：http：//jnsb1. e23. cn/html/jnsb/20081105/jnsb4584812. html

图 7-3　北京天津单飞单卧豪华游广告

资料来源：http：//www. nipic. com/show/3/88/5066d94e5f970dfd. html

（二）案例分析

以上的两则旅行社产品平面广告各有特点，前者信息量大，简洁明了；后者针对特定产品展开形式独特、以情感人，也取得不错的效果。旅行社产品广告选择什么样的媒体、利用什么样的形式，在具体策划的过程中应该依据产品宣传的目标、市场环境等加以综合考虑。

相关链接

旅游电子商务（以网络为平台运作旅游业的商务体系）

旅游电子商务是指以网络为主体，以旅游信息库、电子化商务银行为基础，利用最先进的电子手段运作旅游业及其分销系统的商务体系。旅游电子商务为广大旅游业同行提供了一个互联网的平台。

利用先进的计算机网络及通信技术和电子商务的基础环境，整合旅游企业的内部和外部的资源，扩大旅游信息的传播和推广，实现旅游产品的在线发布和销售，为旅游者与旅游企业之间提供一个知识共享、增进交流与交互的平台的网络化运营模式。

旅游企业间的电子商务又分为两种形式。

一是非特定企业间的电子商务，它是在开放的网络中对每笔交易寻找最佳的合作伙伴。一些专业旅游网站的同业交易平台就提供了各类旅游企业之间查询、报价、询价直至交易的虚拟市场空间。

二是特定企业之间的电子商务，它是在过去一直有交易关系或者今后一定要继续进行交易的旅游企业之间，为了共同经济利益，共同进行设计、开发或全面进行市场和存量管理的信息网络，企业与交易伙伴间建立信息数据共享、信息交换和单证传输。如航空公司的计算机预订系统（CRS）就是一个旅游业内的机票分销系统，它连接航空公司与机票代理商（如航空售票处、旅行社、旅游饭店等）。机票代理商的服务器与航空公司的服务器是在线实时链接在一起的，当机票的优惠和折扣信息有变化时会实时地反映到代理商的数据库中。机票代理商每售出一张机票，航空公司数据库中的机票存量就会发生变化。B2B 电子商务的实现大大提高了旅游企业间的信息共享和对接运作效率，提高了整个旅游业的运作效率。

资料来源：百度百科。

任务五　实训课业

一、实训目的

本实训旨在考查学生对本模块内容的理解和掌握情况，培养学生对旅行社产品营销策划的技能。

二、实训要求

请学生依据所提供的材料，按照教学内容，为既定旅行社产品进行价格策划和促销策划。策划提纲自拟，但必须涵盖任务中所给出的内容。学生也可以其他旅游线路作为策划对象，要求同上。

三、实训对象资料

得荣位于西南隅的川滇交界处，像一个半岛深深地嵌入香格里拉腹地。“得荣”，藏语为“峡谷之地”，因光照充足，故有“太阳谷”之称。这里雄奇美丽，千百年藏族文化令人神往。

西部太阳谷旅游公司，在以诚为本、效率第一、服务至上的宗旨上推出的“献给热爱大自然的朋友，西部太阳谷揭秘之旅”，欢迎你跟我们一起去发现太阳谷。

我们推出几条最佳线路供你选择：

1. 成都（飞机）—香格里拉（汽车）—得荣太阳谷（汽车）—香格里拉（飞机）—成都（双飞5日游）

2. 成都（飞机）—香格里拉（汽车）—得荣太阳谷（汽车）—丽江（单飞7日游）

3. 成都（汽车）—康定（汽车）—雅江（汽车）—理塘（汽车）—稻城（汽车）—乡城（汽车）—得荣太阳谷（双飞8日游）

四、实训过程

第一，分析策划对象

第二，学生分组进行策划

第三，提交策划案（包括此线路的价格策划和电视、报纸广告等产品促销策划）

第四，策划案展示交流

第五，策划案总结点评

模块八　景区开发项目策划

导读

策划是一门科学，更是一种艺术。21 世纪是策划的世纪，作为“第四产业”（或称知识产业）中一个神奇的“生产魔方”，策划这种古老、神秘而又充满生机的筹划活动，已经进入了产业化运作时期，并发展成为一门独立的科学，越来越广泛地受到人们的重视和应用。旅游策划是一项科学的活动，是旅游业向多层次和深层次发展的助推器，其中的景区开发项目策划作为一门应用性很强的新兴学科，在我国旅游事业发展和高等旅游教学学科体系建设中所起的作用越来越重要。众所周知，旅游已成为人们的生活方式之一——休闲、健身、增加知识、调节心情等，它的涉及面不仅仅是“食、住、行、游、购、娱”，而且涉及环境、理念、心理活动等诸方面。因此，旅游业的进一步发展，需要旅游项目策划的支持。项目策划是在扎扎实实的调查研究基础上，经过分析、筛选、借鉴经验教训，运用智力为旅游活动提出的整体运筹规划的过程。

工作任务

任务一　景区开发项目策划认知

任务二　景区项目策划内容

任务三　景区项目策划可行性分析

任务四　景区项目策划案例分析

任务五　实训课业

任务一　景区开发项目策划认知

案例引导

海上田园景区

海上田园位于深圳市宝安区沙井街道，地处珠江入海口东岸水陆滩涂接壤处，首期开发面积 173 万平方米，是全国农业旅游示范点，深圳市绿色景区。海上田园设基塘田园、欢乐天地、生态度假村等 10 大景区，集观光游览、休闲度假、会议培训、生态科普、健身疗养等功能于一体。旅游区内湖泊、河道纵横交错，密林遍布，绿草如茵；红树林、芦苇荡和鱼塘中鸟飞鱼跃；园区四季花开，环境优美。海上田园是天人共享的湿地生态乐园。专家们一致肯定深圳市委市政府建设开发西部海岸线的海上田园风光旅游区的战略构思和项目开发极富远见性和开拓性，符合 21 世纪人类重视环境和可持续发展战略的世界潮流。该项目的建设将对深圳市及宝安区旅游环境和经济建设、对调整深圳市和宝安区产业结构升级产生重大而积极的影响，项目开发设计的大方向是正确的，构思和创意新颖，创新了旅游新概念、新模式。

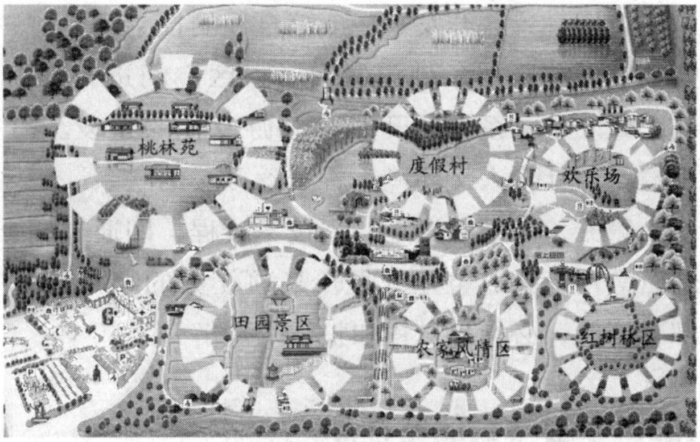

图 8-1　海上田园景区图

资料来源：http：//www. szwaterlands. com

一、景区开发的概念

“开发”一词是经济学的概念，约翰·斯沃布鲁克在《景点开发与管理》一书中，将“开发”定义为“为吸引游客而进行的新设施的建设”。事实上，在景区的发展和开发实际过程中，项目开发活动与景区的社会、经济等许多部门和领域都密切关联着，并且景区开发本身也是一项复杂的系统综合工程。

除了与旅游的六大要素相关的设施建设外，景区开发还必须考虑以下几个方面的内容：景区资源状况、景区市场状况、国家和地方旅游开发政策、景区开发地的经济承载能力、景区开发地的社会环境、景区的环境容量等。为此，我们将景区开发定义为：旅游开发商为了吸引和招徕游客而对景区各项旅游要素进行加工和建设的综合性社会与技术经济活动。

第一，景区开发的主体是景区开发商，主要包括国有开发商，包括各级政府、国有企业；民办私营企业；股份制企业；境外开发商。

第二，景区开发的目的是为了吸引和招徕游客，获取最大的经济效益。景区开发的出发点是市场，是游客。因为游客是旅游活动的主体，他们的消费是旅游经济的来源。

第三，景区开发的对象是各项旅游要素，包括旅游吸引物（旅游资源）、旅游设施、旅游环境、旅游客源市场、资金、技术、政策等。

第四，景区开发是一项综合性的社会活动。一方面，它是从区域、自然、经济、社会、交通和区位条件出发，对景区空间进行综合性开发，包括资源、市场、产品、商品、人才等一系列的开发和旅游设施的建设。另一方面，无论是旅游活动还是景区开发，都与社会人文环境有着千丝万缕的联系。

第五，景区开发是一个技术过程，即通过调查、评价、规划（策划）、设计、建设、经营等环节完成整体开发。某项任务的结束只是完成开发过程的一个环节，而不是全部。因此，必须从过程和整体上理解开发。

二、项目策划的特征

景区项目策划是运用创造性的思维，对各种有利因素、有利资源进行优化组合，为开发崭新的具有独特个性的旅游产品提供新理念、新思路、新创意。具有以下几个方面的特征：

（一）功利性

项目策划的功利性是指策划能给策划方带来经济上的满足或愉悦。功利性也是项目策划要实现的目标，是策划的基本功能之一。项目策划的一个重要的作用，就是使策划主体更好地得到实际利益。

> **相关链接**
>
> 哈尔滨在推出冰雪节的同时，以冰雪节为契机，又举办了冰雪交易会，与国内外客商进行贸易磋商，互通信息，取长补短，与外企和国内大型企业联手推动文化艺术体育活动的全面展开。美国、日本、法国以及东南亚各国的厂商，以及全国各地的客户云集“冰城”，促使成交额逐年上升。为期一周左右的第十届哈尔滨冰雪节交易会，成交额达51亿多元，是一个成功的项目策划。

（二）社会性

项目策划要依据景区的具体实情来进行，它不仅要注重本身的经济效益；更应关注经济效益与社会效益两者的有机结合。因此说，项目策划要体现一定的社会性，只有这样，才能为更多的受众所接受。

（三）创造性

项目策划作为一门新兴的策划学，也应该具备策划学的共性——创造性。代替旧者的行为本身就是一种发展，因此策划要想达到策划客体的发展时，必须要有创造性的新思路、新创意、新策划，照搬、模仿、抄袭别人固有的模式都不是真正的策划。

相关链接

创意策略之温泉旅游策划

温泉到底有多少种泡法不是关键，关键是如何利用创意挖掘温泉产品的附加值。近年来温泉产品不断出新，从巧克力浴、咖喱浴等洗浴类型的创新，到室内外音乐温泉、温泉烹饪等利用方式的创新，再到温泉辅助减肥、美体等温泉套餐的开发，都是创意经济的产物。

日本温泉胜地箱根出现了全球第一个拉面温泉——游客泡的“汤”，不但弄得和碗里面喝的拉面高汤一模一样，池子还做成碗的造型，可以说创意十足。

在西安御温泉，有为客人提供足部保健按摩的服务——“足部大臣”。来到温泉的客人会被当成“皇帝”，为皇帝服务的都是“大臣”，其中专门做足部按摩的自然就是“足部大臣”了，“足部大臣”们个个都有一手“扬州绝活”。

河南省平顶山市昭平湖景区内的鲁山森林温泉引入鱼疗按摩法，沐浴在清澈见底的“温汤”之中，一条条小鱼像精灵一样围绕在客人的身边做着新型按摩，给客人以无比惬意的享受。

广东省的波拉火山温泉集山地温泉和峡谷温泉的特色于一体，依山而建，汇集动感区、竹林区、花香区各类特色温泉浴池70余个，高达88米的雄伟仿真火山拔地而起，动人心魂、绚丽多彩的火山喷发夜夜精彩，带游客步入一个迷幻的火山奇境。

台湾省温泉观光协会与著名烘焙业者合作的温泉月饼，利用碳酸泉、铁泉开发成口味独特的温泉月饼，让消费者除了泡温泉美容养生外，还可以吃到温泉所含的微量元素。

（四）超前性

超前性是项目策划的重要特性，在实践中运用得当，可以有力地引导将来的工作进程，达到策划的初衷。但策划追求超前性，是以一定的条件为前提的，不能脱离现有的基础。项目策划一定要立足现实，面向未来，实现策划活动的经济最大值。

三、项目策划的原则

（一）可行性原则

任何一个策划，作为一种想法，开始只留在头脑中；作为创意，只是一种设想或文字的组合，也许都只是未经实践检验的天方夜谭。项目策划，考虑最多的便是其可行性，项目策划的创意也要经得住事实的检验。

（二）创新性原则

创新是事物得以发展的动力，是人类赖以生存和发展的主要手段。优化景区生态环境和社会环境，策划景区项目，创新性原则首当其冲，这也是符合项目策划创造性特征要求的。

（三）无定式原则

世界万物都处在一个变化的氛围之中，没有无运动变化的事物，事物就是在这种运动的作用下发展的。各种策划思想都没有固定的模式，都要根据客观情况的变化伺机而动，只有这样，才能以变来应不变，才能在竞争中立于不败之地。

（四）价值性原则

项目策划要按照价值性原则来进行，这是其功利性的具体要求与体现。策划的结果要能创造一定的价值，只有这样，策划才能体现其自身的价值所在。

四、项目策划理论基础

（一）心理学原理

项目策划作为人类智慧的具体体现形式，无论属于哪个范围、领域，无论是施于己或用于人，都是人的一定心理活动的结果。离开了人的心理活动，就不可能有项目策划的产生。所以，项目策划也可看作人脑对人与人之间、对刺激因素及对知识经验的创造性吸收，并随之发生的一系列思维活动。心理活动反映各种事物的印象，但又并不完全等同于客观事物本身，而是区别于实在物质的一种观念上的东西。并且，人脑对客观事物的反映，受反映者条件的制约，即受个人的知识结构、阅历经验、个性特征的制约，因此，它又带有个体色彩的主观特征，它是思维的成果，是观念中理性的东西，最集中地体现了人的心理现象的最根本特征。根据心理学原理，景区项目策划者在策划景区项目时就必须结合项目受众——游客的心理进行策划开发。

（二）竞争力理论

诺贝尔经济学奖获得者、竞争理论大师乔治·斯蒂格勒在《新帕尔格雷夫经济学大辞典》中写道：竞争系个人（或集团、国家）间的角逐；凡两方或多方力图取得并非各方均能获得的某种东西时，就会竞争。竞争力是泛指在自由竞争条件下，一个个体或社会实体能使竞争制胜的能力（包昌火和谢新洲，2002）。在很大程度上，景区项目策划的目的就是提高景区的竞争力，景区在选择竞争战略时必须考虑选择合适的目标市场。策划者在把握景区项目开发条件的基础上，必须和其他企业比较分析景区资源在景区竞争力中占据的地位，挖掘自身的特色，结合市场需求发展趋势，才能开发策划出有竞争力的旅游产品。

（三）园林的美学思想

现代景区许多项目开发设计的理念和手法都隐含着中西园林的美学思想，甚至是景区中处处可见园林的踪影。从园林的建筑风格看，有西方古典园林和中国古典园林两大系统。古今中外，园林都是因地制宜、巧妙借景，使建筑具有自然风趣的环境艺术风格。中西园林由于历史背景和文化传统等的不同而风格迥异。中国古典造园的基本美学思想是自然美、曲线美、均衡美、象征美和阴阳美等，体现“天人合一”的观念，而西方园林以几何形状的美学原则为基础，以“强迫自然去接受匀称的法则”为指导思想，追求一种纯净的、人工雕琢的盛装美，重在表现人为的力量。景区开发建设中，在开发旅游资源的美学价值时可以借鉴中国园林的造园思想及方法，尤其是在视觉审美方面，如色彩、线条、距离、角度、空间布局、层次等。作为主要满足人们精神需求的旅游景区，其旅游资源美学价值的开发有着重要的意义（图 8-2、8-3、8-4）。

图 8-2 中国苏州园林

图 8-3 法国古典几何形园林

图 8-4 意大利台地园林

（四）可持续发展理论

当今社会，景区开发过程中产生了不少的环境问题，如对景区动植物的影响、对土壤的破坏、对水资源的破坏以及一些噪声污染、固体废弃物污染等。景区开发中的环境问题也越来越受到重视。旅游可持续发展战略将不断地内化于旅游规划之中，能接受环境与社会承受力反馈的旅游规划体系是旅游规划的未来大趋势（吴人伟，2000）。这对景区的开发与项目策划也是适用的。可持续发展理论要求在进行景区项目开发策划时，必须考虑对环境的影响、游客的活动方式以及景区的可持续管理方式。在景区项目策划的操作中，还必须有环境评价的环节，对项目的环境外部性等问题进行分析等。

五、我国景区项目开发的“4Z”模式

一个旅游投资项目的成功开发，实际上需要“政策、资源（这里单指景区的自然、人文旅游资源）、资本、智力”的“4Z”力量共同出力，围绕把一个旅游景区项目做成功这一共同目标展开。

从我国景区发展来看，大凡以上4个主体配合得比较好的景区都比较成功，如深圳华侨城、四川九寨沟、河南云台山等。而四川碧峰峡虽然具备了政策、资源、资本3个主体因素，但是因为缺乏长期的智力咨询支持而显得后劲乏力。其他缺乏资金和智力的景区项目发展就可想而知了。而缺少了这4个关键的主体，一个景区是很难走向成功的。所以一个旅游景区项目能够发展成功是这4股力量共同博弈的结果。

（一）当地政府（政策）——监督管理、宏观调控、政策优惠、税收征缴

包括国家及其各类主管机构和当地政府，它除了可通过成立旅游区管委会对旅游区日常经营管理进行监督，同时通过各种行政、立法、公安、税收、规划、环保、物价、计量、工商、行业协会、主管部门等对旅游区进行直接或间接调控。还可以为旅游景区项目的开展提供政策支持各项程序的审批以及当地资源的保护，政策支持主要包括土地政策、信贷政策、税收政策和财政政策等。

（二）景区机构（资源）——统一保护、统一规划、统一开发、统一管理

它是景区资源管理的执行者，就是对旅游资源的优化管理，概括起来就是“统一保护、统一规划、统一开发、统一管理”。

（三）投资企业（资本）——投资建设、日常运营、市场营销、管理服务

企业作为经营者、投资者及日常管理者，在政府和景区管理机构的授权下，按照和

政府的协议通过旅游项目的开发来使得双方利益最大化，主要负责旅游区规划投资建设、日常经营、保证国有资产的保值增值，保证旅游区的可持续发展，保证投资者收回投资，保证提供优质服务，保证向社会提供优秀的旅游产品。

（四）咨询顾问（智力）——战略定位、主题策划、运营策略、管理咨询

咨询顾问既没有政府的权利，也无法拥有企业的大量资本。但是作为专业的第三方服务机构，他们有着旅游项目服务的专业价值观，以保证项目的战略定位、市场研究、主题策划、详细规划、建筑设计、景观设计、运营策略和管理咨询等服务，他们能够整合政府、景区机构、企业和行业专家、公众媒体四方多路资源，为四方搭建共赢的桥梁，使项目顺利运营。

相关链接

我国景区项目开发存在的问题

1. 产品雷同

中国先后出现了“西游记宫”热、“影视城”热、“民族民俗园”热、“野生动物园”热、“拓展训练”热等。主题公园的主题无特色，低水平盲目性的重复建设是导致当前国内的主题公园大面积亏损的直接原因。例如，中国已建成大大小小 30 多个影视城，北京共有 39 家主题公园起名为“宫、馆、洞、祠”……模仿必然使产品的稀缺性消失，使产品的可替代性增强。由于产品趋同，低水平的重复建设必然导致恶性价格竞争，导致行业的高失败率。

2. 忽视游客体验

游客追求的是一种独特的体验。我国的旅游景区尤其是主题公园由于缺乏独特性、参与性，难以使游客留下深刻的印象。体验是每个人以个性化的方式参与其中的实践。我国的许多主题公园具有一定的观赏性，但多数是“静”物，游客无法参与，因此不太受游客欢迎。

3. 定位不准

盲目定位于高端市场是许多旅游景区在规划设计中的常见问题。近年由于休闲度假市场的崛起，以国内游客为目标市场的地方旅游度假区发展迅速。其实，中国的国内旅游市场规模大，回头率高，只要产品适合他们的需求，价格适当，这些景区同样可以获得成功。

任务二 景区项目策划内容

对景区的项目策划来源于对旅游资源、旅游环境的分析评价。审视周边现有的旅游产品和市场，通过开发策划，从而确定景区的发展目标、旅游吸引物、旅游活动、旅游设施、服务和相关的基础设施，信息和促销等方面的产品组合。

项目策划内容包括项目开发背景条件、总体构思、项目功能论证、项目特色、产品组合、市场目标、项目开发要点和实施等方面。这些方面为景区开发提供系统性的科学佐证，也是实施发展战略和市场竞争的有效途径和手段，必然有助于景区的竞争力和吸引力。

一、开发背景与条件分析

任何景区项目的策划，必须建立在对景区资源分析的基础上，顺其自然的延伸和发展采撷旅游资源中的闪亮之处做文章，雕琢出精品。因此对景区项目的开发策划，从经济学角度来说，就是什么是景区的卖点；而对景区来说，什么是最佳的吸引物，个性特色是什么。景区资源分析包括分析景区周边的社会经济条件，分析区域旅游业的现状、发展趋势和旅游企业的显著特征。必须从社会经济因素上寻找本质的东西进行定位策划。包括景区开发条件综合评估，分析景区资源的品位、地理自然生态资源、生物多样性、人文资源条件、景区资源知名度、区域经济特色、社区政府支持程度、市场竞争的优势和劣势、发展前景和条件等。

景区应根据其特殊的自然资源和人文资源确定其类型，分析其到底是自然风景区、城市旅游、主题公园和游乐场、旅游度假区还是生态景区。在景区类型确定后，其项目定位应当有了初步的题目。围绕着项目定位，景区必须为游客提供体现项目定位的景观，这种景观是立体的、形象的、实体的东西。作为设计师和规划师，应该对山、水、建筑元素的组合见长，体现园林艺术、建筑艺术，但是游客对景区的感知认识是景区吸引物，景区吸引物包括了自然生态资源开发的背景条件，景区资源的品位、类型、地理特点，生物和植物景观，民族特色及民俗民风，历史关系渊源的人文资源。这些地理因素和历史因素，构成了人文活动的独特性，是发掘和开发旅游吸引物的构成要素和体现形式，也是游客的期望和需求。

二、项目开发总体构思

景区开发必须服从区域经济发展的战略布局和目标，因为旅游业是区域经济目标的组成部分。所以，景区的开发一般从三个层次体现：国家经济目标的总体策略，区域经济的发展目标，以及景区的市场定位目标。

（一）景区开发目标

景区开发目标反映内容包括：社区经济中旅游业发展的历程、旅游企业的特征；区域旅游资源特色、景区类型；区域旅游业的组成结构，旅游市场的现状和趋势；区域经济对旅游业的需求。景区开发的价值、预期值给所发展的社区带来的最大效益体现在政治、经济、文化和环境效益的和谐统一。

（二）主题和基调

景区的主题是对景区类型的识别和判断，其开发类型是自然风景区或者是主题公园，以及度假村等。基调是营造景区开发策划的基本定位，是休闲度假产品还是观光旅游产品，是自然风光还是人造景物，其基调由自然属性和文化属性系统组合而定位。

（三）开发原则

1. 市场导向性原则

景区开发肯定是市场的需求，市场的接受程度是旅游业发展的第一要素，任何旅游业都必须充分考虑其投入产出的效果。

2. 可持续发展原则

可持续发展原则是人类跨世纪的战略需求，既满足当代人的需要、又不损坏后代人对景区资源的需求。只有考虑了后代的发展空间，旅游业才能实现经济、社会、生态的和谐发展。

3. 精品战略原则

粗放型的传统大众旅游开发模式，是对旅游资源不负责的开发，必须坚持高起点、突破独特个性、精雕细刻，才能开发出原汁原味的“珍品”，这也是坚持创新开发的生命力路线。只有高起点的策划、高标准的建设才能有高效能的旅游产品。

（四）开发模式

传统大众旅游开发的导向模式，一是资源导向型模式，二是市场导向型模式，三是市场和资源结合的导向型模式。这三种模式都缺少对环境积极有效的保护，只有提高环境附加价值，才能带动其他关联项目共同发展，促进综合效益的形成。因此，现代景区项目开发必须形成生态保护性的导向模式。

（五）策划方案设计

一个景区的策划离不开不同类型旅游景区的共性以及旅游中心城市对构筑旅游市场的影响，而最困难和最富挑战性的是对个性特色的挖掘，包括自然资源方面——地理类型的生态体系、自然生态系统中人和动物、植物和谐共存的内涵；人文资源方面——历史的、文化的民俗民风、体现人与自然共存的精神要素。

景区独特的个性是游客产生旅游行为的动力。正因为各个景区千差万别的地理资源、形形色色的风俗风情、人类寻幽探秘的本能才导致了旅游业的出现。因此，只有成功的策划方案才能产生成功的规划设计。为此，格耶茨认为，在确定一个区域旅游目的地时包括以下内容：社区及景区发展、历史遗产及环境保护、增加文化个性、休闲机会供给、人口数量及结构变化、社会福利、生活舒适度。

三、景区项目策划

（一）自然景观资源的策划

自然景观资源包括名山大川、奇洞秀湖、海礁沙滩、飞瀑流泉、珍禽异兽、奇花异草等。这些独特的地理现象，分属不同的生态系统，体现不同的总体景观特征。

景区项目策划是景区开发理念的扩张。因为策划是规划设计的前提，需要从多学科、多角度深入研究，强化规划设计理念的基础便是策划。景区的定位策划师对最核心、最具实际意义的问题进行的分析和探讨，才能提高设计师的规划设计思路，站得高看得远，策划师提出“多元的空间”，而设计师便成为“构想的空间”。

（二）生态环境的策划

景区因地形结构复杂，地理形态多样，土壤、水、气候等自然条件因素都受其影响。景区营造生态环境受客观因素的制约，适地适形地布置植物，源于对其生态环境特点分析；植物的多样性状况，培育观察观赏性的奇花异草植物的形态结构和生物习性，加强对环境学、生态学和应用等方面的研究，有助于帮助景区形成良好的生态系统。

那么应该如何做呢？可以分为土壤分析与植物选种两部分。

土壤分析：分析目的，按照土壤情况配置范围，对一些重点的景观树木种植土壤进行分析；数据采集，土壤质地类型、土壤养分含量、PH、土壤容量等。

植物选种：贯彻“适地适树”的方针；现状考察，对用地内现有植物进行摸底，观察长势，提供实际生长率；根据土壤分析结果，查找有关文献资料，并对本区域的苗源进行调查、确定。

（三）人文资源的策划

文化内涵、宗教信仰、民俗民风形成的独具特色的人脉。人文资源凝聚着各种实体文化，影响了人们的审美情趣、创造意识，甚至是人格规范；文物古迹可以帮助人们看到历史的承前启后，采撷历史闪光的史料；民俗民风是人脉资源在生产生活中的体现，凝聚着

"人和自然的哲学内涵"，可经物化设计出景区项目；宗教信仰是宗教文化的传承保护。

四、项目内容策划

景区的项目内容是旅游产品的主体，是"环境—设施—活动—服务—管理"的结合体。如何为游客营造一个良好的旅游感知环境，让每位游客都能短暂地拥有和享受，通过视觉和感觉实现自己的梦想，项目内容的策划至关重要。

（一）旅游吸引物的主题方案设计

确定旅游产品的设置——是观光产品还是度假休闲产品，确定其文化特色和主题风格、景区类型、规划设计内容和方法。

（二）旅游服务要素体系

旅游服务要素体系包括旅游交通、旅游路线布置、旅游安全、旅游卫生、旅游通信、旅游购物、综合管理、旅游接待网点等。

（三）旅游评价要素体系

旅游评价要素体系包括总体印象、游览内容、可进入性、内部游览路线、路标和景点介绍牌、导游讲解服务、旅游安全、环境卫生状况、厕所卫生、公用电话服务、旅游商品特色、便民服务等。

五、项目定位策划评估

景区定位策划确定后，于是就进入了规划设计的过程，通过方案论证后，策划方案为设计师提供了规划理念和构思，丰富了设计师的思维，通过设计师的分析、调整以至完成规划设计方案。

策划方案的评估就是一个论证的过程，通过专家的评审，策划方案还有一个调整提高的过程，直至评审通过，进入规划设计的阶段。

策划方案可以循环利用，因为景区都有一个生命周期，为了增加游客的重游率和延伸景区的生命周期，策划方案的循环利用，便可成为景区重塑生命的依据，有助于实施市场开拓与竞争策略。

一般说来，景区项目策划包括如下程序：

第一，立项。确定项目或接受委托，组织策划团队，安排工作日程。

第二，项目调研。系统地收集、分析和报告有关项目信息的过程。

第三，主题定位和策划创意。提出项目的主题定位，确定项目的发展方向，并提出策划创意。

第四，项目可行性分析。对主题定位和策划创意进行分析论证，包括技术、经济、法律和政策、社会文化、生态环境等方面的分析，以及对定位和创意的筛选。

第五，策划方案的制订。编制项目策划书。

第六，策划方案的实验、反馈、修改。策划方案制订后，先实施方案的部分内容，根据市场反馈进行调整。

第七，策划方案的评审和通过。

第八，策划方案的实施。

任务三　景区项目策划可行性分析

可行性研究是20世纪30年代随着社会生产技术和经济管理科学的发展而产生的，是一种在投资决策前对拟开发项目进行全面的技术经济分析的标准化研究方法。它是项目开发前期工作的重要内容，是项目开发程序中的重要环节。

一、可行性研究的意义

在景区开发建设中，可行性研究的宗旨是在投资开发决策前，调查、研究与拟建项目有关的自然、社会、经济、技术资料，分析、比较可能的投资开发建设方案，预测、评价项目建成后的社会、经济、环境效益，并在此基础上，综合论证项目投资建设的必要性、财务上的营利性、经济上的合理性、技术上的先进性和适用性，以及开发条件上的可能性和可行性，从而为开发决策提供科学依据。

一项规范的可行性研究，应该明确回答拟开发项目是否应该开发和如何开发，在多种可行的开发策划方案中推荐最佳的选择，为开发决策提供科学的依据，为进一步的工作奠定基础。其研究结论，从开发者的角度可以得知该项目是否值得开发建设；从政府部门的角度可以辨别该项目是否值得批准和支持；从银行等贷款者的角度可以看出，该项目能否按期或提前还贷，是否可以提供资金。我国在景区开发管理中推行可行性研究工作的目的，就是改进开发项目的管理，做好开发前期工作，避免和减少决策失误，提高开发建设的综合效益。推行可行性研究是促进旅游景区建设，尊重客观实际，按照经济规律办事，提高经济效益的有效措施，在景区项目开发管理中占有十分重要的地位。

二、可行性研究的目的和作用

对旅游景点景区项目进行可行性研究的主要目的，在于从技术经济多方面为景区项目开发决策提供科学依据，以提高项目决策的成功率，提高投资效益。在旅游景区开发管理中，可行性研究具有以下作用：

第一，项目开发决策的依据。一个项目能否开发成功、效益如何，将受到社会、技术、经济及自然等多种因素的影响，这些因素又常常具有不确定性，通过深入细致的可行性研究，有助于认识和分析这些影响因素，弄清拟议项目在技术、工程和经济上是否合理可行，从而降低开发风险，切实提高开发效益。

第二，申请贷款、筹集资金的依据。世界银行等国际金融组织都把可行性研究作为申请工程项目贷款的重要文件。我国的建设银行、工商银行和投资银行以及国家投资银行也要审查可行性研究报告后才能同意提供项目建设贷款。银行通过审查可行性研究报告对贷款项目进行评估，目的在于确认项目是否具有偿还能力，使银行不致承担过大的风险。

第三，设计及建设的依据。可行性研究报告比较详尽地提出了建设方案规划，根据可行性研究报告提出的产品方案、建设规模、空间分割、主要设备选型和总体布局等，作为初步设计、施工图设计及安排施工进度计划和施工准备的依据。

第四，供环保部门审查和向景区所在地政府、规划部门申请建设执照的依据。

第五，签订有关合同、协议的依据。

第六，旅游景点景区开发管理的基础资料。

第七，企业组织管理、机构设置、劳动定员依据。

三、可行性研究的内容

作为开发项目管理的工作阶段和开发建设程序的组成部分，可行性研究的任务是根据当地国民经济发展计划、地区规划、行业规划的要求，对拟开发项目进行方案规划、工程技术论证、社会与经济效益预测和组织机构分析，经过多个方案比较和评价，为项目开发提供可靠的依据和可行的建议。

景区开发项目千差万别，具体内容各不相同，每个项目的可行性研究都有其独特的要求和自身的特点。由于管理体系的差异，世界各国可行性研究的步骤和内容也有很大的差别。

国外通常把开发项目发展周期分为开发前期（建设前期）、开发时期（建设时期）、开发回收期（营运时期）三个时期，每个时期又再细分为若干阶段。其中，常把开发前期分为项目设想、项目初选、项目拟定、项目评估与决策四个阶段。这四个阶段的研究内容和次序由浅入深，工作量由小到大，估算精度由粗到细，研究所需的时间和费用也逐渐增加。

景区开发前期的可行性研究，比较规范的可分为三个阶段，即开发机会研究、初步可行性研究、最终可行性研究。其工作内容、成果及项目可行性研究的阶段划分、内容深度及估算精度要求等如表 8-1 所示。

表 8-1 可行性研究阶段内容一览表

工作阶段	开发机会研究	初步可行性研究	最终可行性研究
时间跨度	1~2 个月	3~4 个月	5~7 个月
工作性质	项目策划	项目初选	项目拟定
工作内容	鉴别开发方向、寻找开发机会，提出项目开发策划建议	对项目作专题辅助研究，分析项目初步可行性	对项目进行深入技术经济论证，提出结论性意见
工作成果	编制景区项目策划建议书	编制初步可行性研究报告	编制可行性研究报告终稿
估算精度	±30%	±20%	±10%

在可行性研究的任何一个阶段，只要得出“不可行”的结论就不再继续进行下一步的研究工作。可行性研究的工作阶段和内容可以根据项目规模、性质、要求和复杂程度的不同，进行适当的调整和简化。可行性研究各个阶段是循序渐进的，这种工作程序符合客观规律，具有较强的适应能力，又可以减少工作量，节省时间和降低费用。

四、可行性研究的程序

设计或咨询单位在承接研究任务或签订委托合同后，一般按照以下五个步骤进行工作：

（一）组建研究小组，制订研究计划

承担可行性研究工作的单位，首先要掌握项目建议书和有关项目的背景材料，了解委托者或上级的意图和要求，明确研究内容，在此基础上组建可行性研究工作小组（项目组或课题组）。工作小组根据设计院（咨询公司）下达的书面任务书，规划研究工作范围和要求，制订项目工作计划和安排实施进度。

（二）调查研究，收集资料

这一阶段的主要任务是通过调查研究进一步明确项目建设的必要性和现实性，为下一步工作提供资料。项目组首先要查阅、收集与项目有关的社会、经济、自然等基础资料和文件资料，拟定调查提纲，然后开展实地勘察和抽样调查，必要时进行专题调查、走访和研究，最后整理所收集的资料。

（三）方案设计和优选

根据项目建议书的要求，结合市场和资源调查，在一定的基础资料、基础数据的基础上，提出几种可供选择的技术方案和建设方案，结合实际条件进行多次反复的方案比

较论证，并从若干方案中推荐较优方案，进一步明确设计方案、容量、规模、市场定位等建设方案，为下一步工作做好准备。

（四）经济分析和评价

在研究论证后，选定与本项目有关的经济评价的基础数据和定额标准、参数，对选定的最佳建设总体方案进行详细的财务预测、财务效益分析和国民经济评价。从测算项目开发、成本和利润入手，进行营利性分析、费用效益分析和不确定性分析，研究论证项目财务上的营利性和经济上的合理性，进一步提出资金筹集建议和制订项目实施总进度计划。

（五）编制可行性研究报告

在对项目进行详细的技术经济分析论证后，编制可行性研究报告，推荐一个最佳的项目建设方案和实施计划，提出结论性意见和重大措施建议，为最终决策提供科学依据。

任务四　景区项目策划案例分析

一、项目内容策划

海上田园定位为一个非常优美的、自然的海上田园生态风光旅游区。它将依据其生态环境、生态类型和生态资源为主要旅游内容。以欣赏大自然风光、接受生态知识的科普教育和探索、研究生态科学，构筑人与自然共生共存的场所，形成大自然、大生态、大景观，它与旅游文化一起构成综合生态旅游区。

（一）项目的旅游资源特色

独特的旅游资源和环境，濒临珠江入海口的地理环境，加上历史丰富的渔农文化积累，形成了独特的渔农生态旅游资源；水对旅游区的环绕和贯穿形成了独特的水乡特色。

（二）项目策划要素

该旅游区既不同于纯自然景区，也不同于纯人文和人造景区，而是针对一个曾经被传统的渔农文化改造的自然生态环境，用现代生态理念和旅游文化进行二次改造，从而形成一个高品质、高水准、高创意，自然要素和人文要素相互结合的项目。同时也是一个田园享受感和环保责任感相互结合以及静态景观展示和动态活动参与相互结合的、适合现代人消费需求的、以农业生态文明为核心的超大型生态旅游区。

1. 创新的旅游产品

目前在我国旅游业中以三大旅游产品为完整序列的旅游区仍未出现，该旅游区着力构筑由观光旅游产品、度假旅游产品、专项旅游产品三大旅游产品组成的完整序列新型综合旅游区的格局。

2. 景区策划内容概述

（1）生态旅游度假区。该功能区是半岛度假村，由一栋综合服务楼（明月楼）和16栋造型各异的度假别墅组成，共有各具特色的客房87间。这里展现了人类四种古老的生态居住方式：树居、船居、洞居、穴居，以凝练的建筑语言，讲述人类与自然和谐相处的故事。

（2）水上活动区。水上活动区是一个具有较强参与性的水上竞技场，内设40多个水上竞技项目，如方板浮桥、滚筒桥、吊环桥、荡绳飞渡桥、钻圈桥等。游客朋友可以在此挑战自我，健体魄、练身手，勇士们击起的水花是田园快乐的音符，观众的欢笑则是芦花湖动听的歌谣。

（3）生态科普雕塑群景区。这一景区主要包括环绕田园广场分布的10个生态科普雕塑景点，以及每组雕塑所包含的生态科普故事，如家园四季、寂静的春天、经典生物链、哭泣的森林、深沉的嗥叫、趣味植物园、植物细胞图谱、延命菊世界、标本群、美丽小宇宙等。而入口广场的一组雕塑《天地童年》更是耐人寻味，它展示的是珠江三角洲渔农文化历史的6个阶段：洪荒岁月、动物乐园、远古人类、农耕文化、牧业发展、渔业养殖，无论是欣赏其艺术造型还是品味其文化内涵，都能让人驻足良久，思绪纷纷。

（4）生态文明馆景区。生态文明馆是“海上田园”的主题展馆，是展示中华民族5000年生态文明史的时空隧道。展馆外墙是我国迄今面积最大的陶制浮雕作品。表达的是人与自然和谐共处的主题。馆内总面积1350平方米。共有10个展厅，采用现代化声、光、电技术展示了上古时代以来人类与自然互动、演化和发展的历史。

（5）农家风情寨景区。这里坐落着豆腐坊、耕渔居、油榨坊、烤酒坊4座农家小院，无论春华秋实，还是夏暑冬寒，游人都可在此尝到农家菜地里的新鲜蔬菜，体验日出而作、日落而息的田园牧歌式的生活情调。

（6）田园广场景区。田园广场主要由大草坪和游乐场组成。占地10万平方米的大草坪非常适合举办拔河、踩高跷等团体活动。游乐场配套了一些机动游乐设施，具有一定的参与性和刺激性。在游乐场的旁边设有烧烤区，可以容纳200人同时烧烤。主干道旁边黄绿色相间的植物中镶嵌着由褐红色植物组成的“海上田园”四个大字，巧妙地向飞经此地的空中乘客宣传推介海上田园。

（7）桑基鱼塘景区。本景区是最具地域特色的游览活动区，它以原有的“三基”（花基、果基、草基）鱼塘示范区为基础，营造出集水产养殖、水上观光和水上游乐于一体的生态农业综合景区。

相关链接

基塘生产是珠江三角洲一种独具地方特色的农业生产形式。把低洼的地方挖深为塘，饲养淡水鱼；将泥土堆砌在鱼塘四周筑成塘基，在塘基上栽果树、桑树、甘蔗。这种生产结构称为："桑基鱼塘""果基鱼塘""蔗基鱼塘"。其中"桑基鱼塘"的生产方式是：蚕沙（蚕粪）喂鱼，塘泥肥桑，栽桑、养蚕、养鱼三者有机结合，形成桑、蚕、鱼、泥互相依存、互相促进的良性循环。

二、项目方案分析和评估

深圳市海上田园风光旅游区的建设是把一个非常优美、秀丽、自然的风光特色定格在西部海岸；它把园林艺术和回归自然的现代意识融为一体，创造出一种蕴含哲理、野逸自由，简朴壮阔又富有诗情画意的田园风韵新风格，努力在游人心目中开垦一片超凡脱俗的陶然乐土；它将以生态种养业为基础构成园林的丰富景观，在构成自然空间美景的同时，进而形成良好的绿化格局和自然生态环境。

该项目的开发将体现深圳市海滨城市特色，推动产业结构调整升级，构筑深圳旅游新布局。在深圳260千米呈半月形的海岸线形成西有"海上田园"，中有"中心区及华侨城"，东有"黄金海岸"的旅游格局。

（一）立足高起点规划，创新旅游模式

本项目的整体规划占地2.1平方千米，位于西部海岸沙井段下冲河闸口处，堤内规划1.7平方千米，堤外规划0.4平方千米，建设功能是在大部分不影响"三高"水产基地的养殖，不占用、不改变农业用地的性质上，从而构筑生态农业旅游的全新形象，并从社会、经济环境协调发展、社会经济可持续发展的战略高度来保护、利用和适度开发这块资源，促进相关产业发展，形成新的经济增长点，其功能定位是把这一项目建成集休闲、度假、观光、游览、娱乐、生产和经营为一体的生态农业旅游区，初步建成新的旅游产品。

20世纪是人类城市化、工业化快速发展的时期，在产生巨大的社会文明的同时，也产生了巨大的生态污染，大自然的青山绿水成了旅游者的向往，但又不是回归刀耕火种原始式的大自然，而是以生态环境、生态类型和生态资源为主要的旅游对象；以欣赏大自然风光，接受生态知识的科普教育或探索、研究生态科学为主要内容的一种新型的综合旅游类型，它与旅游文化一起构成了综合旅游文化特色。目前，西方发达国家及亚洲日本和我国台湾的生态农业旅游较为突出，已与城市旅游平分秋色，其特点是生活、生

产、生态三大功能区各占1/3。规划设计本项目这一大功能区的规划为：生活功能区0.7平方千米；生产功能区1平方千米；生态功能区（河堤外）0.5平方千米。为了出精品，立足高起点，建设好西部海上田园风光旅游区，1998年9月初邀请了清华、同济、中山大学及广东城乡、广州园林等著名院校的设计规划部门及专家进行论证和参与规划建设。

（二）他山之石，可以攻玉

生态农业是目前国际旅游开发的一个新的潮流，就世界旅游发展态势而言，发达国家生态旅游发展势头强劲，形成旅游事业在跨进21世纪门槛上的一道亮丽风景线。总体来说，我国的生态农业旅游正处于起步阶段，目前还没有成型的产品，某些地方的生态农业旅游也仅限于低层次的农业观光，因此，本项目的开发必须突破纯农业观光的思想，立足精品意识，以创新的理念与超前的思维，构筑新一代的旅游产品。

本项目很大，而且相当重要，是一个系统工程。“田园”“海上”“风光”基本上包罗万象，而且，改造现有地形地貌、营造生态环境以及经营性策划更是一个非常复杂的系统工程，需邀请有关专家进一步从多学科角度深入研究策划和规划设计，要请进来，走出去。策划师规划的前提，要强化项目策划，要做精品。策划要更完美、更周全一些，据此要增加大众化游憩、娱乐内容，做到雅俗共赏，充实景点，增添游人可以参与、可以游玩的娱乐项目，一日游必须考虑能满足游人3天的内容，因为不同的旅游者有不同的游玩选择。

（三）吃透抓准命题，深化策划设计

1. 发挥旅游项目的综合社会效应

开发生态农业旅游的思路可以促进经济、社会、环境协调发展，从经济社会可持续发展的战略高度来保护、利用和适度开发这块资源，由此带动相关产业发展，也是深圳市实施旅游文化圣地战略决策极为重要的布局。

本地区24平方千米旅游区控制用地，保存着较为优美的自然风光，一边是海，一边是几百公顷的鱼塘，这样的生态环境，这样丰富的资源，不要说在广东，就是在全国都难找。这是历届市、区政府保护环境的产物，要把这块荒滩地、鱼塘地，营建成非常好的城市大花园，不是一般的城市花园，而是高品位、能给城市带来优美生态环境和旅游效益的景区大花园，这就要求本项目下大力、花很大精力。本项目的开发在于体现“环境就是生产力”的目标，同时重视其社会经济、自然环境、基础设施，使其成为一个统一的整体，与周边地区和谐发展。

2. 深化策划理念，才能高起点规划

旅游景区作为一种旅游产品，是“环境—设施—活动—服务—管理”的结合体。而生态农业旅游更是一项复杂的系统工程，需要组织不同领域的专业人员共同策划，把很

多学科结合起来，从多学科角度深入研究问题。它应是多元化共存的文化生态系统，现代文明与历史传统文化共存；豪华的装饰与淳朴的自然共存；优美的环境、独特的地方文化同现代化设施共存，形成和谐的三元结构。

规划设计要考虑旅游景区是最理想的生活场所，是乌托邦生活的世界，每个人只能短暂地拥有和享受，通过视觉和感受实现自己的梦想。因此，景点的设置必须考虑不同旅游者不同的游玩选择，必须有游人可以参与、可以游玩的娱乐项目，使游人心情愉悦得到满足，体力精力得以恢复。因此，自然环境—人文环境—活动—设施—服务要以多种游憩活动来丰富旅游生活，延长游人的旅游时间。大量的游憩设施与景区是否能形成充满乐趣的游憩系统，是旅游区能否成功的基础。

任务五　实训课业

一、实训目的

本实训旨在考查学生对本模块内容的理解和掌握情况，巩固学生的理论基础知识，培养学生对景区开发项目策划的技能。

二、实训要求

请学生依据所提供的材料，参照本章学习内容，为既定景区开发制订一个项目策划方案。要求该方案中包含以下任务内容：景区客源市场和客户群体分析；依据景区资源策划若干旅游项目。策划提纲自拟，但必须涵盖任务内容。学生也可以其他景区作为营销策划对象，要求同上。

三、实训对象资料

江苏省溧阳市大石山旅游农庄，位于溧阳市西郊大石山风景区内。这里交通、通信便捷，从宁杭高速公路溧阳（西）道口向南1000米即可到达。

农庄是以餐饮、客房、会议、娱乐、购农产品为一体的酒店。农庄设计，别具一格。内部设施齐全，有按四星级标准配备的豪华套房、特色家庭别墅套房、标准房、单人间共计80间，农庄餐厅可同时容纳500人用餐，大小豪华宴会厅及包厢16个；大、小会议室2个；有商务中心、农产品购物中心、水上娱乐场所（垂钓中心、步行球、水上高尔夫球）等。

农庄依山傍水，山峦起伏，景色极为秀丽。农庄拥有山林地面积280公顷。长江中下游生态防护林有80公顷，水库、塘坝8座，总蓄水量达15万立方米，其中拥有陶峰牌珍稀白茶50多公顷。并栽种了从中国果树研究所以及江、浙、皖、鲁四省引进的特种水果21种57个品种的名、特、优、新时令鲜果140公顷。

农庄的白茶和水果均获得有机食品和绿色食品认证。并且与江苏省栽种白茶的知名企业联合组成一所专业性合作经营机构，规范了白茶的制作和质量。天目湖（陶峰牌）白茶以其优良的品质荣获2004年、2005年上海国际茶文化金奖，江苏省陆羽杯一等奖，江苏省常州市名优农副产品。2006年、2007届中茶杯特等奖，并被首届天目湖旅游节选为指定用茶、"陶峰牌"白茶通过QS质量认证、2007年被人民大会堂选为特供茶。白茶和水果均获得了有机食品和绿色食品的认证，"陶峰牌"梨获得"神园杯"优质水果金奖。

如今，山上种的林木，既有生态效益也有经济效益。经济林木如桃、梨、杏、枣、柿、杨梅、枇杷、香榧、板栗等，都已挂过果，生态林木正在茁壮成长。基本上达到一年四季有花、三季有果。为溧阳的农业旅游创造了优美的环境、丰富的内容。游人可以亲手采摘、品尝瓜果，充分享受现代农业成果。本园区聚集各种名新特优水果、农作物，珍奇花木和林木，这为溧阳市的中小学生提供了一个观赏、教育、学习的科普示范基地。所以被溧阳市文明办正式授牌为"溧阳市未成年人教育示范基地"。农庄在2004年被列为国家级无公害生产试验基地、常州市农业科技园区、常州市首批农业高新技术企业。

溧阳市大石山旅游农庄自规划建设以来，各方面都取得了很大的发展，农庄凭借山清水秀的自然优势，正逐渐成为江、浙、沪等都市居民的旅游目的地，尤其是2006年以创建全国农业旅游示范点为契机，加大对各项目的投入，注重农业旅游的环境及其他配套建设，积极发展，成绩显著。农庄将农业、观光旅游文化、休闲乐趣三者结合，深受团队游、休闲游、自驾游、度假游的青睐，也是喜爱传统婚礼人士的首选地。

本农庄开业以来，接待游客近65万人次，其中境外游客300多人次。在2006年11月份顺利通过全国农业旅游示范点的验收。

四、实训过程

第一，分析策划对象

第二，策划前期调研

第三，学生分组进行策划

第四，提交策划案

第五，策划案展示交流

第六，策划案总结点评

模块九　景区营销策划

导读

作为市场营销学的分支，景区营销这门新兴学科已成为当今旅游企业管理者的必修课程。要大力发展我国的旅游经济，提升国际竞争力和发展能力，必须加强学习景区营销的理论和方法，并用于实践。景区营销策划的主体很广，包括所有旅游企业及宏观管理的旅游局，如旅游景区、景点、旅行社、宾馆酒店以及旅游交通部门等。在旅游业竞争日益激烈的大环境下，越来越多的旅游开发商、经营商、旅行社、政府组织和学者开始关注如何利用现代化信息平台，采取恰当的营销手段，来赢得最大的旅游收益。景区营销策划是发展旅游事业、获得经济效益的重要环节，景区营销策划的成功对景区的发展有着特别重要的意义。

工作任务

任务一　景区营销策划认知

任务二　景区营销策划内容洞悉

任务三　景区营销策划流程

任务四　景区策划案例分析

任务五　实训课业

任务一　景区营销策划认知

案例引导

玉龙雪山景区

位于云南省丽江市的玉龙雪山，纳西语称为“波石欧鲁”，南北延绵35千米。这座全球少有的城市雪山，既是丽江旅游的核心品牌，又是云南5A级景区之一。根据丽江打造世界级精品旅游胜地的发展目标，玉龙雪山旅游开发区先后投资10亿元，在50平

图 9-1　玉龙雪山景观

方千米范围内，开发了甘海子、冰川公园、蓝月谷、云杉坪、牦牛坪等景点以及雪山高尔夫球场和印象丽江大型实景演出。10 多年间，丽江玉龙雪山景区客流量从 2000 年的 72.25 万人次，发展到 2009 年的 230 万人次，年均增长超过 25%。如此快的增长速度不仅与当前人们旅游兴趣提高相关，更与玉龙雪山景区的营销策划的成功是分不开的。高水平的营销策划不仅可以减少景区资源配置的成本，而且可以有效规避营销风险，把市场占有率逐步推向顶峰。

一、基本概念

市场营销既是一种组织职能，也是为了组织自身及利益相关者的利益而创造、传播、传递客户价值，管理客户关系的一系列过程。

景区市场营销就是指旅游景区产品或服务的生产商在识别旅游者需求的基础上，通过分析、计划、执行、反馈和控制的一个过程，确定其所能提供的目标市场并设计适当的旅游产品、服务和项目，以满足旅游者需求。

二、营销环境

（一）经济环境

1. 国际旅游环境

从全世界范围来看，根据 2006 年联合国世界旅游组织统计，法国每年吸引 7500 万名游客，位居世界旅游目的地国家排行榜首位。西班牙、美国和中国分别以 5400 万名、4600 万名和 3800 万名的游客数量排在第二至第四位。不过最近几年，中国的旅游业发展势头极为迅速，入境游客、出境游客的数量急剧上升、旅游总收入显著提高，旅游业在国民经济中占据了极为重要的地位。法国业内人士预测，到 2020 年，法国将接待大约 1 亿名游客，但届时第一旅游目的地国家的称号可能将让位中国。近几年入境中国的旅游人数呈持续上升趋势。

2. 国内旅游环境

从全国范围来看，我国的经济发展取得了举世瞩目的成就，人民的生活水平也越来越好，发达国家旅游业的经验表明，在人均 GDP 达到 1000 美元以后，旅游的大众化、普遍化便开始迅猛发展。我国已经接近这一临界值，这表明我国的大众旅游时代已经到来。旅游业正在发展成为世界上最大和增长最快的产业之一，近几年来我国景区市场发展极为迅速。

（二）政策环境

1. 全国旅游的转型期，从观光旅游向休闲度假转变

目前中国旅游产品正处于转型期。随着旅游者的日趋成熟，旅游经历的日趋增多，识别等级的不断提高，对休闲旅游的需求将越来越旺盛。旅游者需求的变化推动了旅游产品的转型。

2. 经济危机背景下，国家对旅游产业的重视

2008 年下半年，全球经济危机开始蔓延。这次危机“百年罕见”，国内外旅游需求下降，旅游需求疲软，不光对景区市场造成了影响，连带也对整个的经济形势造成影响。此后几年，中央和地方将投入巨大资金加大城乡旅游设施建设和制度改革，带动旅游繁荣景象，各项扩大内需的政策几乎都有利于旅游需求。东部地区区域旅游整合速度加快，旅游需求是扩大内需、刺激消费的战略着力点。随着国外旅游需求的减少，国内旅游需求被放在保持旅游业持续平稳发展、刺激消费、扩大内需的突出位置。从经济增长的需求来说，也应该鼓励旅游的消费，鼓励旅游消费的增长。在当前外需经济严峻的形势下国家采取了积极扩大内需的宏观经济政策、公费支出预算缩减 5%的规定都将为旅游业发展迎来新的契机。

3. 假日休闲旅游热方兴未艾

国务院于 2008 年取消黄金周，对法定休假日又进行了调整，全国年节及纪念日假期由 7 天增加到 11 天，一年中法定休闲时间已经增加到 115 天，特别是清明节、端午节、中秋节等中国传统节日的假期对于长三角地区游客的短线游、度假游的刺激性明显增强。

三、景区市场营销战略

（一）定义

景区营销战略是一个景区在现代市场营销观念的指导下，为了谋求长期的生存与发展，根据外部环境和内部条件的变化，对旅游市场所做的具有长期性、全局性的计划与谋略，它是景区在一个相当长的时期内市场营销发展的总体设想和规划。

（二）景区市场营销战略的步骤

1. 分析市场机会

在竞争激烈的旅游市场，有利可图的营销机会并不多。景区必须对旅游市场结构、

旅游者、竞争景区行为进行调查研究，识别、评价和选择市场机会。

2. 选择目标市场

对市场机会进行评估后，对景区要进入哪个市场或者某个市场的哪个部分，要研究和选择企业目标市场。目标市场的选择是景区营销战略性的策略，是市场营销研究的重要内容。景区首先应该对进入的市场进行细分，分析每个细分市场的特点、需求趋势和竞争状况，并根据本公司优势，选择自己的目标市场。

3. 确定营销策略

景区营销管理过程中，制定景区营销策略是关键环节。景区营销策略的制定体现在市场营销组合的设计上。为了满足目标市场的需要，景区对自身可以控制的各种营销要素，如景区内风景、旅游产品、门票价格、广告、销售渠道等进行优化组合。重点应该考虑产品策略、价格策略、渠道策略和促销策略的营销组合策略，即“4Ps”——产品（Product）、价格（Price）、促销（Promotion）、通路与配销（Place & Distribution）。

4. 营销活动管理

（1）景区营销计划。既要制定较长期的战略规划，决定景区的发展方向和目标，又要有具体的景区营销计划，具体实施战略计划目标。

（2）景区营销组织。根据计划目标，需要组建一个高效的营销组织结构；需要对组织人员实施筛选、培训、激励和评估等一系列管理活动。

（3）景区营销控制。在营销计划实施过程中，需要控制系统来保证景区营销目标的实施。营销控制主要有景区年度计划控制、景区盈利控制、营销战略控制等。

相关链接

景区营销存在的问题

1. 价格竞争问题

许多旅行社把降价作为主要竞争手段，这一现象在全国各地屡见不鲜，特别是针对跨区域较大的游客（国外游客）。如果以这样的营销战略长期进行营销，将损害旅游企业自身利益。

2. 售后服务问题

现代景区营销策划中，要求旅游企业把游客视作“上帝”并为之服务，否则必将被市场所淘汰。可以毫不夸张地说，国内绝大部分旅游企业没有一个较好的旅游产品售后服务体系，许多旅游企业认为这根本没有必要。

3. 营销技术问题

没有高科技的景区营销支持，会制约旅游业的规范化、智能化、信息化和全球一体化的发展趋势。许多旅游企业在经营过程中，手工劳动较多，缺乏对高科技、新技能的运用。

4. 形象塑造问题

旅游形象问题已成为各地旅游企业一个较为头痛的普遍现象。近几年国内在大力推销自身的形象特色时，由于没有认真分析旅游目的地文脉与地脉，不能充分根据市场需求来科学设计具有鲜明特色和吸引力的旅游形象，以至于促销经费花了不少，游客量却上不来，旅游淡、旺季差异性极大，形象宣传口号雷同等现象比比皆是，更不用说打造旅游品牌了。

5. 法制意识问题

有的旅游企业为旅游者提供虚假的旅游服务信息，以贿赂手段拉拢顾客，诋毁其他旅游企业的声誉，有的甚至冒用其他旅游企业的品牌等。这种做法严重扰乱了旅游市场秩序，损坏了旅游企业形象，破坏了国家的法制。加强法制观念，用法律规范景区营销策划中的行为，是旅游企业应注意的问题之一。

中国加入世界贸易组织后使中国的旅游市场融入世界旅游市场竞争当中，把现代先进的景区营销策划理念引进中国的旅游事业，促使中国的旅游市场尽快走向成熟，为我国实现2020年旅游发展目标，全面建设小康起到推动作用。

任务二　景区营销策划内容洞悉

在日益激烈的市场竞争中，景区企业的生存和发展有赖于从营销策划的技能角度出发对整个经营活动进行系统的设计和定位，实现营销资源的优化组合，以便在现有的旅游需求中争取和保持理想的市场份额。

一、价格策略

价格作为目的地营销组合的关键部分，是指目的地向游客提供的服务与设施的货币价值。而目的地所提供的旅游产品的定价合理与否，则直接影响目的地和所在企业的盈利状况和旅游促销活动的效果。因此，必须合理有效地制定各项旅游产品的价格。

（一）旅游产品定价步骤

1. 目标市场旅游者的购买行为分析

通过大量调查以获得目标市场旅游消费者购买行为的相关资料；在此基础上研究和分析旅游者的消费偏好、购买能力、需求量以及对价格的敏感程度等情况，以便采取灵活的价格政策引导旅游者做出购买决策。

2. 估计旅游产品的成本

无论采用何种定价策略和定价方法，成本始终是定价的依据；在正常情况下，定价应高于成本。

3. 了解旅游所处的市场环境

旅游产品价格的制定还要考虑市场环境的变化，旅游企业在制定价格时必须考虑自身所面临的机遇、外部市场上的挑战，如潜在竞争者可能制定的价格、目前竞争对手制定的价格、社会文化环境因素等引起的人们消费心理的变化等。

4. 确定旅游产品的定价目标

旅游目的地的定价目标包括维持生存、利润最大化、市场份额最大化等多种选择。例如，若定价目标是为占有更多市场份额，那么可采用渗透策略和以成本为中心的定价方法；若定价目标为树立产品质量声望，那么可采用高价策略和以需求为中心的定价方法。

5. 选择旅游产品的定价策略

旅游产品价格的确定要遵循客观规律，在全面准确的调查、预测的基础上，针对不同的旅游者的消费需求，巧妙地进行产品定价。

（二）旅游产品的定价策略

1. 新产品定价策略

任何旅游产品都有一定的生命周期。在旅游产品的导入阶段，旅游产品具有销量少、单位成本高的特点，旅游目的地的竞争对手少、市场上的旅游消费者也少，宜采用以下两种定价策略：

（1）渗透定价策略。它是一种低价格策略，即利用旅游者求实惠、求廉价的心理，以相对低的价格，力求在最短的时间内让更多的旅游者接受旅游产品，从而获得尽可能多的市场占有率的定价策略。

（2）撇脂定价策略。这种策略正好与前者相反，优点在于如果成功，能够迅速获得收入回报，也为后期降价竞争创造条件，同时也符合旅游者对价格从高到低所持的客观心理反应；比较适合于特色明显，其他地区在短期内难以复制或开发的旅游产品。

2. 差别定价策略

一般来讲，旅游产品定价时最好采用随行就市的定价方式，避免同周边省市景区展开激烈的竞争。但当面对不同客源、不同类型的旅游产品时，最好采用差别定价策略。不同的目标市场，不同的消费群体，定价策略应不同，如本地游客与外地游客、城镇游客与农村游客等。

3. 折扣定价策略

折扣定价策略中最为常见的是季节折扣定价，它是指旅游目的地或企业在旅游淡季，为吸引、招徕游客而实行的一种打折优惠策略，这样可以避免旅游淡季和旺季时出现冰火两重天的情况，从而使旅游人数、收入维持在一个相对稳定的范围之内。

相关链接

竞争导向与竞价策略

企业经营战略以竞争为导向，其价格决策可能出现两种情况：对等定价和持续降价。在国内旅游业中，持续降价主要出现在旅行社业；在景区和饭店业，更为常见的是对等定价。当某个旅游区域内各大景区所占有的市场份额相对稳定时，景区之间常会出现某种默契，采取对等定价的方式应对竞争或者回避竞争。例如，同处珠江三角洲的深圳欢乐谷与广州长隆欢乐世界，先建的前者票价为140元，于是新建的后者就以之为基准，将自己景区的票价定为145元；再比如同处四川阿坝地区，九寨沟票价为220元，而黄龙景区就将票价定为200元。

对等定价的好处，是可以将景区的市场竞争注意力有效转移到价格以外的其他竞争要素，比如提高产品质量、加强市场宣传、改进客户服务等。有趣的是，在其他行业，价格平衡一旦被打破，其结果往往是竞相杀价，而景区之间却会出现涨价的奇特现象。比如，无锡的鼋头渚、灵山大佛和三国城景区，最初的门票价格分别为45元、35元、35元。但是，灵山大佛景区在完成二期工程后，将门票价格提高到68元，使该景区的市场份额和营利性大幅上升。为了维持经营收入的稳定，鼋头渚景区采用对等定价的策略，也将票价涨到70元。两大景区的涨价，使旅行社业得到的代理费大幅提高，这就对三国城景区形成了涨价压力。于是，三国城景区也不得不将门票价格提高到55元。

二、营销渠道

良好而通畅的营销渠道，能够有助于旅游目的地、旅游企业更好地进行促销活动，有助于向旅游者提供有价值的资讯和建议，有助于旅游者及时购买和提前预订旅游产品，从而实现旅游者购买行为的发生。根据旅游产品在销售过程中是否涉及中间环节，常常将景区营销渠道划分为直接营销渠道和间接营销渠道，也可以根据渠道中间环节的数量将其划分为零级渠道、一级渠道、二级渠道、三级渠道（图 9–2）。

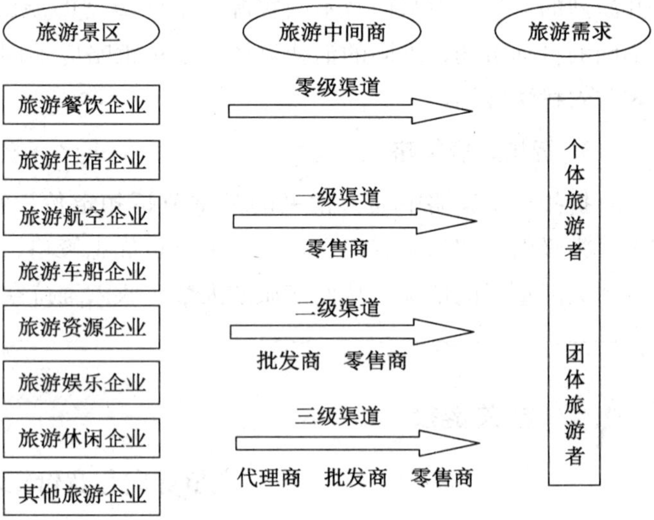

图 9–2　景区营销渠道的类型

（一）根据目标市场选择销售渠道

景区的旅游目标市场，国内主要是景区本地及周边地区，国外主要是美国、日本、西欧和我国的港澳台地区市场。国内客户相对集中，加上现在景区对外交通网络十分健全，水路、陆路、空路都十分发达，与目标城市的距离都不算远，信息的传播速度也非常快。所以国内市场所选择的销售渠道应该是短而宽的直接销售渠道和一级销售渠道，采用密集的分销策略，广泛地采用当地尽可能多的旅游零售商和网络直销相结合的渠道策略。也就是说最多只有一个中间商，这样既可以节约成本，又可以加快销售速度。针对国外目标市场而言，则相对适宜采取二级、三级的销售渠道，在国外培养旅游代理商和旅游分销商。国外的推销成本太高，加上国外的企业有现成的、健全的销售网络，从效果上看这种方法的效果优于前者。

（二）景区营销渠道管理

加强对景区营销渠道的管理是旅游目的地营销管理中的重要内容。其管理内容主要有：旅游中间商的选择、旅游中间商的激励、旅游中间商的评估以及旅游分销渠道的调整。

1. 旅游中间商的选择

旅游中间商指介于旅游目的地、旅游企业和消费者之间，专门从事转售旅游产品且具有法人资格的经济组织或个人，一般可以分为旅游代理商、旅游经营商、旅游专业分销机构、在线旅游服务机构、旅游俱乐部、旅游经纪人等。旅游产品销售情况的好坏在很大程度上取决于中间商的工作能力，因此选择中间商就显得尤为重要。旅游企业应按照选择旅游中间商的标准严格挑选合适的旅游中间商，这些标准包括：旅游中间商的市场重点、经营范围、经营的产品种类、竞争对手、在市场中的地位、市场占有率、销售实力状况、历史与背景、现状和发展情况等方面。

2. 旅游中间商的激励

旅游中间商选定以后，需要对其进行日常监督和不断地激励，如可以采取向中间商提供适销对路的旅游产品的手段，这样的旅游产品既是旅游者喜欢的，又是中间商有利可图、愿意代理的。

3. 旅游中间商的评估

旅游企业应采取切实可行的办法对中间商的工作绩效进行检查与评价。要对目的地、旅游企业做出重大贡献的中间商予以奖励，并成为合作的重点。对于绩效一般或低于旅游企业要求的中间商，应改变现有的渠道结构，把绩效差的中间商剔除，以保证渠道的活力与效能。

4. 旅游分销渠道的调整

旅游中间商选定以后并不是一成不变的，对于效率低下、推销不力、对渠道整体运作有严重影响的中间商，应该剔除；如有必要，可更换中间商。有时因竞争者的渠道宽度扩大，影响到自己的销售量，也应增加中间商的数量。调整渠道数量要随着市场的变化而变化，旅游企业如果发现自己的营销渠道过多，有些渠道作用不大时，应当适当缩减一些渠道，以提高营销效率；若发现渠道过少，产品有效抵达目标市场遇到困难时，可新增一些营销渠道。

（三）关注营销渠道的发展趋势

1. 长窄渠道向短宽渠道转化

在激烈的市场竞争中，传统的长窄渠道方式的弊端日益显现，在旅游业同样如此。因为分销渠道越长，中间获利者就越多，旅游者面临的价格就越高；分销渠道越窄，旅游企业的拓展、销售能力就会受到限制，对分销商的依赖性就会越强。这样既不利于旅游目的地及其所在地企业的营销工作，同时也抬高了旅游产品的价格。为了改变这种局面，旅游企业应该一改以往那种旅游产品“供给者—地区独家总代理”的模式，转变为旅游产品“供给者—地区经营网”的模式，这样做的效果就会使代理商与代理商形成竞争，在市场推进中，旅游企业会更加主动。

2. 网络营销渠道

旅游市场是一个纷繁复杂和瞬息万变的市场，也是一个不断发展、不断创新的市场，要想保持营销渠道的高效畅通，跟上旅游市场前进的步伐，旅游企业还应时刻关注景区营销的发展趋势。纵观当今世界旅游业的发展态势，景区营销渠道正在向集团化、多角化、专业化、现代化和国际化的方向发展，特别是新技术革命的影响和互联网的日渐普及，使得旅游电子商务开始成为旅游业的新宠。越来越多的旅游企业在网上开展综合、专业和独具特色的旅游服务，网络旅游逐渐成熟。

3. 学习国外先进经验

随着旅游市场竞争的日趋激烈，景区营销渠道正由单一组织结构逐渐复杂化、联合化，新的营销渠道系统也逐渐形成，如垂直联合营销系统是由旅游供应商、旅游批发商、旅游零售商共同组成的联合营销系统，实施高度专门化的运营管理和集中统一的网络系统。这些都是国外旅游目的地、旅游企业现在所常用的营销渠道方式，景区应该结合自身实际，积极发挥其在联络能力、经验、运作规模上的优势，争取更多的销售机会，为旅游消费者对旅游产品的购买提供便利的途径。

三、景区市场拓展

旅游景区虽然受地域限制，但发展市场的空间还是无限的。旅游景区可以采取两种发展模式，一种是内涵型发展模式，一种是外延型发展模式。

（一）内涵型发展模式

内涵型发展模式是指旅游景区在景区内开展多种经营，全方位满足目标顾客的需要，提升景区服务档次和扩大服务内容。旅游的六大要素——食、住、行、游、购、娱是游客的基本需要，随着旅游消费的档次提高，进而发展到健（健身）、教（教育）等需要。这些都是主流需要，此外还有诸多个性化的需要。按照市场营销理念的认识，需要就是市场，这么多的需要给景区服务提供了无限的空间。旅游产品是综合性的，所有服务项目组合在一起能发挥更大的乘数效应。服务的项目越多、越全面，就越能留住游客、越能刺激游客在景区消费。景区服务完善了，又会在很大程度上影响目标顾客群的口碑，引发更多游客前来游玩。

（二）外延型发展模式

外延型发展模式就是指景区企业在景区以外发展经营活动。这种发展模式是根据企业的经营战略来实施的。一般可分为以下几种：

1. 主业延伸发展模式

这种发展模式也叫一体化发展模式，就是将景区业务向有联系的行业发展，如旅游市场向前延伸到旅行社、旅游交通行业开展业务，向后延伸到饭店业、旅游商品生产行业开展业务，横向投资开辟新的景区。这种模式不管向哪个方向发展，都离不开景区原有的经营主业，都是以原先的主业为中心向外围逐步拓展的。这种市场发展模式需要景区投入资金，是一种投资发展模式，需要慎重对待。

2. 围城打援模式

这是一种多元化发展模式。其意不在于主业的转移，而是要在跨行业的两个领域同时经营，利用相互的影响作用取得综合经济效益。

相关链接

宋城集团是中国最大的民营旅游开发投资集团之一，其投资方向以旅游休闲业为主，同时涉及房地产开发、高等教育、电子商务等领域。宋城集团1995年起步，先在杭州动工兴建主题公园——宋城，短短几年间，相继又在萧山等地投资开发了杭州乐园、美国城、山里人家等景区，总共开发的旅游景区面积达170平方千米，年接待游客达到400万人次。集团在开发旅游景区的时候大量购置周围土地，开发房地产，围绕景区建成一批宾馆、温泉度假村、高尔夫俱乐部、网球俱乐部等度假休闲配套项目，在景区经营火起来的时候，房地产价值也一路攀升，短短5年已成为拥有13个项目企业、40亿元资产的大型企业集团，董事长黄巧灵也荣登福布斯中国大陆富豪排行榜第34名，从而获得极大成功。

3. 管理输出模式

这是一种经营效益出色的、有名的旅游景区企业利用专业化管理技术，向同行业扩张的发展模式。这种模式一般不需要直接投资，是一种把无形资产效益化的发展模式。但有时也会以参股、抵押、保证金等形式参与部分投资，这要视具体情况而定。它的业务类型有开业管理、培训管理和跨年度管理三种。这种发展模式需要景区拥有一批高素质的经营管理专业人才队伍，并且母体景区经营效益良好。

四、宣传促销策略

（一）实施政府主导，设立专门宣传促销机构

景区旅游市场宣传促销应当实施以政府主导为主，各旅游企业和旅游协会积极发挥其有效作用，针对目标市场，运用各种有效手段进行促销的策略。不过必须注意的是，政府只能充当旅游业、旅游企业的中间桥梁和宏观调控的角色，旅游企业提供的单项旅

游产品的营销应由旅游企业独立承担。国内外发达旅游城市的促销手段表明，为了更好地推广其旅游业及旅游企业，绝大多数的旅游目的地政府都相应地成立了专门的促销机构，全面负责宣传目的地旅游形象的工作，组织协调各种团体机构和私人企业的力量，通过各种促销活动和促销手段来宣传其形象，扩大其作为旅游目的地在世界范围内的影响力。

（二）景区联合（组合）促销

在促销协作方面，景区应积极联合周边景区建立联合促销、资源共享的旅游合作框架，可凭借其地域优势和资源优势，与邻近地区进行磋商，建立营销战略联盟，制订区域联合的营销计划，建立区域促销协作和一体化发展机制，进一步扩大彼此的市场规模。

（三）合理运用各种促销手段

促销是争取旅游客源和提高市场份额的首要途径。为了获取有力的市场竞争地位、满足实际需要、加大对景区市场深层次的开发，景区必须加大对旅游宣传促销的投入力度，采取各种有效的促销手段。

1. 公共关系

公共关系在保持旅游目的地形象，维护、提高目的地知名度，推介旅游项目和景点，打造强势的品牌和内涵等方面有着极为重要的作用，结合景区旅游实际，可采用以下几种方法：

（1）对主要目标市场进行数次大型公关促销活动，邀请国内外知名公关机构、专家，策划“大手笔”的公关活动，使目的地的旅游形象在相关地区产生“轰动效应”。

（2）邀请重要人士到景区参观游览，如国内外目标市场的旅行社高层主管、国内外有广泛影响的新闻媒介的记者和专栏作家等。

（3）充分发挥名人效应，邀请他们来景区度假，如德高望重的社会名流、明星等。授予代表性游客（名人、记者、专家等）旅游地“荣誉游客”称号。

（4）大力实施走出去战略，参加马德里国际旅游展、德国柏林国际旅游展、日本大阪国际旅游展、韩国首尔旅游展等旅游博览会，以及其他海外旅游节庆活动等促销活动。

（5）争取国家旅游局支持，与其达成战略性框架协议，让其驻外办事机构积极宣传景区，重点联系驻东京、新加坡、首尔、巴黎、纽约办事处。

（6）积极联系韩国 HANATOUR、亚太旅游协会、美国旅行商协会、德国旅行商协会、日本交通公社等重点旅游协会，让其协助推广景区，让更多的国外旅游者了解景区、喜欢景区、来景区观光旅行。

2. 旅游节日和赛事

兴办节庆和赛事在景区旅游对内对外开放、吸引招商引资、搭建营销平台、促进旅游收入提升等方面一直发挥着巨大的作用。

生命在于运动，旅游在于活动。长盛不衰的旅游节庆活动正被注入新鲜的活力。在全新的注意力经济时代，节庆活动已成为吸引旅游注意力重要的传播手段。实践证明，一次成功的旅游活动本身既是旅游产品，同时又是促销手段。活动出吸引力、出诱惑力、出形象力、出注意力，成功的节庆活动，既可取得可观的直接经济效益，又可获得持续的间接经济效益和良好的社会效益。一年一度的景区元宵灯会、玉兰花会、水晶节、祈福节等节日以及平时举办的体育赛事，要针对游客、媒体在主要市场的商业街道、社区广场加大向游客直接宣传促销的力度，进一步创造注意力，打响品牌，创出更大的城市知名度。

3. 媒体宣传

旅游广告媒体对一个地区的旅游业起着巨大的促进作用，与其他的促销方式相比，具有高度大众化、重复性及表现力强、宣传的间接性等优点，因此成了旅游宣传促销的最主要手段之一。以下几种是当前的主要媒体宣传形式：

（1）电视。频道：CNN、Discovery 等国外知名电视媒体，旅游卫视等主流国内电视频道以及景区卫视为代表的本地区县电视频道；特点：具有强大宣传效果、吸引力强、收视率高、可反复播放。

（2）期刊、杂志。名单：《旅游新报》《三联生活周刊》《旅游和饭店形象广告世界》《环球旅行》《时尚旅游》《中国国家地理》《旅行者》等主要旅游期刊；特点：目标市场明确、印刷精美、图文并茂特别适合旅游地、景点和饭店等广告形象。

（3）报纸。名单：《中国旅游报》《北京青年周刊》《申江服务导报》等各地主流报纸；特点：灵活度高、本地市场覆盖面广、费用较高。

（4）旅游网站。网站名：寂寞星球、中国旅游杂志网、旅行家、各大旅行社网站、搜狐新浪等国内主要网站、主要目的地国家旅游网站；特点：互动式交流、选择面广、声像俱全、用户可以通过菜单选择相关旅游信息、信息量比电视和报刊大。

（5）户外广告。形式：国内各大目标城市机场、户外灯箱广告、车载广告等户外广告形式；特点：醒目、受众面广、持续时间长。

4. 人员促销

充分发挥各大旅行社、协会的主体作用和营销网络优势，到目标市场举办旅游展览会，促销重点是周边主要城市。促销人员应对周边城市的专业团体（如记者协会、教育工会等）、大型旅游公司等经常登门拜访，使对方及时了解产品信息，增加信任感。促销人员要与重点客源市场的代表性单位建立长期的联系。

5. 中间商促销

旅游中间商是旅游产品销售的重要渠道，旅游机构、旅行社等在组织客源方面起着极为重要的作用。景区应该与目标旅游市场中间商建立良好的合作关系。通过走出去、引进来的办法，邀请海内外旅游中间商到景区来旅游、考察等，以获得中间商对景区旅游资源的肯定。事实上，旅游中间商是 VIP 客户，因为只有当他们对一个地方的旅游资源和整体旅游大环境认同以后，他们才愿意代理当地的旅游产品，才愿意向旅游者推介当地的旅游资源，他们常常影响一个时期目的地的客源状况。

6. 网络促销

网络在现代社会的方方面面都发挥着巨大作用，在人类生活中的地位日趋重要，旅游业的发展也离不开网络。因为网络促销具有如下优点：首先是适应国际旅游散客潮的需求，其次是促销信息可及时调整，最后是网上促销是一种旅游目的地、旅行社与潜在旅游者双向交流的方式，旅行社可清楚了解每位旅游者的旅游要求与偏好，从而有可能为其提供“量身定做”的旅游产品。具体来讲，可以采用以下这些方式来进行网络促销：

（1）网络站点促销、E-mail 促销、网络公共关系和网络销售促进。

（2）通过网络论坛、BBS、新闻组、E-mail 等直接面向目标市场及时发布新闻。

（3）网上抽奖促销，这是网上应用较广泛的促销形式之一，是大部分网站乐意采用的促销方式。旅游消费者或网上浏览者通过填写问卷、注册、购买旅游产品或参加网上活动等方式获得抽奖机会。

（4）网上博览会是旅游目的地和旅游企业与旅游代理商直接打交道的“门面”，直接影响着旅游目的地和旅游企业的形象。

任务三　景区营销策划流程

一个完整的市场营销的基本流程包括：市场机会分析、市场细分、目标市场选择、市场定位、4Ps（营销组合）、确定营销计划、产品生产、营销活动管理（即执行与控制）、售后服务、信息反馈。根据一般景区营销的特点，本章节选择对市场机会分析、市场细分、目标市场选择、市场定位、4Ps（营销组合）、确定营销计划和营销活动管理来进行简要的阐述。

一、市场机会分析

景区市场机会分析是制订营销计划，进行科学决策的重要基础，市场机会分析的目的是让旅游景区能掌握市场的动态，确认市场营销的机会和威胁，满足旅游者的需求和欲望，更好地营销自己的产品和吸引新客源。因此，市场分析也是景区的生命线。景区市场机会分析主要包含营销市场的环境分析和旅游者购买行为分析。通过前面的介绍，我们对旅游市场的营销环境已有一个初步的了解，下面主要介绍一下旅游者购买行为分析。

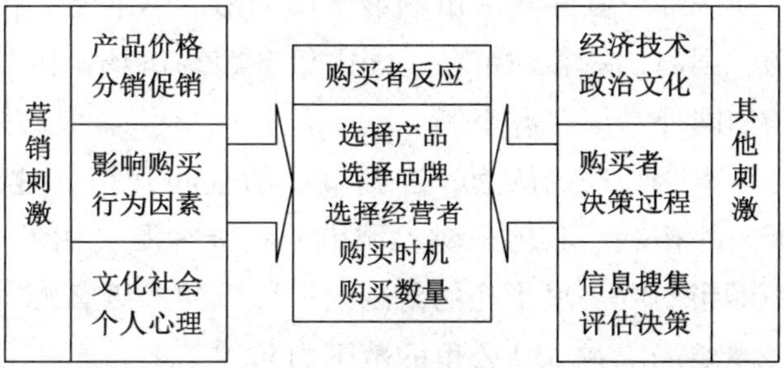

图 9-3　刺激反应模式

旅游消费者购买行为是各种各样的，既受主观因素的影响，也受客观因素的影响。从哪里入手进行分析？营销专家们归纳为以下 6 个问题：产品的市场由哪些人构成？目前市场需要什么样的产品？消费者为什么购买这样产品？哪些人会参与产品的购买？消费者怎样购买这种产品？消费者在何处购买这种产品？经研究，在旅游者购买行为模式中最有代表性的是刺激反应模式（图 9-3）。市场营销因亲和市场环境文化因素的刺激进入购买者的意识，购买者根据自己的特性处理这些信息，经过一定的决策过程导致购买决定。

二、市场细分

景区市场细分实际上就是在对景区进行市场调查的基础上，依据旅游者的需要、行为、习惯等方面的差异性，把整个景区市场划分成若干个旅游者群的过程。通过市场细分，制定不同的营销组合，不同的旅游产品、价格、营销渠道、促销方法等，以便更好地满足各种旅游消费者不断变化着的需求。另外，景区市场细分可以使旅游经营者更清晰地认识市场，通过对市场的各种特性进行整理、观察和分析，进而发现新市场，挖掘出新的市场特性。

要进行有效的市场细分，必须找到科学的细分依据。每个旅游者都具有许多特点，如客源地、年龄、职业、文化程度、购买习惯等，这些特点正是导致顾客需求出现差异的因素，每个因素都可以作为对市场实施细分的依据。不同类型的市场，细分的因素也有所不同，而且这些因素又处于动态之中，因此被称为“细分变量”或“市场细分标准”。

（一）按景区市场地理变量细分

旅游活动本身是以旅游者的空间位移为典型特征的，因此按照地理因素对景区市场进行细分有着非常重要的意义。例如，世界旅游组织根据地区在自然、经济、文化以及旅游者流向等方面的联系，将世界景区市场细分为 6 大旅游区域：欧洲市场、美洲市场、东亚和太平洋市场、南亚市场、中东市场，以及非洲市场。

我们通常所说的“国内景区市场”和“国际景区市场”是按国界进行市场细分，这是旅游目的地国家或地区细分国际景区市场最常用的形式。通常，国内景区客源市场分为国内一级客源市场、国内二级客源市场、国内机会客源市场；国外景区客源市场则分为国外一级客源市场和国外二级客源市场。

旅游资源吸引力距离衰减理论认为，客源市场的空间开拓要遵循由近至远的原则，以开发地为圆心逐渐向外拓展。具体来讲，城市的一级客源（由城市出发的本地居民）的市场 80%集中在距城市 500 公里半径的范围内；城市的二级客源（由城市出发的非本地居民）的出游半径主要局限在 250 公里的范围内①。

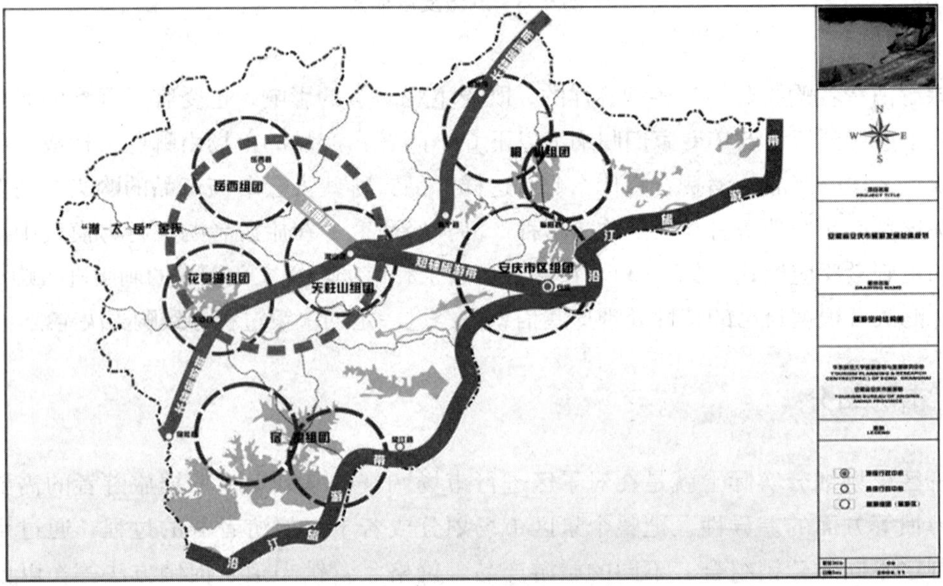

图 9-4 某景区客源市场图

(二) 按人口统计变量细分

此种方法是市场细分中最为流行的方法，也是区分旅游者群体最常用的基本要素。一个原因是旅游者对产品的需求、偏好和出游率与人口变量密切相关；另一个原因是人口变量比大多数其他类型的变量更易于测量。一般来讲，可以按年龄和家庭生命周期分类：不同年龄阶段的游客对旅游产品的类型、偏好、时间、方式都有明显的区别，按年龄不同划分景区市场可以从微观角度来研究、分析具体顾客的购买行为，以便有的放矢

① 吴必虎：地方旅游开发与管理（第 1 版），北京，科学出版社，2000 年。

地开发目标市场，避免盲目行事。一般来说，景区游客按照年龄结构将景区市场细分为：老年景区市场（60 岁及以上）、成年景区市场（35~60 岁）、青年景区市场（16~35 岁）和儿童景区市场（6~16 岁）。

（三）按购买行为细分

连云港景区市场按购买行为有两种细分方法，一种是旅游目的细分；另一种是按购买时间和方式细分。按旅游目的来细分是一种十分常用的方法，它为旅游产品的开发设计和营销组合的制定提供了主要依据，可以确定旅游产品的主要类别，主要有观光景区市场、度假休闲景区市场、会展、商务景区市场等。

按购买时间和方式细分，即根据出游者的时间、购买产品的渠道及旅游方式来划分景区市场。由于旅游活动的时间性、季节性突出的特点，景区市场按购买时间可以划分为旺季、淡季的景区市场，也可以细分为寒暑假市场和节假日市场（如春节、元旦、国庆、双休日等），在不同阶段采用相应的策略满足来此地旅游者的需要。依据购买方式将景区市场细分为团队市场和散客市场，近些年来散客市场得到很大的发展，成为世界景区市场的主体。

三、目标市场选择

景区目标市场是指旅游目的地或旅游景区，在整体性旅游市场上选定作为营销活动领域的某一或某些细分市场。如何选定景区目标市场并制定相应的营销组合，要经过旅游细分市场评估和景区目标市场覆盖策略选择才能确定相关旅游产品在景区目标市场上的定位。

（一）旅游细分市场评估

旅游景区确定景区目标市场是在旅游细分市场的基础上进行的。要选择合适的景区目标市场，旅游景区必须对各种不同的旅游细分市场进行评估。在评估旅游细分市场时，旅游景区必须考虑旅游细分市场的规模和增长程度、旅游细分市场结构的吸引力、旅游景区的目标和资源等因素。

（二）景区目标市场的策略

旅游景区选择目标市场时可应用的策略一般有三种：无差异性市场策略、差异性市场策略和密集性市场策略。

（1）无差异性市场策略，也称作整体市场策略，认为旅游者对服务产品具有共同的需要，旅游者对本景区的产品的需要是差不多的，因此，旅游景区只推出一种产品、一种价格、一种推销方法供给市场。

（2）差异性市场策略根据消费者的不同需求特点，对整体市场进行细分，然后针对不同的细分市场，分别设计不同的旅游产品，采取不同的营销手段，以满足不同旅游市场的需要。

（3）密集性市场策略又称产品—市场集中化策略，即在市场细分的基础上，景区选择一个或几个细分市场作为自己的目标市场，然后集中景区的全部精力，以某几种营销组合手段服务于该市场。

四、市场定位

所谓市场定位，就是指景区根据目标市场上同类产品的竞争状况，针对游客对该类产品的某些特征或属性的重视程度，为景区产品塑造强有力的、与众不同的鲜明个性，并将其形象、生动地传递给游客，求得游客的认同。市场定位的实质是使本景区与其他景区严格区分开来，使游客明显感觉和认识到这种差别，从而在游客心目中占有特殊的位置。

景区市场定位的过程大致包括以下几个环节：明确景区的竞争对手、对竞争对手的旅游产品进行分析、确立产品特色、树立景区市场形象、巩固景区市场形象。

五、4Ps（营销组合）

4Ps 即产品、价格、渠道、促销 4 大因素，它们是市场营销组合的核心因素，因此景区营销的组合策略就是产品策略、定价策略、销售渠道策略和促销策略。前面已经提到定价策略、销售渠道策略和促销策略，这里简要介绍一下产品策略。

旅游产品的范围实际上包含很广，它是指一切可满足旅游者需求的有形产品和无形服务，也包括思想观念。与旅游产品相关的决策因素包括：旅游产品的设计与开发、旅游产品的包装、旅游产品的品牌、产品质量特征等。产品策略之所以重要是因为它直接涉及旅游者的需要和欲望的满足。景区奉献给旅游者的旅游产品应该是上述几个决策因素的有机组合，即“全方位旅游产品”。为了满足长期的战略目标，景区必须根据旅游市场的变化不断开发新的旅游产品，更新现有的旅游产品。

六、确定营销计划

（一）景区市场营销计划的定义

景区市场营销计划是指旅游景区为满足旅游者的需求而制定的关于该景区的产品、定价、分销或品牌等方面的战略规划和策略。它是对未来市场营销活动的规划和行动策略。它能使景区最大限度地避免和减少市场风险，使景区的营销活动变得更经济、更合理，促使最终景区营销目标的实现。

（二）景区市场营销计划的内容

景区市场营销计划是营销过程中最重要的环节之一。不同景区的市场营销计划的详略程度不同，营销计划内容主要涉及两个方面的基本问题：一是景区营销的最终目标是什么；二是通过什么方式和手段来实现营销目标。一个具体的景区市场营销计划通常包括的内容见表 9-1。

表 9-1　一个具体的景区市场营销计划的内容

项目	目的
计划概要	使管理层迅速了解计划的核心内容
当前营销状况	分析市场、产品、竞争、分配和宏观环境
机会和问题	分析机会与威胁、优势与劣势、计划中必须处理的问题
营销目标	明确计划中关于销售量、市场份额和利润的目标
行销战略	选择为实现具体目标而采用的主要营销方法
行动方案	解决计划中关于做什么、谁来做、何时做、需要多少成本等问题
预算损益	概述计划所预期的财务收益情况
控制	规定如何对营销计划的执行过程进行监控

七、营销活动管理

营销活动管理就是指营销的执行与控制。营销活动管理实际上是一个周而复始的循环过程。每个新的周期都较前一个周期有所进步。在这个循环过程中包括计划、实施、控制三个环节。控制环节既是前一个周期的结束，也是后一个周期的开始。

景区市场营销控制是将市场营销管理应用于跟踪旅游景区营销活动的每个环节，以确保景区的经营按照预订的战略目标运行，而实施的一整套工作程序或工作制度。包括为使营销实施效果与预期目标相一致而采取的一系列措施。常见的营销控制有四种类型：年度计划控制、盈利能力控制、效率控制和战略控制。

表 9-2　不同控制类型对比

控制类型	主要负责人	控制目的	控制方法
年度计划控制	中高层管理者	检查目标实现与否	销售、财务分析
盈利能力控制	营销审计人员	检查盈亏情况	利润、成本分析
效率控制	直线管理者	检查营销开支效率	广告、分销效率
战略控制	高层管理者	检查战略机会	效益评估、审计

任务四　景区策划案例分析

一、案例

玉龙雪山景区营销
——细分市场、精耕细作营销渠道

（一）客源结构：国内为主，国际为辅

丽江市和玉龙雪山景区的游客来源，一直以国内市场为主。2007 年，丽江市接待国内旅游者 490 万人次，接待海外旅游者 20 多万人次，国内游客占接待总量的 92.45%。国内市场分为传统客源市场和新兴旅游市场。前者又细分为 6 大客源市场，分别是珠三角、长三角、京津塘、云南省（以昆明和玉溪为主）、四川省和重庆市。根据 2007 年丽江市旅游局对本地旅行社的调查统计，团队接待人数超过 10 万人次的是广东、四川、北京、上海，超过 5 万人次的是天津、云南、浙江、江苏、深圳、重庆、河北。上述地区构成丽江旅游的一级目标客源市场，占国内游客总数的 60%以上。

（二）高端市场显现，客源结构多样化

近年来，随着丽江城市旅游环境的优化和提升，客源结构逐步呈现多样化，并且形成了一定范围内的高端客源市场。在丽江考察期间，笔者曾实地了解悦榕庄的经营状况。当我们中午一点之前抵达酒店时，除了一幢别墅还没有客人入住，其余客房全部订满，房价最低 1720 元，可见其火爆程度。不过，玉龙雪山景区目前的旅游消费主体人群，还是以月收入 3000~5000 元的中等收入阶层为主。丽江城区的三星级以上客房也最为抢手。

（三）新兴市场和境外市场快速增长

在客源结构方面，广东和上海等传统客源市场近年来有所下降，天津、河北、湖南、湖北、内蒙古、甘肃、新疆和东三省等新兴市场迅速增长。其中，天津和河北的团队游客近年来增长最快。2004~2007 年，来自天津的团队游客分别为 24387 人次、39636 人次、68478 人次和 92759 人次，4 年时间增长 3.8 倍。在周边市场，自驾游人数增长明显。在入境市场方面，港澳台游客继续保持增长，日本和西欧的游客也明显增加。2004~2007 年，丽江市分别接待外国旅游者 56500 人次、108231 人次、153782 人次和 273690 人次，4 年时间增长 4.8 倍。但境外游客目前只占接待总量的 8%左右。

从上述分析可以看出，丽江市和玉龙雪山景区在国内市场开拓方面成效卓著，境外市场虽然增长速度较快，但仍有较大潜力。针对丽江市的客流结构及其变化趋势，玉龙雪山景区的营销策略创新，主要体现在三个方面：一是分众传播；二是特色活动；三是渠道拓展。其中，景区重点加强了对境外市场的宣传促销力度。

二、案例分析

（一）分众传播

在市场细分的基础上，针对每个具体市场的特性，选择最适合的媒体，采用该市场的潜在消费群体容易接受的方式，开展促销宣传活动。

1. 国内市场

面向全国市场，重点与中央电视台和新浪、搜狐等知名门户网站建立常年合作关系；面向北京、上海、广州和深圳等大城市，主要在机场、火车站和高速公路出入口进行广告宣传；面向省内和周边市场，重点加强在城际列车、城际飞机和高速公路旁的宣传力度，竖立制作精美的大型广告牌。

2. 港澳台市场

重在建立与旅游代理商、旅游网站和当地媒体的合作关系，主推“云南最神圣的雪山”这一品牌，突出神秘原真的东巴文化和原生态的雪山风光。其中，针对港澳台的中产阶级人士，着重宣传玉龙雪山与新马泰阳光沙滩截然不同的冰雪奇迹，主推“北半球最南的雪山”品牌，策划“东巴文化旅游节”“雪山天籁”音乐会等活动，设计“东巴神山与世界奇峡”“非常东巴·非常雪山（Very DongBa，Very Snow Mountain）”等主题产品。媒体选择以旅游杂志、重要社区、娱乐场所和俱乐部为主。

3. 欧美市场

通过玉龙雪山国际摄影大赛、中瑞姊妹峰节等文化交流活动，吸引和邀请欧美国家的外事人员和国际组织人员、媒体人员和专业人员。同时，策划“徒步虎跳峡”“南国雪山探秘”“雪山高尔夫”等探险旅游活动，吸引具有冒险精神的国际游客。其中，针对欧洲游客享受自然、重视在旅游过程中增长知识的心理，主打“原生态的东巴文化，原生态的玉龙雪山”品牌。针对美国游客喜欢探险和多样性旅游项目的心理，以“壮丽的雪山、神奇的虎跳峡”为诉求，在美国《国家地理》定期开设专栏，介绍玉龙雪山的自然风光、民俗风情和资源保护。此外，借助丽江国际东巴文化旅游节、世界遗产论坛、纳西族“三朵节”等民族节庆与会展活动，吸引海外媒体、旅行商和国际游客，并在飞往主要客源地国家的国际航班上免费赠送多语种的玉龙雪山旅游资料。

4. 日本市场

重点加强与日本旅行社和观光协会的联系，主推丽江古城世界文化遗产和东巴文化世界记忆遗产。其中，面向日本的“银发市场”，针对日本游客求新、爱动、追求高质量旅游的心理，主推“神秘东巴，古老神山”品牌。面向日本的高端客源市场，加强对玉龙雪山东巴文化特色商品、纳西特色餐饮的宣传力度。

5. 东南亚市场

针对泰国中青年游客喜欢刺激和创新、热爱登山滑雪的心理，以“彩云之南，玉龙雪山”为品牌，突出东巴神山的资源独特性和神秘性，突出包价旅游的价格优势。针对新加坡游客重视旅游品位、服务质量、旅游知识含量的心理，以“神秘的东巴文化，壮丽的玉龙雪山”为品牌，突出玉龙旅游的知识含量、生态环境和民俗风情。

（二）特色活动

与有实力的策划公司建立长期合作关系，保证新的活动创意层出不穷。综观玉龙雪山景区活动策划的特点，主要体现为“三个结合”：一是与民族文化相结合，比如“中国国际东巴文化旅游节”；二是与体育赛事相结合，比如利用北京奥运会的机遇，加强与各类体育代表团的联系，展开“雪域高原，牵手奥运”的宣传攻势，筹建高原体育训练基地，吸引运动健儿到丽江进行体育集训。再比如为了吸引企业中高层管理人员，与高尔夫协会、自驾车协会和俱乐部合作，策划国际雪山高尔夫大赛等；三是与影视作品相结合，比如利用《印象·丽江》《一米阳光》《千里走单骑》《茶马古道》等影视作品及其名人效应，以城市白领阶层为主要促销对象，策划和设计各种话题。

此外，玉龙雪山景区在活动策划过程中，比较注重大型旅游文化活动的国际性、时尚性和学术性。比如在“东巴神山”促销活动中，同时举办国际摄影大赛、中瑞姊妹峰节等国际性活动。再比如通过策划“国际东巴文化论坛”“重回女儿国”等国际性的学术论坛，吸引国外专家学者，扩大玉龙雪山的海外知名度，进而拓展国际旅游市场。

（三）渠道拓展

在本地市场，主动联合相关机构，共建全市旅游营销联合体，实行丽江旅游目的地的共生式营销，强化对地接旅行社的影响力和主导力；在省内市场，与其他景区建立契约式联合营销体系，比如与昆明石林、大理三塔和楚雄恐龙谷景区结成“云南精品旅游线景区联盟”。在外地市场，建立完善的旅游分销体系，在北京、上海、广州成立旅游办事处，与当地龙头旅行社合作，联合开展旅游促销。同时，与各种社会团体建立联系，适时推出针对细分市场的旅游产品。此外，深入中高档社区和大型企事业单位，开展社区营销和单位直销等。

在周边市场，与四川景区联合促销，与旅行社合作设计“丽江古城—玉龙雪山—三江并流”“九寨沟—黄龙—都江堰—青城—玉龙雪山—丽江古城—三江并流”等线路产品。在媒体和渠道选择方面，重点聚焦于区域市场内的专业媒体和渠道，锁定高端细分市场，选择时尚类杂志发布广告，并与专注于商务旅游的旅行社开展合作。此外，加强与大香格里拉旅游区内的热门景区的联谊与合作，共同推出新的旅游线路，利用区域合作力量拓展市场。

通过以上分析，我们可以看出，玉龙雪山景区的市场营销工作做得很扎实。无论是媒体宣传、活动策划还是渠道拓展，都是建立在深入细致的市场调查分析的基础上的。首先是细分目标客源市场及其旅游消费群体，其次是逐一分析每个客源市场不同类型的游客群体的消费习惯和旅游偏好，然后再针对每个具体市场的不同情况，分别提炼宣传主题和品牌广告语，设计旅游产品和旅游线路，策划旅游文化和体育活动。这种建立在细分市场基础上的营销战术，具有精细化营销的显著特征。精细化营销对管理人员素质提出了更高要求，对营销执行力也是一个全面考验。尤其是针对境外市场开展精细化营销，还要具备国际化的开阔视野和广泛的人脉关系资源。作为一个拥有 8 个景区、全年客流量超过 250 万人次的大型旅游区，精细化营销不仅必要，而且是市场发展的重要保证。

需要注意的是，精细化营销有助于提高景区营销管理水平，对提升景区经营业绩具有明显效果，但这种营销方式对景区的营销资源耗费较大。因此，在具体执行营销计划时要注意借势借力，尽量做到以较小的代价获取较大的收益。同时，还要防止过犹不及，使景区营销管理的日常工作流于琐碎。此外，精细化营销本质上是一种紧贴市场和消费者的营销战术，如果将其运用于营销战略的制定和执行，反而会失去方向和大局。

任务五　实训课业

一、实训目的

本实训旨在考查学生对本模块内容的理解和掌握情况，巩固学生的理论基础知识，培养学生对景区营销策划的技能。

二、实训要求

请学生依据所提供的材料，参照本章学习内容，为既定景区策划一个营销方案。要求营销方案中包含以下任务内容：确定目标营销市场；结合案例简述 2~3 种营销策略；做出一个具体的营销策划方案。策划提纲自拟，但必须涵盖任务二、任务三中所给出的内容。学生也可以其他景区作为营销策划对象，要求同上。

三、实训对象资料

南京幕燕滨江风貌区位于南京长江大桥和二桥之间，东与 312 国道、沪宁高速公路和绕城公路相接，西与南京长江大桥相连，南为南京城市快速路幕府东路，东北为南京城市主干道和燕路。到达风貌区的公交线路主要为 8 路，连接燕子矶和江苏路；主脉幕府山，依城面江，拥有独特的历史文化与自然景观。幕燕滨江风貌区隶属南京市下关区和栖霞区，总面积 683.35 公顷，风貌区内共有居民 1800 余户，其中大部分为城镇人口。此外，还有形形色色的进驻企业 20 余家。幕燕滨江风貌区内的燕子矶公园年均客流量约在 7 万人次，但购票人数只占 1/3，多为持老年证、年卡、军人证的游客；2005 年公园门票收入约 60 万元。

幕燕滨江风貌区自古就是南京著名的风景名胜区，拥有古代“金陵四十八景”中的六景：幕府登高、达摩古洞、燕矶夕照、永济江流、嘉善闻经和化龙丽地。迄今还有圣游寺、达摩洞、云水亭、夹骡峰、御碑亭、头台洞、观音阁等诸多胜迹。历史上，秦始皇、司马睿、王导、达摩、梁武帝、李白、李煜、朱元璋、康熙、乾隆等历史名人在此留有众多史迹。风貌区滨江岸线全长近 6 公里，大江风貌独特，幕府山森林资源丰富，石灰岩溶洞地貌独具特色，是反映南京历史名胜与自然景观的沿江风貌的重要组成部分，是彰显南京城市山水城林特色的典型区域之一。幕燕滨江风貌区位于华南下扬子板块北部，主峰为幕府山最高峰北崮峰，又称北崮山，海拔 205 米（可惜被采石者破坏，现海拔 197 米），幕府山北侧濒临长江，陡岩峭壁，形势险要，南侧山坡徐缓。山体多次受构造运动的影响，发育了典型的褶皱山地。该地区地形地貌较为复杂，低山起伏，河漫滩平原（海拔 4~7 米）与丘陵岗地（海拔 20~50 米）相间，地形复杂，构造和流水侵蚀相互作用形成独特的江岸地貌。

幕燕滨江风貌区旅游区位独特，到钟山风景区的直线距离是 10 千米，到玄武湖公园 9.5 千米，到雨花台风景区 18 千米，到城西沿江风貌区 13 千米，到秦淮河风光带 15 千米，到八卦洲只有 1.2 千米，到江心洲 12.5 千米，其与市内其他景区点之间的互补性强，大大增强了风貌区的整体旅游吸引力，是打造“北幕燕、南雨花、中玄武、东钟山、西秦淮”南京市旅游新格局的重要板块与支撑。

四、实训过程

第一，分析策划对象

第二，策划前期调研

第三，学生分组进行策划

第四，提交策划案

第五，策划案展示交流

第六，策划案总结点评

模块十　景区景点节庆活动策划

导读

当人们提到慕尼黑，就会联想到盛大的啤酒节；提到戛纳，就会联想到电影节的盛典；提到奥斯卡，就会联想起美国的洛杉矶；提到斗牛节，就会联想到西班牙……可见，节庆文化已经与一个国家、一个城市的品牌紧密相连。节庆文化极大地影响和提升了一个国家、一个地区的经济发展，成为国家、地区招商引资的重要手段和途径；因而，又被称为节庆产业、节庆经济。国内的不少城市也策划了许多独具特色的节庆活动，为城市知名度的提高、相关产业的发展、文化品位的提升起到了强有力的助推作用。作为旅游体系中最基本的组成单位——旅游景区，其节庆活动策划和举办也变得日益频繁。

工作任务

任务一　景点节庆活动

任务二　景点节庆活动认知

任务三　洞悉景点节庆活动策划原则、方法和内容

任务四　景点节庆活动策划流程

任务五　景点节庆活动策划案例分析

任务六　实训课业

任务一　景点节庆活动

案例引导

九寨沟景区利用节庆活动　吸引人气拉动市场

第一，结合中国旅游年主题，景区策划和举行“2009 中国生态旅游年九寨沟首游式”及“2010 中国世博旅游年九寨沟首游式”，活动受到广泛报道并吸引了大批游客的

积极参与。

第二，为加强保护九寨沟的本土民俗文化，合理利用、深入挖掘民俗资源，全方位展示九寨沟丰富的民俗文化，打造融自然生态、民俗文化为一体的九寨沟旅游品牌，为游客提供高附加值的旅游体验，2009年和2010年先后举办“中国四川九寨沟第五届民俗风情月”“中国四川九寨沟第六届民俗风情月”，通过节庆活动热闹、互动参与性强的特点，以九寨沟藏寨民族服饰展示、藏寨文化展、九寨美食展、藏民俗婚庆主题游等丰富的系列活动吸引游客的到来，同时通过媒体宣传九寨新旅游产品（新亮点），加强终端市场对九寨沟的关注度，增强了终端客源选择九寨沟旅游产品的信心。

第三，为深入贯彻落实党的十七大精神和实践科学发展观，弘扬不屈不挠、团结奋斗、众志成城、顽强拼搏的民族精神和人间大爱，2009年在“5·12汶川大地震”一周年之际，举办“5·12汶川大地震”公益纪念活动。

第四，为加快阿坝州灾后旅游经济恢复进度，优化九黄旅游线路产品组合，整合旅游资源，紧密景区与市场之间的信息对接，着力开拓阿坝旅游市场，打造一条“京、津、豫、陕、甘至九寨、黄龙”的自驾车旅游黄金线路，吸引客源市场关注，扩大阿坝旅游的市场影响力，进一步加快灾后阿坝旅游业的恢复振兴，旅游局与黄龙管理局、北京日报集团、天津日报集团、搜狐网、河南日报集团、西安交通电台、甘肃日报集团、天津美的亚秀广告传媒有限公司联合举办“神奇九寨、圣地黄龙——邀您梦想启航”自驾游活动。该活动于2009年6月6日正式启动，由媒体和自驾车队近百辆汽车分别从北京和天津同时出发，途经河南洛阳、陕西西安、甘肃兰州、阿坝州松潘、九寨沟、若尔盖、宁夏银川、内蒙古包头等地。活动在北京、天津以及车队行程的沿途产生了重大影响，同时也使九寨沟景区的品牌形象在各主要客源市场得到了进一步的提升，选择自助或自驾的游客占到2009年全年游客量的32.26%，其中，由兰州经若尔盖进入景区的自驾游占2009年全年自驾游的45.77%。

第五，为加快灾后旅游恢复发展步伐，大力拓展九寨沟冬春旅游市场，实现区域“整合营销”，打造“冬韵九寨　晶莹天堂”的旅游品牌，提升九寨沟冬春旅游的市场竞争力和吸引力，举办“中国·四川阿坝九寨沟第五届冰瀑旅游节”。此次冰瀑节主要突出“观赏冰雪奇景　体验藏寨风情　感悟民族文化　共建智慧九寨”的主题。活动期间有来自中央电视台等69家媒体近百名记者，还有来自新加坡、北京、上海等地的80家旅行商以及“智慧景区”研讨会的各位专家。活动不仅为旅行商提供了考察九寨沟新旅游产品的线路，共同商讨明年发展大计的良好平台，更为景区搭建了可持续发展战略建设、交流、合作的平台，为景区灾后旅游恢复发展，建设“智慧景区”开创了良好局面。（阿坝州政府信息办　九寨沟管理局）

资料来源：http：//www.abazhou.gov.cn

任务二　景点节庆活动认知

中国人有着传统的“节”情缘。节亦作“结”，人聚结在一起，意味着热闹、放松，而有节必有庆——喜庆、欢庆。

近年来，随着旅游业的蓬勃发展，作为旅游活动重要内容的各种景点节庆活动纷纷应运而生，为聚集旅游人气、宣传特色旅游资源、推动当地旅游业发展起到了较大作用，也使传统旅游产品的面貌有了较大的改观。

一、相关基本概念

目前我国学者在研究节庆旅游及相关问题时，经常提到“事件和事件旅游”“节事和节事旅游”等概念，事件是短时间内发生的一系列活动项目的总和，根据事件影响的范围和规模将事件分为标志性事件、特殊事件和重大事件。在事件及事件旅游的研究过程中，标志性事件又常引申为节庆、节日和特殊事件。

一般认为，节庆是节日庆典的简称，其形式包括各种传统节日以及在新时期创办的各种节日。而景点节庆是以各种节庆为依托，经过一定的旅游开发形成的一种特殊、现代、新型的旅游产品，表现为在特定的日期举办的一系列富含文化内涵的庆祝活动。

节庆是节庆旅游的核心吸引物，节庆旅游还包含了节庆组织筹办、节庆旅游者的交通、食宿及其他旅游活动等各个方面，它们组合构成了旅游者的旅游经历。不管是事件、节事还是节庆，对其进行系统规划、开发、营销，使之成为旅游吸引物，为目的地旅游业所利用，一般为事件旅游、节事旅游、节庆旅游三种特殊的旅游形式。

二、景点节庆的内涵

景点节庆是在景点开展的节庆活动。它是指依托景区特有的资源，通过内容丰富、开放性、参与性强的各种活动项目，以吸引大量受众参与为基本原则，以活动带动一系列旅游消费和吸引投资，进而带动当地国民经济增长为最终目的的所有活动的总和。

相关链接

早在狩猎、采集部落时代后期，开始有了初期的耕作农业，为季节更替而进行的节日活动就已经萌芽。进入农耕社会，由于耕作收获与季节时令变化的关系日益密切，以及人类的生产需要与社会、心理需求，节日活动就更加频繁。最初的节日是族群内宗教性质的、与农耕文化和时令变换紧密相连的农业祭祀活动。

起源于宗教祭祀活动、农耕时令划分的民俗节日性质，逐渐表现出其超地域性、超族群性的特征，即由于其活动内容的丰富多彩和经贸功能的增加，而开始吸引外来人员的参与。经历了一段漫长的逐步扩展和演化过程，大约在汉唐时期得以基本定型和普及。清代时期，是地方民俗节日发展繁荣并基本稳定的重要时期。

由于赖以生存的自然和社会环境不同，民俗节日在内地中原地区与边疆民族地区有不同的发展历程。中原内地处于封建君主的统治下，生产方式也趋于统一，主要以传统的地方庙会为节庆形式，其他还有春节庙会、元宵灯市、清明踏青、端午竞舟、中秋赏月、重阳登高等，都是较为流行的节日节庆活动。边疆地区多为少数民族聚集地，由于生产条件相对较差，对自然界依赖程度高。便产生了一定的原始崇拜心理，由于生存的自然环境不同、政权割据分化自成一体，形成了丰富多彩的风俗习惯。这样就形成了以不同的自然崇拜为特色、多种多样的民俗节庆，如傣族的泼水节、蒙古族的那达慕大会、彝族的火把节、藏族的望果节、苗族的三月三等传统民俗节日，与内地不同的是，边疆民族地区的民俗节日节庆活动内容各具特色、丰富多样。

我国传统节庆源远流长、绚丽多姿，蕴含着人类独特的文化记忆。景点节庆的出现相对较晚，它是随着旅游经济的逐步发展而出现的，最初的景点节庆活动直接源于对传统节庆的重新包装，或者依靠景点特有的历史、文化、资源、经济、自然等条件开发举办，其直接目的是利用节庆活动的巨大经济、社会、文化效应为举办地带来收益，这和传统节庆“社会大众情绪宣泄”的意义截然不同。因此，“节庆”属性只是景点节庆的外在表现形式，它本身只是文化传承的载体。现代旅游产业的发展，使节庆活动具有了极强的经济意义，景点节庆便应运而生。

表 10-1　传统节庆与景点节庆对比

传统节庆	景点节庆
包含着传承已久的文化内涵，举办时间、地点较为固定，一般情况下不能轻易变动	较为灵活，可以因地制宜，适时开展
具有持久性，地方风俗的传承可以延续上百年甚至上千年	常变常新，根据旅游市场需求，不断添加新的内容，对游客产生持续不断的吸引力。
严格来说属于旅游资源	既是旅游资源又是旅游产品

传统节庆以特有的节日和庆典展现某一地区、某一时刻或者某一民族的文化和精神，正好符合现代旅游经济发展所需的体验和吸引这两个核心要素，由此，传统节庆被现代旅游业所利用是其发展的必然结果。它以活动的方式全面展示地方特色、历史和文化，对当地居民来讲是精神宣泄的工具，对游客来说却是一种体验异域文化的最好方式。活动期间，人流、物流、信息流、货币流等大量积聚，能有效促使举办地的经济快速发展及景点形象和知名度的大力提升。

三、景点节庆活动的特征

节庆活动的形成和发展同一个地方的自然环境、人文环境、经济环境和社会环境有着特殊的关系，并在组织管理上把旅游、文化、体育、经贸等相关产业和活动作为一个整体来开发，形成了广义的景点节庆活动。概括地说，景点节庆活动的特征可以归纳为6个方面。

（一）时间性和周期性

景点节庆是在指定的时间内举办，进行周期循环，持续时间从一天到数周不等。由于节庆活动多反映景区的传统文化和民间特色，举办时间自然会受到地方民族文化、社会生产所依赖的特定时间的影响。

（二）主题性

尽管各种节庆活动的内容或项目丰富多彩，但都离不开一定的主题。节庆活动所包含的文化因素，使每个节庆活动都拥有自己独特的内在品质和个性。主题的确定是景点节庆策划的核心，大部分活动项目都会围绕主题展开，节庆参与者可以因此了解到与主题有关的各方面的知识以及参加和主题有关的各项活动，主题对客源市场来说是一种市场定位，某个主题将吸引对其有特殊兴趣的游客和休闲者。

（三）民族性和地方性

特色的才是有持久性的。景点节庆活动带有浓厚的地方色彩，呈现的特色景观，反映的个性文化是景点节庆活动的灵魂。成功的节庆活动无一不把地方特色视为自己的个性和魅力所在。也正是由于不断挖掘、吸收和融合整个地域的营养，节庆活动才得以成长发展。

（四）参与性

群众的广泛参与是节庆活动蓬勃发展的基础，也是节庆活动保持持久生命力的源泉。现代旅游者在心理上注重体验、渴望参与，而不是传统的走马观花与纯粹的从旁观赏。景点节庆活动的主体是当地居民和旅游者，脱离了参与性这个根本导向，节庆活动将成为无源之水、无本之木。参与性是节庆吸引游客的原因之一，他们通过参与各种活动满足了自己的兴趣爱好，展示了自己的特长，或者可以学会目的地特有的技艺。

（五）创新性

对景点节庆活动而言，只有在办节理念、活动内容、运作机制等方面不断推陈出新，才能保持吸引力和生命力。否则，必将渐渐失去其存在和发展的根本动力。

（六）可持续性

景点节庆活动作为一种经济、文化活动，只有做到可持续发展，才能做到继承与创新。成功的节庆活动，都应将持续发展作为推动节庆活动出规模、创特色、打品牌的重要举措，并且从空间上、产业上、效益上增强节庆活动的可持续发展能力。

四、景点节庆活动的功能

景点节庆活动最终目的是体现展示地方文化、促进经济发展、丰富人们的精神生活。在特定的区域、特定的时空范围内，以独具个性的历史文化、民俗风情、自然景观、人文古迹、特色产业等为依托，以适宜的运作手段为辅助，以文化、艺术和舆论的渲染为媒介，集聚起有益于地方社会经济发展的人流、物流、资金流、信息流、文化流，提升区域加快发展所必需的“无形资产”，成为经济发展、文化传承和社会进步的强力助推器。

（一）经济功能

相关链接

在哈尔滨国际冰雪节期间，有逾百万游客到来，市内各大宾馆饭店的入住率比平时普遍提高了30%~50%。大连国际服装节，迎来了大量的海内外服装厂家、商家、设计师和模特参与，各类表演活动、发布会、展览会、洽谈会，为本地服装业及相关产业、生产厂商提供了巨大的商机。第十二届青岛啤酒节的经济带动效应十分显著，节庆期间，青岛市饭店业、餐饮业、旅游业、娱乐业、交通业、零售业等的营业额得到大幅度提升，尤其是饭店业，活动期间酒店及旅游饭店入住率达到95%以上。

1. 促进旅游业发展，削弱淡旺季的差别

由于季节、地理位置、气候条件、假期等因素影响，旅游目的地的旅游活动具有明显的季节性。通过本地旅游资源、民俗风情、特殊事件等因素的优化整合，举办别出心裁、丰富多彩的节庆活动，一方面可以吸引游客；另一方面可以调整旅游资源结构，为当地的旅游业发展提供新的机会，延长旅游旺季，并能较好地解决旅游淡季市场需求不足的问题，甚至形成新的亮点。

2. 带动相关产业发展

景点节庆的规模庞大、涉及面广、参与者众多，因此不仅对地方经济的发展有着很大的推动作用，还可带动饭店业、餐饮业、交通运输业、商贸业等相关产业的发展。

3. 完善基础设施建设

景点节庆是持续时间较短但有大量游客参与的旅游活动，因此举办地基础设施和旅游服务设施的条件优劣将直接影响节庆活动的效果。举办景点节庆活动，可以极大地促进城市的交通、通信、城建、绿化等基础设施和配套设施的建设，美化城市环境。这样既能充分满足旅游者的需要，以便利的条件和优质的服务给旅游者留下深刻的印象，又有利于整个旅游地形象的建设。

（二）文化功能

相关链接

第二十四届泰山国际旅游文化登山节曾在泰安市举行。传统与时尚、音乐与激情、旅游与文化，在这里交织碰撞，登山节成为中外游客的狂欢节。那届登山节以“建设经济文化强市、打造国际旅游名城”为目标，安排了2010泰山国际音乐节、泰山·富士山中日友好节、中国泰山国际兰花节、“泰山冠军”中国·泰山登山系列大奖赛2010年度总决赛暨第十五届全国全民健身登泰山比赛（国际邀请赛）、“世界，您好”缤纷泰安国际旅游周等丰富多彩的旅游文化活动。提高了泰山的知名度，展现了泰山丰富的自然、文化遗产价值和独特的宗教意义。

山东曲阜利用几千年的文化积淀，创办了国际孔子文化节，再现了当地已经沉睡了几千年的历史文化，使传统文化焕发了活力。南宁的国际民歌节，把潜藏在民间的艺术活力展现在人们面前，而且从民歌的优美旋律中，使人们感受到团结、祥和、繁荣、发展的时代脉搏和健康向上的美好气息。

1. 弘扬地方传统文化，展示现代文化

每个传统节庆都是民族文化的历史积淀，传统节庆集中体现了民族精神和民俗风情。文化特征浓厚的景点节庆活动，能够极大地弘扬传统文化，彰显传统文化丰富的内涵和个性。同时，通过充分挖掘传统文化中的精神，从中提炼出有益于现代社会的文化思想和生活理念，营造现代生活氛围。可以说，节庆活动在弘扬传统文化的同时，也展示了现代文化。

2. 加强地区间、民族间的文化交流

不同地区和民族经过几千年的发展，形成了各自独特的文化，并通过经济往来、文化活动等进行着交流。节庆活动中的这种“礼尚往来”，一可以增强家庭、家族或行会团体的联系；二可以促进社会文化的交流，有助于文化的提升和传播；三可以促成人和团体的相识与合作。

（三）社会功能

1. 有利于目的地形象的塑造和提升

景点节庆是旅游产品的重要组成部分，反映着整个旅游业地发展状况和形象建设。景点节庆活动参与者可以通过节庆活动的各项内容，全面了解该地的自然景观、历史人文等内容，主题鲜明的节庆活动更能提升参与者对目的地形象的感性认识。例如，被国际风筝协会推选为“世界风筝之都”的山东潍坊，1980 年以前还是一个手工业小城，自从 1984 年举办了第一届国际风筝节后，知名度迅速提升。

2. 增强当地居民对当地旅游的认同感，有利于居民素质的提高

当地居民是景点节庆活动的主体，他们的支持和积极参与有利于目的地的建设和发展。景点节庆能使居民在参与中充分感受到自豪感和优越感，更加注重保护周边的环境和自身的传统文化。在节庆活动中，居民的各方面素质不断受到熏陶和影响，思想意识能与时俱进。

3. 给参与者带来精神上的愉悦，有利于社会的和谐发展

节庆活动对广大参与者来说是紧张而忙碌的日常生活中一道亮丽的风景线，是一种休闲，一种享受。适当的放松不仅有益于身体健康，还可以使参与者精神愉快，更加热爱生活，增强了工作的主动性和创造性，从而提高生活质量，促进了社会的和谐稳定发展。

五、景点节庆活动的基本类型

景点节庆种类繁多，范围广泛，形式多样。为了深入认识与研究景点节庆，更好地开发利用，最大限度地满足旅游者的需求，取得良好的经济和社会效益，需要进一步了解景点节庆活动的类型。

（一）根据景点节庆产生的时间分类

根据产生的时间，可以将景点节庆分为传统民俗景点节庆和现代景点节庆。

1. 传统民俗景点节庆

这类景点节庆主要是指在人类文明发展史中长期积淀形成的、具有深厚文化底蕴的传统节庆活动。对传统节庆资源进行合理与适度的策划开发，不仅能向旅游者展现当地独特的文化魅力，还能给当地带来显著的旅游形象提升和经济效益。如傣族的泼水节、彝族的火把节等。

2. 现代景点节庆

现代景点节庆是一种创造性的主题活动，是依据目的地经济发展状况和文化传统进行开发和策划，人为举办带有浓郁地方文化氛围的现代节庆活动，如青岛国际啤酒节、潍坊国际风筝节等。

（二）依据景点节庆的主题分类

1. 以“工业产品”为主题的景点节庆

此类节庆活动主要是以一个地方的知名工业产品、驰名品牌商标、显著优势行业为载体，辅以产品博览会、行业展销会及其他文体娱乐、文艺演出等造势活动，既可体现商品交易、经贸洽谈等经济功效，又可为举办地带来良好的社会效益，如青岛国际啤酒节、大连国际服装节、宁波国际服装节、景德镇国际陶瓷节、惠州数码节、东莞家具节、云和木制玩具节、绍兴黄酒节等都是代表性的大型节庆活动。

2. 以“地方物产”为主题的景点节庆

此类节庆活动数量较多，如河南的洛阳国际牡丹节、山东的崂山樱桃节、辽宁的大连赏槐节、浙江的余姚杨梅节、江苏的金湖荷花艺术节、广东的中山花卉节、四川的重庆国际茶文化节等，皆以该地的农业、林业、水果、花卉、海产品等特色物产为主题，借此高度积聚人、财、物，实现扩大市场、提升品牌、增进效益的办节目标。

3. 以“历史文化”为主题的景点节庆

景区地方特色历史文化一直是节庆活动致力挖掘和突出的主题内容之一，题材众多、内容广泛、特色不一。诸如曲阜国际孔子文化节、淄博国际聊斋文化节、宁海徐霞客开游节、衡州古城文化旅游节、连云港西游记文化旅游节、赣榆徐福文化节，都是借助当地文脉，或以特色地域文化为载体，或以历史名人遗迹命名，或以地方独具特色的人文事件为依托，组织开展丰富多彩的旅游、文化、商贸等活动，文化底蕴深厚，对游客具有较强的吸引力。

4. 以“民俗风情”为主题的景点节庆

此类节庆活动主要涉及民族习俗、风土人情、民间艺术等领域，题材丰富，较为常见。如广西的南宁国际民歌艺术节、山东的潍坊国际风筝节、河北的中国吴桥杂技节、海南的中国三亚天涯海角国际婚庆节、云南的傣族泼水节、浙江的宁波中国梁祝婚俗节、绍兴国际书法节等。

5. 以“自然景观”为主题的景点节庆

利用当地旅游资源优势或将已有旅游资源产品包装成节日的形式。其特点是以独具特色的自然景观为主线，有机地融合丰富多彩的旅游活动，满足旅游者回归自然的休闲需求；具有较强的时季性，适宜配合应季旅游资源开展；旅游者的参与范围广，具有较强的趣味性；同时节庆内容的可拓展性较强，在一个节庆主题的支撑下，可以并行开展多种专项旅游活动。

山东的青岛国际海洋节、山西的黄河壶口国际旅游节、浙江的中国国际钱塘江观潮节、浙江的淳安千岛湖秀水节、黑龙江的哈尔滨国际冰雪节、湖南的张家界国际森林节、辽宁的丹东鸭绿江国际旅游节、北京香山红叶节、广西的桂林山水旅游节等，都属于此类节庆活动。

6. 以“人文景观”为主题的景点节庆

如浙江的乌篷船风情旅游节、宁波象山开渔节、中国舟山国际沙雕节、山东的烟台长岛渔家乐节、江苏的连云港渔湾民俗风情节、辽宁的鞍山秧歌节、山东的聊城蔡伦造纸节等，都源自当地的人文景观，或是与人文景观相关的传统生产经营性活动有关，内容和特色较为突出鲜明。

7. 以“宗教文化”为主题的景点节庆

此类节庆活动以宗教活动为核心，对游客具有独特的吸引力。五台山国际旅游节、九华山庙会、中国黄梅佛教文化节、福建嵋洲妈祖文化旅游节等，皆是国内享有较高知名度和影响力的宗教文化型节庆活动。

8. 以“休闲体验”为主题的景点节庆

此类节庆活动的内容安排充分考虑人们休闲、娱乐、健身等方面的深层次需求，虽然内容相对简单，但仍不失活力和特色，如山东的泰山国际登山节、江苏的周庄国际摄影节、浙江的德清莫干山登山节、仙居漂流节等，都可列入休闲体验型节庆活动的范畴。

9. 综合主题的景点节庆

国内许多大城市都举办此类节庆活动，如广州国际美食节、上海旅游文化节、北京旅游文化节、云南民俗旅游文化节等。这种节庆活动一般持续时间较长，影响面广，内容丰富，规模较大，投入较多，经济效益和社会效益十分显著。

此外按主办方身份，可分为官办、民办、官民联办的节庆；按组织形式，可分为独办、联办的节庆；按举办地点，可分为本地节与异地节等。

任务三　洞悉景点节庆活动策划的原则、方法和内容

“理念是观念和概念的问题，原则是标准和准则的问题，方法是途径、步骤和手段的问题。”

一、策划原则

（一）本地化原则

景点节庆的策划应当立足于本地，以地方的地理特征和人文特色为基础，深入挖掘、利用目的地的地理特色、物质资源、文化财富及历史积淀等要素，这样，才能抓住地方的精华所在，才能出奇制胜，在众多景点节庆中独树一帜、树立品牌。坚持本地化原则就是要使节庆对游客产生强烈的心灵震撼，让旅游地个性化形象在游客心中留下深刻的印象。

（二）市场导向原则

举办景点节庆的重要目标是吸引客源，拓展市场，增强目的地吸引力。因此，开发策划哪种景点节庆更具吸引力，设置哪些旅游活动更具参与性和影响力，绝不能仅仅只考虑旅游资源本身，更要以市场为导向来确定。以市场为导向就是指为满足游客需求，在景点节庆主题、旅游产品组合、景点节庆活动氛围、景点节庆环境依托等方面的合理安排。不同的节庆活动给予游客不同的生活体验，节庆之所以具有强大吸引力，是因为其符合游客要求“回归自然、贴近生活、体验生态”的心理需求，即坚持了市场导向原则。

（三）特色创新原则

景点节庆要取得成功，并实现可持续发展，创新是根本。创新，即做不同于他人的事情或者以不同的方式做同样的事情。创新就是要寻求差异，标榜特色。游客有“求新、求异、求奇、求美、求最”的心理追求，景点节庆策划应做到推陈出新、独具一格、引人入胜、美轮美奂及永争第一。这些目标是增强节庆吸引力和影响力的重要砝码，是树立节庆品牌的关键，应当成为每个节庆策划者的行动指南。

（四）可行性原则

景点节庆效益低下是制约其经营与发展的根本。要举办景点节庆，在策划之初就应当树立效益观念和可行性原则，应当从体制、经营、管理等各个方面都考虑到资金的引入、合理运用和最大产出，量力而行，合理经营，努力实现最大效益。

（五）可持续原则

由于旅游存在的短暂性、活动的临时性和产品的无形性，景点节庆的生命周期较短，它在很短的时间内汇集人气，组织人员参与活动，欢乐气氛过后，由于未实现预期目标或新的需求的出现，游客可能很快会厌倦景点节庆。因此，周期性举办景点节庆不可以简单重复，必须在新的市场需求和节庆自身发展的基础上，进行动态策划和不断创新，实现延长景点节庆产品生命周期和可持续发展的目的。

以上原则对于景点节庆策划具有指导意义和现实作用，其中，本地化原则与市场导向原则强调策划依托的基础特色；创新是策划不懈追求的目标；可行性原则是对策划的约束与控制；可持续发展既是对节庆发展的未来展望，又是景点节庆追求的长远目标。

二、策划方法

如果说策划理念和原则是事关节庆的性质和方向的大问题和务虚的问题，那么方法则是把策划理念和原则落到实处的具体问题。我们可采用的活动策划方法主要有以下几种：

（一）运筹学方法

“运筹”从字面意义上讲即运算筹划，以策略取胜。进行节庆策划时，我们要借助运筹学的方法来关注并提高节庆活动的质量与效率。在节庆活动策划中运用运筹学就是要使用分析的、定量的、定性的科学方法，具体表现为网络调查法、抽样调查法、德尔菲法等。

运筹学方法可以合理地配置整个活动中的人力、物力资源，统筹各环节之间的关系，使策划方案有效实施，达到效益最优化，并体现节庆活动可持续发展的长效性。

（二）头脑风暴法

头脑风暴法是指自由奔放、打破常规、创造性地思考问题，又称为集体思考法或者智力激荡法，最初由美国著名学者阿里克斯·奥斯本首次提出。头脑风暴法与我国的“诸葛亮会”相似。是考虑多种可能的解决方案，是提升思维创造力的集体训练法。在节庆活动的策划中使用头脑风暴法是让与节庆活动有关的人员打开思维，共同讨论，使各种设想在相互碰撞中激起脑海的创造性风暴。国外经验证明，采用头脑风暴法提出方案比同样的人单独提方案的效果要大。

头脑风暴法一般采用会议形式进行，参加人数以十人为宜。在讨论中专家们可以自由地提出自己的方案，畅所欲言，大家可以对提出的方案质疑、辩论、完善，并分析现实可行性。头脑风暴法有四条规则：一是不互相指责；二是鼓励自由地提出想法；三是欢迎提出大量方案；四是欢迎完善别人提出的方案。

（三）比较借鉴法

对于策划者来说，通过对自己所掌握或熟悉的某个或者多个特定的节庆活动，进行纵向分析或横向联想比较，既可以是典型的成功节庆活动，也可以是不成功的节庆活动，从而挖掘和发现新的机会。因为节庆的好坏、得失、成败、节约和浪费等，都是相比较而言的，有比较才有鉴别。通过和别的节庆比较来发现自己的优势和不足，在策划中多发挥自己的长处，借鉴别的节庆中好的形势和内容，为我所用。

（四）规划整合法

对多个节庆活动进行整合，是提高举办效率、扬长避短、实现边缘型新思维的重要途径。做好一个地方的节庆规划，整合所有优势资源打造精品。整合是各种优势资源的集中与互补，是各种市场要素协调配置的有机重组，通过整合才能够推陈出新。同类的节庆活动，进行主题整合、内容整合、市场整合、组织运作整合，不仅可以使内容更加丰富、市场更加集中，还会大大提高组织运作效率，减少地区不必要竞争，避免重复举办而造成的浪费，也有利于树立地方统一的形象和品牌。

三、策划内容

策划内容是整个节庆活动策划的实质性体现，也是整个策划的重心所在。根据设计景点节庆品牌的要求，策划的内容主要分为以下五个部分，它们既相互独立又联系紧密。

（一）形象定位

节庆的形象和品牌实力一起构成活动品牌的基石，是品牌的基础。节庆活动在市场中具有竞争力，必须有意识地精心策划，在经营管理中，努力提高该项活动的知名度和美誉度，形成有特色的品牌，不但让观众、游客等利益相关者了解和认识它，并且让他们喜爱并忠诚于这个品牌。

形象定位大致分为设想、市场分析、创意设计三个阶段（图 10-1）：

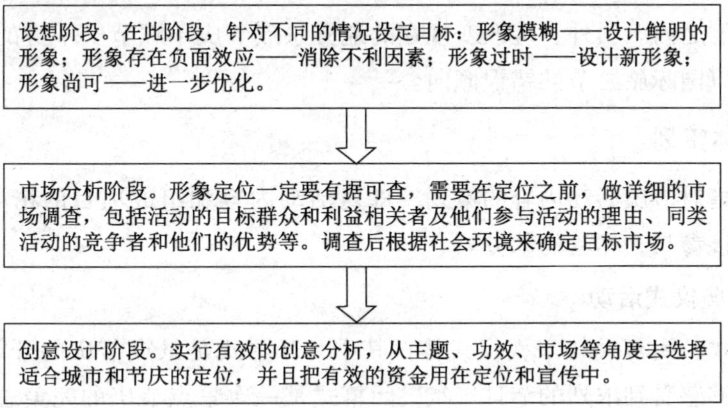

图 10-1　形象定位阶段示意图

（二）主题设计

一个景点节庆的主题设计是整个策划的重心，是点睛之笔，直接决定了景点节庆的吸引力，是整个节庆能否取得成功的首位条件。景点节庆一般以主题为核心，围绕这一特定的主题，开展一系列能够体现、升华主题的活动和表演。

1. 主题来源

节庆的主题可以是既有主题的重新提炼，也可以是在现状基础上的全新创造。节庆主题要素，包括节庆名称和节庆主题口号，其中节庆名称来源于节庆载体资源，有些为既有性民俗节庆载体，有些为创造性节庆载体。提炼节庆名称所依托的载体资源一般应为地方地脉和文脉的主脉络之一，以体现“地方性”，使游客从景点节庆的名称中就能感受到强烈的旅游目的地信息。

2. 确定方法

节庆活动主题是按照节庆理念，提炼出的节庆旅游产品活动所要表达的主题思想，是组织整个景点节庆活动的中心线索。主题策划对景点节庆意义重大，要运用系统论方法，分析内外要素，综合考虑多种条件，以差异化、特色化为目标，最终形成最具本地特色、最具旅游吸引力的鲜明主题。这要求景点节庆活动组织者具有敏锐的市场感觉，以捕捉潜在的市场机会，并运用娴熟的商业运作经验，组织专业人员对主题进行提炼、包装和设计。

首先要评价旅游地的资源特色、产品与服务质量，分析目标市场的构成及兴趣，比较周边地区及类似旅游地举办的旅游节庆活动，寻找具有“唯一性”和“特殊性”、可以张扬个性、体现特色的旅游节庆主题，然后紧扣旅游地形象定位，选择或加工主题，确定主题内涵，务求卓尔不群。

3. 主题名称

在确定节庆名称时，应有鲜明性和包容性，使中外游客一目了然，并使他们感到自己身处主题范围之内。另外，应改变现在的地方景点节庆不顾节庆本身的影响范围，简单轻率地冠名以国际旅游节的错误倾向。

（三）主体策划

主体策划指对节庆活动内容的策划，即对活动内容和组成项目的精心设计与安排，是游客能够直接参与、体验的部分。

1. 节日庆典仪式活动

包括开幕式、闭幕式与宗教仪式等，其中，开幕式是景点节庆的开篇，意义重大，应当让游客能够感受到浓烈的节日气氛。闭幕式是一次景点节庆的完美总结，应当起到点睛的作用，营造“意犹未尽”的难舍感，吸引游客的下一次到来。宗教仪式应保持一定的严肃性，让游客从中感受到的是历史的变迁与文化的积淀。其他一些节日庆典活动仪式一般是严肃性与欢快性相结合，随着时代的发展，庆典活动中轻松、欢快的表演性内容逐渐增多。节日庆典仪式活动是景点节庆的标志性活动，其主旋律应紧扣节庆主题。

2. 旅游活动

旅游活动是游客参与景点节庆的核心内容，是围绕景点节庆主题形成的系列旅游活动。“地方特色”是旅游目的地产生吸引力的源泉，旅游活动应体现旅游目的地的独特魅力和文化意境，满足游客求新、求异、求奇、求知的需求。旅游活动应当围绕主题展开，提供观光、休闲、娱乐、体验多种旅游功能产品，满足游客的多样化需要。

3. 文化商贸活动

“旅游搭台、经贸唱戏”与“文化搭台、经贸唱戏”已经成为现代景点节庆的两个特征和重要目的，也是延伸景点节庆影响和扩大旅游节庆效益的重要途径，各种文化研讨会、商品交易会、地方特产展销、公益活动等会议会展作为景点节庆的副产品是景点节庆活动的一项重要内容。

4. 节庆的时空安排

景点节庆活动的安排组织要考虑其整体空间布局与时间安排。空间布局要注意如何划分活动点，标志性节庆活动的场所选择及其与其他旅游活动场所如何呼应要讲究意境，注意节庆活动、人文景观与周围环境相协调。另外，还应当通过节庆活动带动旅游目的地其他地区的发展，如在周边地方设置分会场。从时间安排上看，整个节庆产品的举办时间既要考虑旅游目的地的适游时间，又要考虑游客的心理需求特征和出行特征。

（四）营销策划

现代节庆活动有文化现象和经济内容双重载体的功能，经济内容是其主要的举办目的，彰显区域特色文化是实现经济目的的前提和条件，所以文化内涵是现代节庆活动的核心，节庆活动本质上是文化产品。节庆活动不但需要营销，而且作为文化产品，具有无形性、可变性、脆弱性和不可分割性等特点，市场营销在节庆活动举办过程中可以发挥更大的作用。

节庆营销策划是节庆的组织者对将要举办的活动进行营销设计，以提供一套系统的有关节庆营销的方案，这套方案是围绕组织者实现某一营销目的的具体行动措施。这种策划以对市场环境的分析和充分占有市场竞争的信息为基础，综合考虑节庆活动的机会与风险、自身资源条件及优劣势、竞争对手的谋略和市场变化趋势等因素，编制出富有创意的行动方案。

节庆的营销包含五个主要因素即产品（Product）、定位（Positioning）、价格（Price）、地点（Place）、促销（Promotion），简称5P。节庆的营销就是要通过研究、设计和实施组合，达到把节事提供给目标客户交换自己所需之物的目的。在制定营销战略的时候要注意两点：一是要深入分析目标消费者的需求，开发多层次、多品种的节庆活动产品；二是加大对节庆活动的促销投入，采取多种形式灵活促销。

（五）评估策划

节庆活动评估是指严格监察、衡量和监控节庆活动的执行，以精确评定其成果的过程。节庆活动评估对于活动的管理过程相当重要。由于目前国内的节庆活动发展水平参差不齐，而节庆活动管理又是一个新兴的行业。为了使更多的人认识到节庆活动的管理成果，对其进行严格的评估，使大家了解它的成果和不足，可以有效地帮助节庆活动得到公众认同。当然，节庆活动评估的目的不是为了鼓吹节庆活动的成果，而是为了吸取教训、总结经验，使节庆活动健康地发展。此外，节庆活动评估过程使每位参与者都有机会提供反馈意见，同时提供一种项目分析和改善的工具，在整个节庆活动管理中发挥着重要作用，一般的节庆活动通常采用定量和定性两种评估方法，分别在活动事前、事中和事后进行。

评估的种类有参与者评估（对活动参与者行为和心理进行评估）、管理者评估（管理者个人或集体对自身目标、能力、资格和业绩等的评估）、媒体公众评估（对媒体报道工作、效果和公众接触信息的评估）和第三方评估（节庆供需双方之外的第三者角度对节庆的影响、效益评估）。

评估的方法有很多，比如现场问卷调查、短信电话访问、网络调查、现场工作人员观察等。做好了评估调查，然后要及时回收和统计评估信息，并对其做出准确地分析，总结出本次节庆的经验和教训，为下一次活动打好基础。

节庆策划是个非常复杂的过程，需要运用多种学科知识，牵涉到众多部门和组织。以上内容只是策划的主要内容，在策划的过程中还会牵涉到财物和人力资源的管理、活动的风险控制等各方面。

任务四　景点节庆活动策划流程

景点节庆活动的策划工作流程大致分为 4 个阶段：前期准备、内容策划、策划实施、策划评估，是一个从策划到实施再到总结的过程。

一、前期准备：基础条件分析是节庆活动策划的起点

基础条件分析包括 4 方面内容：景区及所在区域内资源与开发条件分析、客源市场需求分析、经济与社会条件分析、空间竞争状态分析。

区域内资源与开发条件分析包括对本地的自然、人文、物产、体育等节事资源逐一进行分析评判，找出当地的资源优势和产业优势；客源市场需求分析包括对本地经济基础、市场规模、消费特征、文化积淀等进行分析；空间竞争状态分析包括了对本地历史上曾经或已经举办的节庆活动、周边地区乃至国内外知名节庆活动地举办状况做资料收集和分析。

二、内容策划：根据细分市场要求，确定节庆安排

在基础条件分析的基础上，明确节庆的形象，明确活动的目的、意义、宗旨和方向，分析目标市场的构成和兴趣，寻找具有唯一性和特殊性的节庆主题进行节庆定位，包括对主题、规模、市场、类型、特色等诸多方面的定位。

对节庆所面对的市场进行细分，确定目标市场、利益相关者和节庆的利益预期，确定节庆的规模、地点、时间、过程、主体内容等。

对节庆的主体活动，如开闭幕式、大型演出、公益活动和研讨会等进行策划，场地布局、装潢、入场退场、票务和交通都要有具体方案。

确定节庆的口号、标识、吉祥物、主题歌，开发节庆的配套商品举行新闻发布会和媒体见面会，制作节庆海报赞助和招商活动策划，市场启动仪式和倒计时等。

三、策划实施：根据策划方案实施进度，随时进行调整和修改

明确节庆的承办单位，将节庆内容版块化分割。

对节庆实施的人员调度、节目衔接、入场次序等进行安排。对节庆组织实施过程进行控制，对可能出现的临时性问题进行现场策划。

四、策划评估：根据节庆策划实施情况和影响，对策划进行评估

（一）目标评估

原先计划的目的和目标的实现程度，是节庆活动评估所需要完成的主要任务之一。一方面要对照原定目标的主要指标检查活动结束以后的实际情况，确定实际变化之处及分析变化产生的原因，判断目标的实现程度。另一方面，在实践中检验原定策划目标的正确性、合理性，通过评估找出原定目标的问题，为下次活动目标的制定提供依据和经验。

（二）工作评估

节庆活动筹备和实施工作的内容比较广泛，涉及时间进度、推广宣传、现场服务等方面。工作评估是指对照策划内容进行比较和分析，找出差距，分析原因。

筹备工作评估包括宣传推广工作评估、管理机构评估、现场管理工作评估、服务管理工作评估，以及财务实施评估。

（三）影响评估

节庆活动的影响评估包括经济影响、环境影响和社会影响。进行经济影响和环境影响分析，对策划进行评估。进行地区形象和节庆知名度及品牌形象调研，确定节庆策划的结果。

任务五　景点节庆活动策划案例分析

一、案例

“感受春天的气息 释放心灵的感悟”——徐州汉文化景区清明节及上巳节活动策划案

（一）活动背景

国家实行新休假制度后的第一个清明小长假将至，据记载，清明是我国古代寒食节、清明节和上巳节合并而来的一个多来源的节日，清明习俗除了祭祀祖先，还包括踏青、蹴鞠、荡秋千、放风筝等多种活动；和清明节连在一起的上巳节，俗称女儿节，起源于我国汉代，为每年的农历三月初三，其主要风俗有沐浴祈福、女子笄礼、投壶赋诗、相会心上人等。

（二）活动意义

唤回华夏传统记忆，弘扬民族风俗文化，彰显两汉文化特色，使参与者身临其境，感受汉民族文化的博大精深。

（三）活动主题

第一，“感恩思源、踏青赏春、极速滑草、放飞风筝”——清明节系列活动

第二，“沐浴驱邪、女子笄礼、滨水投壶、对歌求偶”——女儿节系列活动

（四）活动内容

1. 清明节系列活动

（1）感恩思源——仿古祭祖仪式及游客祭祀高祖活动

注：凡刘姓游客均可凭身份证免费入园祭祀高祖，及参观刘氏宗祠。

时间：4 月 4 日至 5 月每天上午 9：30~11：30

地点：刘氏宗祠

（2）踏青赏春——穿汉服免费游览汉文化景区园林

时间：4 月 4 日至 6 月每日全天

（3）极速滑草——滑草场滑草，酣畅淋漓的休闲和放松

时间：4 月 4 日至 6 月每天上午 9：00 至下午 4：30

地点：滑草场

（4）放飞风筝——放飞春天的希望，为自己和家人祈福，现场举办放风筝比赛，并设有奖品

时间：4 月 4 日至 5 月每天上午 9：00~11：30

地点：待定

2. 女儿节系列活动

（1）沐浴驱邪——柳枝沾集百花之香气的水洗涤垢秽、消灾祛病，带给你好运和美满

时间：4 月 6 日上午 9：00~11：30

地点：狮子潭滨水区

（2）女子笄礼——传统女子成人礼活动，感受成长的美丽与责任

时间：4 月 6 日上午 9：00~11：30

地点：狮子潭滨水区

（3）滨水投壶——仿古的投壶游戏，决出胜负有所奖励或惩罚

时间：4 月 6 日上午 9：00~11：30

地点：狮子潭滨水区

（4）对歌求偶——才艺展示，对歌表演，选中心仪的另一半，这是个天赐良缘的好机会，珍惜期待中

时间：4 月 6 日上午 9：00~11：30

地点：狮子潭滨水区

（五）活动流程（例）

清明节系列活动之放飞风筝执行方案——放飞春天的希望，为自己和家人祈福

时间：4 月 4 日至 4 月 5 日每天上午 9：30~11：30

地点：待定

1. 活动目的

（1）弘扬中国风筝的悠久历史，传递对亲人的祝福。

（2）缓解生活中的压力，把烦恼都抛到九霄云外。

2. 参加对象：踏青游园的游客。

3. 参加方式：提前或现场报名参加，报名费10元，领取风筝一个，如穿汉服（汉文化景区南门售票处汉之韵汉服坊提供汉服租赁服务），则可免费获赠风筝一个。如自带风筝则不需交报名费，但需购5元园林门票费。

4. 活动流程

（1）9：00~10：00　领取风筝，自由试飞，如果想许愿的可以在风筝上附加一个轻薄的小纸条，上面写着自己的心愿，传说这样可以梦想成真。

（2）10：00　根据参加人数，分成若干小组准备比赛。

（3）10：30　跟随组织者口令同时放飞，在30分钟之内每组放飞最高、最远的可以获奖。

5. 发放奖品：奖励汉文化景区全年旅游卡一张，可全年无限次免费游览汉文化所有景点。

女儿节活动之投壶活动策划

时间：4月6日上午9：00~11：30

地点：汉文化景区内狮子潭滨水区

简介：投壶起源于儒家的射礼，因射礼不易操作，于是采用一种较为简单的方式来代替。投壶自产生时起就具有两种属性，一为礼仪，二为游戏。

（1）现场布置：几案一张，椅子两把，投壶两尊（金属制、陶瓷制等均可），箭若干。

参礼人员：司射1名，投壶礼的主持者。
裁判1名，计算成绩的人。
宾主若干，即所有参与投壶游戏的身着汉服的人。

投壶游戏仪程：播放汉乐鹿鸣。

（2）主人与所有参与游戏者身着汉服互行揖礼，然后由主人把投壶活动的游戏规则介绍一下。

（3）把所有参与游戏者分成若干组，然后大家每个人依次就座投壶，待所有参与者投壶结束后计算投入壶内的箭的数量，数量最多者为胜，由主人宣告获胜方，可以任选失败的一组要求他们展示才艺作为惩罚。

投壶的简易程序为：

开始：各位参与者相揖后就位。

投壶：然后于席上依次将箭投入壶中。

释算：计算成绩。

惩罚：败者必须进行才艺展示，得到大家赞许后方可结束此轮游戏。

复始：进行下一轮。

女儿节宣传文稿

清明小长假哪里去？——汉文化景区过女儿节

“三月三日天气新，长安水边多丽人。”杜甫的《丽人行》传诵已久，这首诗描绘的就是古代传统女儿节的场景，女儿节也称上巳节，在每年的农历三月初，是中国古代紧挨清明节之后的传统节日，起源于汉代，盛行于唐代，至今日本和中国一些少数民族还保留着这一习俗。

为弘扬这一传统节日，徐州汉文化景区将于 4 月 6 日举办传统女儿节活动，内容包括女子笄礼（传统女子成人礼）、柳枝沐浴祈福、古代游戏投壶、踏青交友对歌求偶等别具一格的系列活动，将带给你特殊的美丽和别样的温情，伴你度过快乐而又难忘的中国新假制度后第一个传统节假日。

活动时间：4 月 6 日上午 9：00~11：30

活动地点：徐州汉文化景区内狮子潭东岸滨水区

活动意义：唤起华夏传统记忆，使参与者身临其境，让更多的人了解中国传统的女儿节，弘扬民族风俗文化，彰显两汉文化特色。

活动内容：

- 女子笄礼：传统女子成人礼，穿上传统的服装，为初长成的少女行加笄、加簪之礼，让你感受成长的美丽与责任；
- 沐浴祈福：柳枝沾集百花之香气的水拂拭身上，消灾祛病，带给你好运和美满；
- 滨水投壶：仿古的传统竞技游戏，决出胜负有神秘的奖励和特殊的惩罚，让你充分感受别具一格的古代游戏；
- 对歌求偶：才艺展示，对歌表演，选中心仪的另一半，这是个以花为媒的好机会，让我们共同期待良缘。

参加对象：

女子成人礼要求：年满 16~20 岁的女孩子，必须和家长一起报名参加。

女儿节其他活动均由单身的俊男靓女报名参加，届时会有踏青交友游园活动，希望大家都在这个传统的节日里，找到心仪的恋人。

报名联系方法及时间、地点：

电话：××××××××　　　　QQ：×××××　　　　联系人：×先生

时间：即日起报名至 4 月 5 日

地点：徐州汉文化景区（狮子山楚王陵）南门售票处汉之韵工作室

乘车路线：市内乘 5 路、49 路、65 路、58 附路、608 路、71 路到楚王陵下车即到

报名费用：每人 20 元，可免费穿汉服参加所有活动，免费午餐，免汉文化景区园

林门票。

注：除女儿节活动外4月4~5日汉文化景区内尚有仿古祭祀表演、滑草场滑草、放风筝比赛等活动，欢迎广大市民前往参加。

二、案例分析

本案例包括了活动主题、活动意义、活动主体、活动具体流程等部分。

徐州两汉文化景观众多，有“秦唐文化看西安，明清文化看北京，两汉文化看徐州”的说法。徐州是汉高祖刘邦的故乡，也是其发迹之地。公元前206年4月项羽封刘邦为汉王以后，经过4年楚汉之争，于公元前202年在定陶行皇帝礼，定都洛阳，后迁都长安。两汉400年间，徐州共有13位楚王，5位彭城王，东汉时期，还分封过一个下邳国，有4位下邳王嬗递。徐州汉墓中的王陵墓葬、狮子山兵马俑和徐汉画像被称为“徐州文化的典范”。徐州丰厚的文化底蕴，为本景区节庆活动提供了主题，即以“徐州汉文化”为题，明确了本次活动以“彰显两汉文化、弘扬民族风俗”为目的。节日定在了清明节及上巳节。因此，本次策划的题目确定为“‘感受春天的气息 释放心灵的感悟’——徐州汉文化景区清明节及上巳节活动策划案”。对于活动主体内容，有祭祀、踏青、蹴鞠、沐浴祈福、投壶等内容。设计者巧妙地选择了我国传统的活动和一些古代的风俗活动，既契合策划案“汉文化”的主题，又满足了现代人“求新、求奇”的心理，达到了“怀古”的活动目的，同时也结合了现代休闲的元素，如极速滑草运动。“古今贯通”是本次策划活动的亮点。本次策划案包括了清明节和上巳节两个节庆活动的内容，参加方式、活动流程设计合理详尽，是一篇成功的景点节庆策划案。

任务六　实训课业

一、实训目的

本实训旨在考查学生对本模块内容的理解和掌握情况，培养学生对景区景点节庆活动策划的技能。

二、实训要求

请学生依据所提供的材料，按照任务三和任务四的内容，为既定景区策划一个节庆活动。该活动可以在原有节庆活动基础上拓展深化，也可以重新策划一个新的节庆活动。策划提纲自拟，但必须涵盖任务中所给出的内容。学生也可以其他景区作为策划对象，要求同上。

三、实训对象资料

南京夫子庙秦淮河风光带地处南京城南，东起东水关淮清桥秦淮水亭，越过文德桥，直到中华门城堡延伸至西水关的内秦淮河地带，包括秦淮河两岸的街巷、居民、附近的古迹和风景点，1800年以来，这里一直是南京最繁华的地方之一，被称为“十里珠帘”。秦淮风光带以内秦淮河为轴线，夫子庙为中心，具有明清风格、庙市街景合一的文化、旅游、商业、服务等多功能相结合的秦淮风光带。1990年，它被选为“中国旅游胜地40佳”之一。“六朝金粉地，十里秦淮河”，及朱自清的“桨声灯影里的秦淮河”更使秦淮河闻名遐迩。

南京夫子庙始建于宋朝，位于市中心偏南，秦淮河北岸的贡院街旁。是由文教中心演变而成的繁华闹市，人们通常所说的孔庙，实际包括夫子庙、学宫和江南贡院建筑群。

整个建筑群占地甚广，南临秦淮北岸，从文德桥到利涉桥，东起姚家巷，西接四福巷，北凭建康路东段。古代房舍历遭毁损，各代又兴修扩建，重楼叠阁，富丽堂皇，到清末民初，殿宇结构和布局，仍为东南各省之冠。今天我们所见的夫子庙建筑，一部分为清末重建，一部分为近年重建。棂星门前没有半圆形水池，称为泮池，外环“万仞宫墙”，东西坊门所刻“德配天地”和“道贯古今”为曾国藩手迹。过了棂星门，后为大成门。过大成门到大成殿，是专门祭祀孔子之处，东西有配殿和长廊。往后为崇圣殿，结构高大，过去是历代先贤祠。崇圣殿后为治山，山上有顾亭林祠，山顶上有敬一亭，可远眺钟山雄姿，近俯夫子庙全景。清末所建的江宁学府在夫子庙之东，现大部分建筑已毁。

每年农历正月初一至十八，这里举行夫子庙灯会，热闹非常。1985年，南京市政府修复了夫子庙古建筑群。还改建了夫子庙一带的市容，许多商店、餐馆、小吃店门面都改建成明清风格，并将临河的贡院街一带建成古色古香的旅游文化商业街；夫子庙既恢复了旧观，又展现了新容。夫子庙建筑群由孔庙、学宫、江南贡院荟萃而成，是秦淮风光的精华。

四、实训过程

第一，分析策划对象

第二，策划前期调研

第三，学生分组进行策划

第四，提交策划案

第五，策划案展示交流

第六，策划案总结点评

模块十一　景区景点商品策划

导读

荷兰的小木鞋，韩国济州岛的火山石工艺品，景德镇的陶瓷，东北的人参、貂皮、鹿茸，杭州的丝绸都给人留下了深刻的印象，成为旅游者必购的纪念品。景点商品有利于发展旅游地的经济，提升旅游地的文化底蕴，体现地方特色，与各地的景点、文化紧密相连。那么什么是景点商品，它有什么特点，具备什么功能，应该怎样策划景点商品呢？本模块就要对此进行介绍。

图 11-1　旅游商品——丹麦步兵、美国总统玩偶、埃菲尔铁塔、椰壳娃娃、虎头枕、骆驼

工作任务

任务一　景点商品策划

任务二　景点商品的认知

任务三　景点商品策划流程

任务四　实训课业

任务一　景区商品策划

案例引导

荷兰小作坊中的各色木鞋吸引游客眼光

荷兰木鞋同风车一样，是这个低地国家的一个象征。作为一种传统工艺品，荷兰目前仍然保存了很多专业做木鞋的小作坊，而这些作坊除了要销售木鞋，还负责向全世界的游客展示木鞋的制作过程。

荷兰大部分国土海拔太低，欧洲许多大河经荷兰入海，又受全年湿润的温带海洋性气候影响，几乎一半的土地浸泡在水中，正是由于这样的条件，促使荷兰人在几百年前就发明了木鞋。

在历史上，木鞋对于荷兰人来说有着重要的实用价值。因荷兰土地太潮湿，木鞋最能防潮湿，而且经久不烂，因而成了荷兰人的最爱。

木鞋取材于荷兰特有的一种坚硬且无花纹的杨树。由于容易清洗、原料便宜且到处都有，加工起来也不是很困难，所以荷兰人几乎人人都会制作木鞋。木鞋同时也是最安全的劳动防护靴，因为它可以有效地保护脚趾。木鞋在荷兰已有几百年的历史。荷兰农民用木头自制一种状如船形的鞋，在鞋内填进稻草之类，既可御寒防冻，又舒适耐穿，于是，木鞋一代代流传下来。直到今天，许多荷兰农民和渔民仍有穿木鞋的习惯。

一个好的制鞋匠实际上就是一位雕刻家。在荷兰历史上据说有一对叫作威茨耶思的兄弟，他们的制鞋手艺十分高超，无论顾客是什么样的脚型，威氏兄弟总会做得非常合脚。兄弟俩一般先用各式各样的工具或机械进行初加工，最后用手工来完成鞋子的制作。

在荷兰，婴儿出生后，一些父母会为小宝宝准备一双小木鞋，表示作为荷兰人，一生都要与木鞋为伴。荷兰男青年谈恋爱时，要设法悄悄量好女友的脚形与尺寸，亲手制作一双木鞋，刻上女友的姓名送给女友。结婚时，丈夫把木鞋作为爱情的信物送给妻子，并亲手为她穿上。木鞋还是荷兰人日常生活中馈赠亲朋好友的礼物，如果有人送你一双你刚好能穿的木鞋，那就意味着你是他最尊贵的朋友。

荷兰人在做小学生时，就由老师指导制作木鞋，日后渐渐长大积下的经验更多，也就能制作出更好的木鞋，那么求婚之路也将平坦许多。现在如果到荷兰人家里做客，往往会在客厅最显眼的地方，看到一双制作精美的木鞋，不用说，这双木鞋就是当年的订婚礼品之一，它不因陈旧而减少当年浪漫的情怀。

资料来源：http：//info. shoes. hc360. com/2010/02/06151996674. shtml

图 11-2　荷兰木鞋

资料来源：http：//info. shoes. hc360. com　http：//www. aiyifu. com

想一想

在我们外出旅游时，总会见到各种各样的景点商品，那么景点商品的概念是什么？从本案例中看出，荷兰小木鞋受欢迎的原因有哪些？荷兰人是怎样设计出小木鞋的呢？推而广之，我们可以试想一下，一种家喻户晓的景点商品应当具备什么特点呢？它又在我们的生活中扮演着什么样的角色呢？我们应该怎么去设计它呢？

景区商品策划在旅游业发展中的地位和作用越来越引起人们的重视。而我国人文旅游资源丰富，拥有很多以人文资源著称的景区，如何将景区的文化因素渗透进旅游商品策划之中呢?“景区商品”是特指旅游者因旅游而产生购买的，其所有权发生转移的，含有旅游信息或旅游地文化内涵的劳动产品，不包括商业性或投资性的购买对象。景区商品是含有“旅游信息”或“旅游地文化内涵”的劳动产品。由此我们可以试着对景区商品进行这样的分类：第一类以传递旅游地信息为主，如景区地图和介绍景区的报刊书籍等；第二类是以表现旅游地文化内涵为主，其表现形式较为复杂，包括旅游纪念品、旅游饮食品、旅游日用品等。景区商品在传递旅游信息的同时，有时也是在以文字、图像等较直观、直白的方式将旅游地的文化内涵传递给购买者，所以我们也可以将第二类看作是景区商品的更高层次；同时，也可以说，文化内涵是景区商品的一种重要“组成成分”。将旅游地的文化内涵应用到当地旅游地商品策划中去，可以提高当地景区商品的层次和品质。

景区商品策划指的是策划人员为了达到对旅游商品的有效开发和营销目的，经过调研分析，运用智力，借助一定的方法、技术和手段，对景区商品的设计生产、营销传播等进行整体或局部谋划的过程。景区商品策划包括商品开发、营销两大部分内容，包含前后相连的四个阶段：对旅游市场需求、区域文化资源、物产资源的调研、策划、实施和评估。其中的策划阶段具体包括商品物质材料的选择、造型设计、包装设计、制作工艺、市场定位、制定价格、开发品牌、选择传播方式、确定销售渠道模式等环节。

任务二　景点商品的认知

景点商品构成了旅游消费活动“食、住、行、游、购、娱”六大要素之一，也是旅游供给的重要组成部分。就旅游者的食、住、行、游基本需要而言，旅游业从这些项目所得的收入是有限的，而购物则属于非基本需求，所得的收入没有限度，是弹性最大的一项收入。很多国家和地区通过旅游购物，大大提高了旅游业的经济效益。

一、相关基本概念

景点商品是指旅游者在旅游活动中购买的富有当地民族特色，具有实用性、工艺性、礼仪性、收藏性和纪念意义的以物质形态存在的商品，也称旅游商品。

（一）旅游商品与旅游产品

旅游商品又可称为旅游购物品，是指“旅游者在旅游活动过程中购买的，以物质形态存在的实物”，而旅游产品是指旅游经营者凭借旅游景点、交通和旅游设施，向旅游者提供的用以满足其旅游消费的全部服务，是由多种成分组合而成的整体概念，是以服务形式表现的无形产品。

（二）旅游商品、旅游工艺品

目前国内学者一般认为旅游工艺品是旅游商品的重要组成部分。陶汉军和林南枝（1994）认为旅游商品应分为：旅游纪念品、文物古玩及复制品、实用工艺品及土特产品、特种工艺美术品、旅游日用品、免税商品。在旅游工艺品和旅游纪念品关系的界定上，一般认为旅游纪念品包括旅游工艺品，但是旅游工艺品不能取代旅游纪念品的概念。刘蓬春（2003）指出，虽然很多旅游纪念品都是工艺品，都具有欣赏价值、收藏价值和使用价值，但是旅游纪念品还具有一般工艺品所不具有的纪念意义。

二、旅游商品的特点

（一）地域性和民族性

地域性往往体现在旅游商品所反映的特定地域的自然风貌和风土人情，采用当地的原材料、当地的制作工艺、当地的包装风格等。民族性是与地域性相伴而生的，在我国有很多的少数民族，分布在不同的地域，旅游商品应能体现所在地域少数民族的民俗风情、审美情趣，带有浓郁的民族特色。正如每位到墨西哥旅游的游客都会买上几顶宽边草帽作为纪念品，那是因为它蕴含着浓郁的墨西哥风情。

（二）艺术观赏性

旅游商品在充分利用旅游地的自然风光、名胜古迹、民族风情、历史传说等题材的同时，还必须满足形式美法则，符合审美要求，体现出艺术价值。不同的人可能会对同一件商品有不同的评价，但是，不论旅游商品的内容和形式如何，总要在它们自己的艺术领域拥有独特的艺术分量。例如，河南的泥咕咕（图 11-3）形象奇特，虽线条粗犷，但专家评价很高，许多旅游者也非常喜欢这种透露着原始气息的手工艺品。

图 11-3　河南泥咕咕

资料来源：http：//henan. sina. com. cn/http：//news. folkw. com

（三）文化性

现代旅游不仅仅是一项经济活动，更是一项社会文化活动。不同地域间的人员流动附带有很大的文化交流成分，旅游商品作为这种交流的物化载体，就需要体现出特定的地域文化渊源和内在品格。因此在开发和设计旅游商品时，既要分析国内外旅游市场，了解游客的心理需求，更要深入挖掘旅游地自身的文化，以地方文化背景为依托，设计出独具特色的纪念品。要赋予其当地独有的文化旅游形象与文化内涵，达到拥有它即表示“到此一游”的效果。扬州旅游工艺品如剪纸（图 11-4）、刺绣、雕刻、绘画、装裱、盆景等虽然是物化的产品，但是却注入了扬州文化的灵魂，能反映扬州文化中所包含的人文精神。

图 11-4　剪纸

（四）轻便性

图 11-5　瓷器

旅游商品另一个必须具备的特点就是轻便性，这是由旅游者流动性的特质决定的。大家出外旅游时经常会有这样的经历，看到一些精美的纪念品很想买，但是一想到越来越沉重的行李，最后只得作罢。“轻”“便”两者尽可能都要具备，即重量要轻，便于携带。外部包装最好不要奇形怪状、不方不圆，并且要不怕碰撞。一般情况而言，纸制品、纺织品较为容易携带，如剪纸、年画、丝绸、蓝印花布等。而陶器、瓷器（图 11-5）、玻璃制品易碎；金属制品往往体量较大，携带起来就相当困难了。

三、旅游商品的分类

研究目的不同，旅游商品的分类方法也多种多样。

根据旅游商品的功能，可将其分为旅游工艺品、礼品类旅游食品、礼品类旅游用品和其他类。

按区域旅游商品生产工艺可分为工业制成品与手工制品两类。工业制成品适合大规模批量生产，但一般不具备特定旅游市场的特色。而手工制品虽能很好反映区域民族文化特色，但产量大多不高。

按旅游者购买目的可分为礼品用、收藏用、实用与多用途旅游商品。礼品要求旅游商品要物美价廉，尤其是包装要精美。收藏用旅游商品要求高工艺美学价值，及一定的垄断性。实用旅游商品则要求一定的实用价值和纪念意义，而且相对旅游者所在地要具有价格优势。多种用途结合的区域旅游商品应成为大规模开发的主要方向。

按照旅游商品的地域性，可以分为三类。泛地域类旅游商品、表层地域类旅游商品以及深层地域类旅游商品。泛地域类旅游商品是指旅游商品本身无法体现某一特定地区或民族文化的特色，也无法体现区域或民族间的文化差异，它的特征具有普遍性，表现为一种较大尺度地域上的共同的文化（如中国结、国画、非特定地域内仿制文物等）。表层地域类旅游商品，主要是从表层的地域意象来传达旅游区的地域文化。简而言之，是通过形象塑造，使产品具有旅游地的某种意象或视觉特征，这种意象来源非常广泛，凡能代表地域独特性的都可以，比如特色景物、特色民俗、特色材料等。如印有某个景区名称的印刷品、嵌有特征景观的钥匙扣、绣有体现该地域民俗风情的丝制品等。所谓深层地域类旅游商品是指在特定地域、由特定民族产生并发展起来的，具有强烈的地域独特性，并具有浓厚历史文化内涵的商品。这类旅游商品的产品本身就饱含着浓厚的地域历史文化信息，并且在当地已经有一定的历史，如无锡惠山泥人、紫砂茶壶、天津泥人张的泥人、维吾尔族的花帽等。

按区域旅游商品功能与美学价值可分为低、中和高档三类，商品价格也相应分为三类。低档旅游商品做工简单，极少给人以美的感受。高档旅游商品则较好地反映了区域文化内涵，精工制作，工艺美学价值高。中档旅游商品介于两者之间。

四、旅游商品的功能

（一）增加目的地经济收入

任何外来旅游者在旅游目的地的购物消费，都直接构成一种外来的经济“注入”。旅游商品的开发与销售，可以直接使旅游区的自然和人文资源转化为经济效益，同时由于旅游者来自旅游区之外，还可以促使这些旅游商品的外销。无论是以传统手工艺的形式，还是以工厂的形式生产旅游商品，无疑都能增加旅游区的就业机会，提高人们的生活水平。

相关链接

旅游业是我国发展势头正猛的新兴产业和朝阳产业，我国旅游业目前（2006年）在国内生产总值中的比例是5.4%，年创汇204亿美元，到2020年有望翻一番，达到11%，年创汇达到580亿美元。但是在旅游界内被广泛公认的一个事实是旅游购物是我国旅游六要素中最为薄弱的环节之一，景点商品的开发还相对比较落后。在世界发达国家，旅游购物的收入占旅游总收入的50%左右，而我国在旅游业迅猛发展的这几年，旅游产品却没有得到同步发展，仅占旅游总收入的20%。

（摘自文军《论我国旅游商品开发》，载于《商业研究》2006年第8期）

（二）带动相关行业的迅速发展

许多旅游商品都是由轻工部门和农业部门提供的。旅游商品与非旅游商品之间并无不可逾越的界限，提高旅游商品生产水平，能为轻工业、农业提供更广阔的发展前景。同时，由于旅游商品生产经营部门是外贸部门的广告公司、业务推销员，是出口商品的情报所，所以发展旅游商品有利于外贸发展。

（三）扩大就业途径

旅游商品的开发、生产和销售，可同时为轻工业、商业、服务业等拓宽就业范围，为目前国有大中型企业职工下岗分流及新增待业人员提供新的就业门路，为许多中小企业摆脱生产经营困境，增加职工收入带来新的机遇。

（四）旅游商品是传播当地文化的重要手段

旅游商品是旅游宣传的一种方式和手段，能吸引和引导旅游者的旅游行为。旅游行为建立在旅游目的地对旅游者强烈的吸引力之上，即游客旅游活动的实现在很大程度上是由旅游吸引力所引导的。而这种吸引力一方面来源于游客感兴趣的景点、景物；另一方面来源于景物的特色性和文化底蕴。旅游纪念商品带到哪里，旅游地的形象就传播到哪里；旅游纪念商品销售得越多，旅游地的形象就传播得越广。

图 11-6　福州漆器、无锡泥人、杭州雷峰塔

（五）旅游商品是旅游者纪念旅游经历的重要载体

由于旅游商品是目的地特色的物质载体，有些甚至成为某个目的地的标志，旅游者看到它就能回想起某段旅游经历，这才使它具备了纪念性、礼品性，成为收藏、馈赠佳友的礼品。因此旅游商品与其他商品不同，要具备纪念性。

任务三　景点商品策划的流程

旅游商品的策划并非易事，单有热情和工艺技巧是远远不够的，需要遵循一定的原则，进行多方面的准备。

一、旅游商品策划原则

（一）市场需求原则

商品因需求而生产，旅游商品的开发应该遵循市场需求原则。市场需要什么样的旅游商品，厂家就生产什么商品。特别是在旅游商品市场日益疲软的状况下，更应坚持这一原则，积极开发适应国内外旅游者需求的旅游商品。在旅游商品的档次方面，应做到高、中、低档相结合，以满足不同层次与不同消费水平的旅游者的需求。

（二）地方性原则

地域文化是旅游商品的设计基础，旅游商品设计需遵循地方性这一重要原则。文化渊源是旅游商品的生命力所在，旅游商品的文化特征越鲜明、文化品格越高、地域特征越明显，它的价值就越高、越受欢迎。旅游商品的开发是一种文化开发，必须格外强调纪念品的地域文化内涵。旅游商品有无竞争力，能否成为远近知名的品牌，主要不是取决于技术物理性差异，而在于品牌是否具有丰富的地域文化内涵。例如在悉尼，那些用长毛绒做成的澳洲袋鼠和考拉，以及以悉尼歌剧院、悉尼海湾大桥作主题的摄影与绘画作品，都很受国外游客欢迎。在韩国济州岛的国家火山公园，最受欢迎的旅游商品是用火山石制作成的各种工艺品。

设计要考虑到地域性、民族性的客观存在，应从以下方面进行考虑：

1. 设计元素：特色景观

大多数旅游地突出的景观资源成为其吸引旅游者的重要因素，因此特色景观也成为该地旅游宣传的重点对象。特色景观一般可以分为特色自然景观和特色人工景观两类。我国自然景观比比皆是，因此能作为定位依据的自然景观必是特色鲜明、让人记忆深刻的名山大川、奇异地貌、特色植被等，若符合条件均可用来作为旅游商品的定位元素。这需要设计师对自然景观加以提炼，选出最具代表性的自然景观作为设计题材，再者要抓住该景观的突出特点，采取具象或抽象的手法对景观的整体或代表性局部作为设计元素进行饰品造型设计和图案装饰，以特色人工景观（特色建筑）来进行设计定位。用特色建筑来进行设计定位的优点在特色建筑已经经过了工匠们的深思熟虑，具备了作为饰品设计元素的基本要求：具备原始的造型设计、具备原始装饰图案和含义、具备垄断性价值，如北京的故宫、天安门、长城，苏州的古典园林，恒山的悬空寺等，均具有垄断性价值，可作为定位方向。

2. 设计元素：特产

很多旅游地出产特产，前往的旅游者往往会携带当地特产作为旅游商品带回家。旅游商品的设计取材也可以从当地的特产入手，进行设计元素的定位。

（1）天然特产：中国大地幅员辽阔，物产丰富，各地均有代表性的土特产品，包括特色动物、特色石木、特色花果、特色矿物等。饰品设计师往往可以就地设计，稍作修饰就可创造出一款极具地方特色的旅游商品。在利用天然特产进行创作的过程中，我们可以采取特殊的加工工艺、设计手段，充分利用天然特产的原始造型、原始材质及原始意义来进行设计创作。如此便能更好地向旅游者展现大自然的真实美感，使原本可能一文不值的天然特产具备前所未有的自然观赏性、艺术收藏性，充满了浪漫的田园气息和自然风光，它把自然界中最美的瞬间永久地为旅游者保存，使其更具动感、更具生命力，带给人们更多的情感交流和美的享受。

相关链接

白果又称作银杏，就连它的名字都有好多个。银杏历经劫难孑遗，孑遗后繁衍至今亦有千百万年，表现出极强大的生活适应能力，在形态上很少变异。我国不少地区种植银杏，比如有“天下银杏第一乡”之美誉的山东省郯城县新村乡，是国内面积最大的银杏苗木培育基地，而“巴山银杏”也因其独特的地理特征，成为四川省最佳的银杏适生区，得名成为当地的土特产。一旦当地旅游业发展起来，银杏就可采用特色精选杏果经特殊工艺处理表面，电镀24K黄金，成为当下最为时尚的佩戴饰品，象征的意义可谓是重之又重，还为时尚界增添了一道美丽的风景，为当地种植业和旅游业增加了新的经济来源。在设计理念上，高贵的黄金与悠久历史的杏果相结合而成的“金果”就有了完美的定义了：爱情是可以相信一生一世！亲情是可以永远一生一世！友情是可以保持一生一世！爱情，亲情，友情共同平安一生一世！若加上完美的包装，如此一款旅游商品必能成为众多消费者追捧的商品。

（2）人工特产是比较传统的旅游商品，综合运用材质、造型、工艺、图案等元素来设计商品，便成为不可多得的旅游商品。

相关链接

潍坊的风筝起源于2000年前的春秋战国时期，经过发展成了当地最具特色的旅游商品。潍坊制作风筝历史悠久，工艺精湛。潍坊风筝和京式风筝、津式风筝等交相辉映，鼎足而立。潍坊风筝同中国许多民间艺术形式一样，产生于人们的娱乐活动，是寄托着人们的理想和愿望，与人们的生活有密切联系的娱乐品。风筝造型各异、大小不同、风格多样，题材大都源于生活、反映生活，带有浓厚的民俗特色。其中龙头蜈蚣风筝就是聪慧的潍坊民间艺人在实践中创造出来的，带有浓厚神论色彩和审美理想的艺术特点。

（三）创新原则

旅游者在游览中，充满着对美好和新鲜事物追求的向往，购买旅游商品也有同样的心理。因此，旅游商品设计，应该抓住游客的这种心理，不断开发新产品，刺激游客产生新的购物需求。创新包括市场观念创新、设计创新、技术创新和机制创新。

相关链接

2006年3月31日，在河南新郑举行的黄帝故里拜祖大典的盛况由中央电视台新闻频道和国际频道同时向海内外播出。在这项牵动着亿万炎黄子孙的盛大活动中，我们十分荣幸地承担了为大典策划设计纪念品的任务。参加拜祖大典的国内外来宾超过3000人，仅宗亲团体就有14个，分别来自加拿大、泰国、美国、日本等国家和地区。将要在大典期间呈现在他们面前的这份纪念品该如何策划设计才能打动这些不远千里归家祭祖的游子呢？

被邀请参加大典的嘉宾可谓非富即贵，他们往往都拥有很高的经济地位和社会声望，自身价值贵重的商品显然不合时宜，因此我们首先排除了“物质化”的设计思路。如今的炎黄子孙散落在世界的各个角落，把他们维系在一起的不是金钱、不是利益，而是深深的炎黄情节，因此我们认为把握这一主题进行设计才能体现黄帝故里拜祖大典的核心精神。明确了主题，我们想到了中国古时，每逢有人远游，为了让他不忘故土，家乡的人都会为他准备一把家乡的泥土带在身上。今天，我们同样可以捧一把华夏泥土真心地奉献给每位来宾。于是，取五方（东西南北中）土和两江（黄河、长江）水混合压制而成并由“中国结”串带的纪念品创意思路就正式形成了。摘自《创意旅游》（杨力民著）

（四）美学原则

美的商品能够给人们带来美的感受，勾起人们的购买欲望。旅游者出外旅游，就是希望能感受美——自然美、文化美、艺术美。他们为了永久地保持美的感受，为了使愉快的经历、体验能重温回忆，就需要有一种象征物来替代。所以，旅游者迫切希望能买到具有纪念性和艺术性的旅游商品。因此，设计具有美感的旅游购物商品是开发的重要原则。美学原则不仅是指表现出传统美学范式，更重要的是要体现时代感。追求新的花色、新的款式、新的情趣是游客的需求之一，这就要求旅游商品设计要在遵循现代审美规律，保留传统特色的同时，增加其时代特征。

（五）轻便性原则

轻巧、携带方便是旅游商品所必须具备的品质。限于旅游商品的特殊性质，游客们往往需要长途跋涉，因此，旅游商品简易、安全的携带就成为一个不得不考虑的重要因素。很多做工精湛、颇具地方特色的民间工艺品往往由于携带不便使游客不得不忍痛舍弃，造成了旅游地与游客的双重损失。所以旅游商品在设计时必须要充分考虑到这一点，大力开发轻便、不易破损的旅游产品，提高市场购买力，这也是一种以市场为导向的积极努力。

（六）系列化、多样化、配套化原则

旅游商品设计要系列化、多样化，配套化，这样才能满足不同层次的旅游者需求。这就要求在题材、式样、规格、原料、色彩、包装、价格、功能等各方面求新、求变、求多样、求系列、求配套。琳琅满目、丰富多彩、品种齐全、规格多样的商品，本身就是一种美，不仅能满足旅游者的实物需要，而且能满足审美需求。

二、旅游商品策划流程

（一）市场调查

对于旅游业来讲，如果不了解旅游市场规模，不了解客源市场所在，不了解自己在市场竞争中的优劣，那么其发展将是一种盲目的发展。旅游商品市场是旅游市场的一部分，旅游资源的倾向性使得旅游资源的开发具有很强的客源市场针对性。因此在开发旅游商品资源的时候，必须对旅游商品供给市场和消费市场进行分析，把握旅游商品开发发展趋势和消费者的消费倾向。

1. 旅游商品供给市场调查

在经济学中，市场是指商品交换关系的总和，是不同的生产资料所有者之间经济关系的体现。旅游市场通常是指旅游供给和需求市场。把旅游商品资源变成具有购物吸引

力的旅游商品，前提是要对现阶段旅游商品开发市场进行调查研究，对国内旅游发达地区的旅游商品开发趋势有个大致的了解，把握最前沿的商品开发现状，了解别人的特色，并从市场中发现自己的优势和劣势，对于优势，要加以总结，以期更突出自己的优势，而对于劣势，要加以改进，以期得到更好的发展。

2. 旅游者购买行为分析

研究旅游者购买行为，是站在企业的角度，研究提供何种旅游商品才能满足旅游者购物的需求，从而达到企业赢利的目的，它是把商品类资源转化为受旅游者喜欢的旅游商品的过程。对旅游者购物行为进行分析，是旅游商品开发和营销的基础。

旅游者购买行为是指旅游者购买旅游商品的活动及与这种活动有关的决策过程。开发人员了解旅游者购买行为，就是要了解相关的市场信息，如旅游者为何购买旅游商品，旅游商品的质量如何，包装如何，何种旅游商品更能激起旅游者的购物兴趣。了解旅游者的购买行为，针对其购买行为的特点制定产品的设计、生产、营销规划。

（1）影响旅游者购买行为的因素。旅游购物是弹性最大的消费，很多因素都会影响旅游商品的销售。只有了解影响旅游者购买行为的因素，才能从根本上把握旅游市场，开发迎合旅游者消费心理的旅游商品。

第一，旅游者个人因素。参加购买决策的是个体，每个人都有其自己的个性特征，因年龄大小、性别差异、职位高低、教育差别、生活背景的不同，每个人在旅游商品购买决策中就会表现出不同的立场和态度。

年龄本身对旅游商品的购买行为没有太大的影响，但是不同年龄的旅游者会表现出不同的购买行为。就实际收入而言，青少年学生没有收入，购买能力比中老年人低；就购物倾向而言，青年人偏好时尚潮流的物品，而老年人更看重康体养生类的旅游商品。

性别对旅游购买行为的影响表现在对旅游商品的不同需求上。女性购物一般偏重于服饰珠宝或化妆品，而男性更侧重于购买瓷器、茶叶之类的旅游商品。一个人的职业在很大程度上决定其在社会结构中所处的地位，职业不同决定收入不同，即支付能力的差异，进而直接制约旅游者购买旅游商品的种类、品牌、购买方式以及购买数量。

受教育程度也在很大程度上影响着旅游购物行为，不同的文化层次对商品的认知能力不同。

在商品的开发和营销上要考虑旅游者自身的因素。

第二，旅游商品的因素。在现代市场，企业之间的激烈竞争以商品为中心。商品各个要素，包括商品设计、商品命名、商标、商品包装、商品价格等，都对旅游消费者消费心理与购买行为有着十分重要的影响。

商品设计最终要通过一定的形态来表现，商品的造型就是商品的依托。离开这个依托，商品设计就无所附着。商品造型的目的是通过它的线条、形状、比例、大小等，刺激顾客的购买欲望。旅游消费者对旅游商品的选择，首先，依据商品外观形态及视觉感受来判断，一件外观赏心悦目的旅游商品更能激发旅游者的购买欲望。其次，旅游商品的质量是旅游商品最根本的问题，质量是产品的生命线，优质的旅游商品可以增加旅游者的购买欲望。在购物活动中，价格是旅游商品消费最敏感的问题，消费者在购买旅游商品时，总要根据自己的切身经验，把商品的价格和价值联系起来，并通过购买商品来满足个人的某种欲望。

第三，旅游商品的营销因素。现代营销不仅仅局限于开发一项好产品及为产品制定一个好价格，企业还必须与旅游者进行沟通，使旅游者了解其产品并购买。从这个角度看，营销同样是影响旅游购买行为的重要因素。好的营销策略对扩大旅游商品的市场份额，实现旅游商品的生产者和经营者的利润起着决定性作用，同时也能够有效提高旅游商品的知名度。

旅游购物一大特点是时间仓促，旅游者从见到商品、产生购买欲望到决定是否购买的整个过程，包括价格的磋商，往往只有短短的几分钟或几十分钟，而旅游者对许多旅游商品的性能、特点、用途、质量等了解甚少，甚至一无所知。因此为扩大旅游者购物消费的投入，必须加强对旅游商品的营销。如果营销策略到位，经营者可以实现原来不会发生的交易，可见好的营销手段可以说服旅游者做出购买决定。

旅游商品营销的方法多种多样，如广告宣传、销售人员促销、公共关系与公共宣传、印刷品等，在实际操作中，可以采取多种营销方式相结合的办法，使营销活动有声有色，达到水到渠成的效果。

（2）旅游者购买决策过程。一般而言，旅游者的购买决策过程分为 5 个阶段：问题识别、信息搜集、可选方案评估、购买决策及购后行为。

问题识别。问题识别过程即需要的认识过程，也就是旅游者对旅游商品是否需要的一种心理过程。旅游者对旅游商品的需要可以由旅游者的生理和心理状况引起；也可以由外部的刺激引起。旅游者对旅游商品的需要包括馈赠亲朋好友、自己留作纪念或旅途中使用等。通常我们可以从外部刺激旅游消费，引导旅游者寻求旅游商品信息。

信息搜集。当人们有购物需求时，会通过各种途径获取旅游商品的相关信息，如搜寻有关旅游商品的信息、留意有关旅游商品的广告或向朋友了解这方面的信息。因此，营销人员应分析旅游者接受信息的途径和方式，并了解每种来源对旅游者购买行为的影响，为今后开拓旅游商品市场、选择营销方式打好基础。

可选方案评估。这一阶段是旅游者以自己的标准对选中的几种或几类旅游商品进行评估。当旅游者从不同的渠道获取相关信息后，便会对可选的品牌进行分析和比较，并对各种品牌的产品做出评价，他们对每个产品都有不同的态度和偏好，甚至可能依靠其喜好程度对他们进行排序，在这个过程最后选出一个最喜欢的商品，决定购买。在消费者评价与选择的标准中，通常会有一项是促成消费者决策的主要因素，这项因素被称为决定性因素。决定性因素依商品的种类和消费者的感觉、生活方式、态度、需要等诸多方面的因素而变化。有时决定性因素并不只是一个，可以是多个一起存在。

购买决策。旅游者在经过搜索旅游商品信息，对其进行评价与选择后做出购买决定。但旅游者也可能因为评价与选择过程中一些相关影响因素而推迟或取消购买决定，这时消费者购买的决策过程便处于一种停滞状态。影响旅游者购买决策的因素包括他人的态度、旅游者预期的收入情况、预期的旅游费用及从旅游商品中获得的利益等。

购后行为。旅游者在购买商品后，一般会体验到三种感觉：满意、不满意以及疑虑。也就是说在最初使用商品的过程中，消费者会以购前的期望为标准来检查与衡量自己买回来的商品，主要目的是论证自己的购买决策是否正确，借以消除购买而产生的怀疑与担心。如果结果满意，那么消费者就会在下次购买中，倾向于继续购买该商品，并积极向别人宣传和推荐，否则便不会再购买这种商品并且竭力劝阻别人购买。更为重要的是，旅游购买者的这种口头宣传即“口碑宣传”，对相关群体成员的购买决策将产生重要影响。

（二）旅游商品资源调查

要做到把资源变成产品，使之产生经济效益、文化效益和社会效益，应对资源进行调查，查明可供利用的资源状况，系统而全面地把握资源的质量、特点及价值等，为资源的评价、开发和合理利用做好准备。

1. 调查内容

旅游商品资源调查内容复杂繁多，涉及旅游商品开发的方方面面，如旅游商品资源所包含的文化因素、产品的市场接受程度、其他地区旅游商品开发的动向等。因此对旅游商品资源调查既要注重资源自身的各种情况，也要注意资源外在环境的现状与发展变化。具有地方特色和文化内涵是旅游商品最重要的特征，因此开发富有地方特色和文化内涵的旅游商品，就必须对当地旅游资源进行系统而全面的调查，然后结合旅游者的购物需求进行筛选开发。

（1）类型调查。了解调查区旅游资源的类型，有利于今后开发主次顺序的确定。对于资源类型，现一般以 2003 年国家标准《旅游资源分类、调查与评价》（GB/T 18972—2003）为依据。此标准依据旅游资源的现状将旅游资源划分为 8 主类、31 亚类、155 基本类型、3 个层次，其中前 4 主类属于自然旅游资源，后 4 主类属于人文旅游资源。

（2）特征调查。旅游资源的特征是旅游资源调查的重要内容，从旅游商品需求市场出发，鉴别调查区旅游商品资源的特征。特征的调查实际上是对旅游商品资源的一个认识过程，对其有一个正确的认识，才能寻找到最佳主题。特征调查包括：寻找著名的物品，如名花、名兽、名石；寻找名人及与名人有关的名诗、名画、名传说；寻找特色文化，充分发挥名人和文化中包含的风俗习惯、风土人情等。

（3）成因调查。在开展资源调查时，要了解资源形成原因、发展历史、利用价值的可能性、自然与人文相互依存的因果关系，为以后旅游商品的开发提供历史文化方面的依据。这一过程需要的是聪明的头脑、独立的见解。一双慧眼能发现新时尚的萌芽和历史沉积物中的宝石，更需要有敢于联想的胆识和实事求是的调查研究。只有在全面认识和调研的基础上，才能有精明的决策。

（4）开发现状调查。开发现状的调查包括已开发的旅游商品和具有潜在开发价值的资源。对开发现状进行调查，可以节约商品开发成本。在已开发的基础上，选择更具开发潜质的资源，进行深度开发；对于未开发的商品资源，结合旅游者的购物需求，有选择性地开发。

2. 调查的方法

调查是项复杂系统的工作，但旅游商品资源的调查方法不同于一般旅游资源的调查方法，其他旅游资源都要采取实地调查和资料调查相结合的方法，旅游商品资源由于其特殊性，一般采取收集现有资料的方法，并对这些资料进行统计、分析、整理。

（三）旅游商品资源评价

资源评价是在资源调查的基础上进行的深层次研究工作，是从经济最大化的角度出发，采取一定的方法，对区域内资源本身的价值及外部开发条件等进行总的评判和鉴定的过程。资源评价涉及的范围非常广泛，不同的评价者有不同的审美观，会导致评价结果的差异，因此客观的评价非常重要。

1. 价值评价

（1）历史文化价值。历史文化价值是指旅游商品资源所包含的历史文化内涵。一方面它包括旅游资源是否与重大历史事件、历史人物相结合；另一方面包括这种资源是否具有或体现了某种文化特征。但是对于文化我们要有正确的认识，在旅游商品开发上，要赋予旅游商品积极意义的文化内涵，对于消极意义的文化内涵应该舍弃；同时应大力引进先进的科学技术手段，使文化具有新意，让旅游者耳目一新，增加旅游者的购买欲望。

（2）特色价值。所谓特色就是“与众不同”“人无我有”“人有我优”“人优我特”的特征。它一方面指旅游商品资源本身是这个国家或地区所特有的；另一方面指旅游商品资源所包含的文化特征是其他地方所没有的。特色、地域特征是旅游商品资源开发最重要的特征。

（3）社会经济价值。开发旅游商品资源，最主要的是把资源变成具有自身或地域特色的旅游商品，吸引人们的购物欲望，最终达到提高当地旅游收入的经济目的。

2. 评价方法

对旅游商品资源的评价有定性与定量的评价方法。定性评价是通过人们的感性认识，对商品资源做出定性的评判或等级的划分，一般没有具体的数量指标；定量评价是通过统计分析与计算，用具体数量来表示旅游商品资源等级的方法。在具体的评价中，应采取定性与定量相结合的评价方法，来确定旅游商品资源的开发。

（四）旅游商品设计

随着市场经济的发展和科学技术的进步，越来越多的企业意识到：根据市场需求设计和开发具有特色的新产品是企业生命之源。任何产品都不会在市场中经久不衰，只有不断更新产品，才能适应日趋激烈的市场竞争和快速多变的市场需求。旅游商品设计时，要结合本地域的文化，根据市场调查中取得的成果，针对旅游商品市场的缺陷，发现商机，选择合适的题材、形象、材质、造型、外观包装，多层次、多种类地进行设计。

旅游商品要进入市场，获得成功，必须把握 6 种创造性思维方式来设计：

第一是“人无我有”，旅游商品通过填补空白来获得创意。通过调查我们已经了解旅游商品市场的情况，因而不难寻找到不同的题材加以利用，开发出独特的产品。

第二是“人有我新”，旅游商品通过赋予新的元素或新的形式获得创意，使老题材获得新生命。

第三是“人新我精”，旅游商品通过精益求精的态度，获得创意，后来居上。

第四是“人精我能”，旅游商品通过功能性设计获得创意，在艺术性之外，以实用功能取胜。

第五是“人能我尚”，旅游商品通过其自身擅长的设计获得时尚创意，与其他行业紧密结合，赋予作品社会最前沿流行元素，更有现代意识。

第六是“人尚我深”，旅游商品通过深入挖掘文化内涵获得创意，提高作品的品位。

1. 常用设计方法

（1）地域文化的表达。旅游商品的设计应承载当地的自然或人文资源信息元素，将其概括为形象符号，在设计中艺术地演绎出各种纪念性商品，这些纪念品无论被带到何地，都能因其独特性而使人们感到很亲切。

（2）形态语义的提炼。纪念品的设计需要考虑到历史渊源、典故传说等特殊意义，而这些意义都不是直接写出来或者做出来的，应该是通过设计者对于其中某一语言的提炼，形成一种符号，在纪念品中体现出来后被人们了解的。所以纪念品的形态是设计时着重深思的。它可以是具体的某一语言的表达，也可以是抽象的语义，但不论如何，都必须要体现出作者的表达意图。

（3）现有元素的解构与重组。最终的旅游商品都是设计者将多个元素组合的结果，有了不同的元素组合，才有了不同的产品。所以当我们用结构的方法将所有元素分离、打乱，然后随机或者按照某种特定顺序重新将这些元素排列，那将会产生出相当多的新组合，也就是新产品。这其中包括功能组合、模块组合和外形组合。

（4）附加值的适当使用。为了在有限的成本预算基础上增加商品的竞争力，在进行旅游商品的设计时可以通过文化内涵、新科技手段、新材料、新功能来适当地提高其附加值。当然也不可单纯考虑销量而盲目增加附加值，应该在生产者保证利润的基础上，最大限度地让消费者接受，才是最好的附加值设计。

（5）产品品牌的建设。旅游无形性的特点在某种意义上决定了旅游业相对其他行业更需要品牌形象的塑造来向旅游者传达积极的、实在的感受。旅游商品品牌需要不断创新，主要包括品牌维护、品牌形象提升、品牌扩张延伸和品牌内涵创新、品牌表现创新、品牌基础创新等方面。旅游产品品牌的扩张、延伸，重点在于深入挖掘旅游产品的无形资产价值，最大限度地开展无形资产经营。既要抓好延伸和拓展旅游精品等内涵或基础的创新，又要抓好营销中品牌表现的创新，做到强化旅游精品标准，注重品牌质量建设，完善旅游精品配套，加大品牌服务支持，夯实品牌文化底蕴，提升旅游品质。

2. 材料与工艺

产品的设计离不开材料，材料本身都带有感情色彩和地方特色。从感性的角度出发，把握材料独特的情感因素和地方特色，是进行创新设计的重要切入点。比如，木材的纹理温和柔美；金属冰冷而坚硬；玻璃闪亮而招摇；陶土古朴又悠扬。不同产地、不同时期的材质，都会给人不同的感受，这是材料所具有的共性感情色彩。在旅游商品设计中，要充分利用材质进行开发与设计。

在加工工艺的选择上，应首先考虑传统手工艺，但不是意味着手工艺是最好的加工手段。在现代技术已经足够发达的条件下，如果可以有更快捷、方便的方法，我们完全可以选择。传统与现代加工工艺，应该是相辅相成，缺一不可的。

（五）旅游商品营销

1. 旅游市场的选择

旅游商品“推广市场的选择”通俗地讲即旅游商品在“哪里卖”。由于旅游商品具有本地化的销售特点，只有旅游地销售，其他地方没有销售，才能体现出其区域性的特点。在设计过程中就要把握这一点，在推广市场的选择上更要体现它的区域性。

2. 广告宣传

广告宣传通俗地讲即告诉消费者“我们卖的是什么”。在宣传上就要让旅游者了解到其独特性。在宣传上把握住“卖什么”这一关键点。

（1）旅游商品的寓意情感广告宣传。所谓寓意情感广告宣传，即将旅游商品基于的某种主题意念所表现出来的感情色彩和审美抒情融于广告宣传之中，以追求旅游商品与消费者之间心灵对话的效果。这就需要对产品进行情调宣传，经常用说故事的方式来表达旅游商品与人的关系，从而使消费者产生与之心灵对话的境界。

（2）旅游商品的功能性宣传。旅游商品，作为承载了特定功能和意义的商品，其设计首先应先考虑它的纪念性功能，要以人为本，从消费者的需要出发，充分体现人性化设计理念。同时，要与地域文化内涵紧密联系在一起，切实把握好人、设计、文化三者之间紧密相关的联系。功能性作为任何产品满足人的需要的特性，应该成为旅游商品设计的核心。

（3）特色材质在旅游商品中的运用宣传。在对旅游商品进行宣传时，要对其材质的选择进行重点突出宣传。材质的选择要和当地的旅游资源相结合，才会有宣传的意义。比如，植物动物镀金技术，体现的就是原生态材质的运用，它所体现的不仅仅是当地旅游资源的运用，更为重要的是这种天然材质的原始运用具有唯一性，所有动植物都是独一无二的，这才是产品宣传的重点所在。

（4）旅游商品中的包装宣传。由于旅游商品是相对服务旅游者内心的物品，注重的是地方的文化性、艺术性与民族性，更是旅游者基本生活需要满足后的更高要求。与一般旅游商品相比，旅游商品既有一般旅游商品的实用性、经济性的共性，又有其特殊性。因此，无论对品种、档次、造型还是包装都有较高的特殊要求，成为树立旅游地形象的手段，是活生生的广告。许多著名的旅游胜地就是借其优秀的旅游商品以及商品独特的外包装来展示推销自己，代表了当地的文化品位和素质，甚至成了当地的一种象征。

（5）旅游商品的环保性宣传。旅游商品的环保性宣传主要体现在材质的运用上，选择可再生资源作为原材料，对佩戴者身体无伤害，加工过程中对制作者身体无伤害。

3. 促销手段的定位

促销手段的定位通俗地讲即旅游商品“如何卖”。它是旅游商品营销策划中的一个关键变量，其主要功能是刺激交易。

（1）注重“口碑”在旅游商品促销中的重要性。根据某市场调查结果，在众多的旅游购物信息扩散渠道中，亲友介绍所占的比重最大，为25%；同行之人占21%；旅游书籍和导游分别占15%和12%；媒体广告占11%；其他渠道（包括自我常识）占16%。亲友的介绍和同行之人的推荐是“口碑效应”传播的途径，所占比例达到了46%。这说明了“口碑效应”在促进旅游商品销售过程中的重要作用。因此，需通过各种形式的活动使旅游地的纪念性商品在旅游者中形成良好的印象。

（2）广告促销。所有的商品都需要依靠广告策略来扩大其知名度，旅游商品也不例外。对于旅游商品而言，最适合旅游者的广告媒介应是POP广告，在旅游景点及旅游线路上设置商品宣传牌、灯箱、广告招贴画等，这样可以有的放矢地针对旅游者来宣传，效果较理想。还可以通过旅游产品印刷品来进行宣传。旅游产品印刷品主要是指用来宣传旅游产品的小册子，它们一般纸张优良，或装订成册，或由一张纸折叠而成。我们可以在宣传旅游产品的同时宣传旅游商品。旅游产品印刷品由于图文并茂、精美大方、可长期保留、随时可提供信息支持、费用较低等优点很受企业的欢迎，成为旅游商品生产、企业销售最重要的宣传载体。此外，旅游商品还可以通过导游的讲解来进行宣传。

（3）积极参与旅游商品展销会。旅游地都会定期举办旅游商品展销会，这也是旅游商品促销的有效途径。旅游商品展销会对提高全社会对旅游商品的开发意识，促进旅游商品的规模化、市场化、产业化起着重要的作用，在旅游商品展示、展销、经贸洽谈、名牌培育、扩大交流与合作等方面也会取得良好效果。

（4）充分利用网络拓展促销。随着网络技术的飞速发展，全球网络化的趋势不可避免。通过网站提供有关旅游商品的信息，不受时空、介质的限制，简单、经济、全面、有效，使旅游者在了解旅游信息的同时了解当地有特色的旅游商品，加深旅游者对旅游商品的印象。

任务四　实训课业

一、实训目的

本实训旨在考查学生对本模块内容的理解和掌握情况，巩固学生的理论基础知识，培养学生对景点商品策划的技能。

二、实训要求

请学生根据对本模块的学习，依据所提供的材料，为材料中的景点策划适合的旅游商品。选择的景点可以以南京全市为对象，也可以以南京某一个景点为对象。策划方案的内容应包括以下内容：景区旅游资源分析、景区地域文化分析、景区商品市场分析、景区商品设计方案、景区商品营销方案。

三、实训对象材料

有着6000多年文明史和2400多年建城史的南京，与北京、西安、洛阳并称为“中国四大古都”。自公元229年东吴孙权迁都南京以来，历史上先后有10个朝代在此建都，故有“十朝都会”之称。

古老的秦淮河玉带般蜿蜒舒展。站立桥头，眼前仿佛有历史在悠悠流过；点缀两旁的玄武湖和莫愁湖静如处子，似在幽然倾诉；钟山、栖霞两座名山迤逦悠长，“神龙”

般延续着千年的守卫；金陵古城默然而立，城内的沧桑繁华刻写着它的年轮。

南京文化古迹遍布，从中可以探寻历史的源头：中山陵依山而建，结构严整，观之而生一股浩然之气；夫子庙建筑群古色古香，漫步其间，让人体味明清时代的市井繁荣；中华门气势宏伟，设计巧妙，置身城内，壁垒森然，耳边似有战马嘶鸣；此外还有灵谷寺、石象路、三国东吴所筑石头城遗址、明代朱元璋的陵墓（明孝陵）以及革命纪念地雨花台等，引人遐思无限。

古老悠久的文化遗产，现代文明的经济都市，与蔚为壮观的自然景观构成了南京独特的园林城市风貌。

资料来源：中国企业信息在线《信息之舟》“美容知识大全”栏目。

四、实训过程

第一，分析策划对象

第二，策划前期调研

第三，学生分组进行策划

第四，提交策划案

第五，策划案展示交流

第六，策划案总结点评

模块十二　饭店活动策划概述

导读

我们都曾经历过课外活动、实践活动、集体活动等各种活动。如今，随着我国市场经济机制的逐渐成熟，各种社交活动、公关活动、公益性活动、商业性活动更是层出不穷，“活动”“事件”“节事活动”“节庆”“大型活动”等词语频繁地出现在我们的视野当中。“活动”一词在发展中又被赋予了新意，而近年来关于“活动”“节事活动”“大型活动”等的研究颇受重视，一些专家学者纷纷投入到相关领域的研究之中。在饭店这样的经济实体中，我们又该怎么策划专题性的活动呢？

工作任务

任务一　饭店活动的认知

任务二　饭店活动的类型与策划原则

任务三　经典案例分析

任务四　实训课业

任务一　饭店活动的认知

一、相关基本概念

现在各种饭店纷纷把专题性的活动作为饭店招徕客源、提高知名度的重要举措，以提升饭店的形象与地位，并作为拉动其经济收入的引擎和有效手段。那么什么是旅游饭店的专题活动呢？

（一）活动

对于“活动”一词，人们有多种不同的解释。以《现代汉语词典》（商务印书馆，1981）中收列的解释为例，“活动”一词通常有以下几种解释：（物体）运动；动摇；

不稳定；灵活；不固定；为达到某种目的而采取的行动。

本书中涉及的活动指的是积极的、有一定社会意义的行动，而且是围绕着预定目标，为达到预期效果而采取的行动。

（二）大型活动

大型活动又称为重大事件，指有目的、有计划、有步骤地组织众多人参与的社会协调活动。

（三）节事活动

节事活动对旅游者来说，是一种感受文化体验、认知社会特点、享受娱乐真谛的机会，也是一种公共的、具有明确主题和娱乐内涵的庆祝活动。旅游节庆活动策划，不仅系统性强、涉及面广，而且工作难度大、专业素质要求高，是旅游策划中不可缺少的组成部分。

相关链接

国内文献中，对“节事”“节事活动”“节事旅游”的定义不明确，其内涵也界定不清，译名也不够统一。由于“节事活功”的内涵丰富，代表性的有以下几种：

1. “节事”一词来自英文的“Event”，有“事件、活动、节庆”等多方面的含义。节事活动是指城市举办的一系列活动或事件，包括：节日、庆典、地方特色产品展览会、交易会、博览会、会议，以及各种文化、体育等具有特色的活动或非日常发生的特殊事件（吴必虎，2001）。

2. 在事件及事件旅游的研究中，常常把节日（Festival）和特殊事件（Special Event）合在一起作为一个整体来进行探讨，在英文中简称为 FSE（Fetival & Special Event），中文译为“节日和特殊事件”，简称“节事”。从字面上看，节庆是“节日庆典”的简称，其形式包括各种传统节日以及经过策划创新而人为“制造”出来的各种节日。为了和节事区分开来……把各种节日界定为“狭义的节庆”，把各种节事界定为“广义的节庆”（戴光全，2005）。

（四）饭店活动

饭店活动策划主要是按照项目的运作过程来进行的，具有计划性强、组织性强的特点。目前虽然针对饭店专题活动的概念还有不同的认识，但业界和学术界对饭店专题活动的界定有以下几个共同点：

饭店专题活动有广义和狭义之分。狭义的专题活动即节庆，指的是各种传统节日和庆典，尤其是指周期性举办的（一般是一年一次）的节日活动，但不包括各种新闻发布会、展览会、博览会、文化和体育等方面的一次性结束的特殊事件。广义的饭店专题活动不单是指发生的事件，还指一些内涵丰富多彩的项目，也括节日、体育比赛、文化仪式等具有特色的活动或非日常性发生的特殊事件。

饭店专题活动，尤其是大型活动与旅游关系密切。在现代旅游和地区经济发展进程中，饭店专题活动和旅游结合，已经成为一种专项产品。与常规饭店推广活动相比，它具有更强大的生命力和社会经济效益。饭店往往把专题活动作为其营销的重要手段，把专题活动作为提高国家、地区及城市知名度和保护传统文化的有力手段。

综上所述，我们可将饭店专题活动称为“能对人们产生吸引，并有可能被用来规划开发成消费对象的各类庆典和活动的总和”。通常有庆典活动、节事活动、会展活动、重大餐饮活动、重大管理活动等主要类型。

二、饭店专题活动的内涵

（一）活动目的

举办活动的内涵首先体现在活动的目的上。举办专题活动的主要目的有多种，如为了庆祝、教育、娱乐、市场营销和重聚。通过活动举办的目的可以得知活动的一些重要信息，如活动的基本内容、活动的主体和对象等。一家饭店举办新餐饮品种推介活动，我们通过这一活动目的，大致可以知道活动内容包括庆典、试餐会及媒介广告等活动内容。需要说明的是，明确活动目的对于活动策划而言至关重要，它是活动围绕的中心，但饭店活动策划者不能因为这一目的，而封闭思维，受制于该目的而不进行创新和变化。

（二）活动主题

专题活动的主题内容往往从当地的特色和文化传统出发，经过精心策划、宣传和组织，满足参与者体验性、娱乐性的要求，实现组织者商业性或公益性的目标。主题是活动内涵的主要载体。活动主题的选择受到多种因素的影响，如活动的目的、活动的对象、活动的场所、活动的日期等。活动主题的选择主要体现在主题的创意上，主题创意是整个活动的灵魂和立足点。活动的目的可以通过多个主题来实现，以母亲节为例，饭店可以以“魅力母亲”为主题来策划专题活动，也可以以“感谢母亲”为主题，或者以“全家总动员”为主题。不同的主题角度将决定活动策划的内容及组织管理。

相关链接

以"吃在丁山"为主题而闻名的南京夫子庙丁山美食城在《扬子晚报》上登了一则广告：举办家庭烹饪绝活大赛，欢迎市民踊跃参加。广告一登出，报名者络绎不绝。每位参赛者自带一道拿手菜现场烹制。比赛现场热闹非凡，一人参赛全家助阵。

（三）活动形式

专题活动在市场经济下通过产品，尤其是饭店产品的形式表现出来。活动的形式是活动主题和内容的外在具体表现形式，直接关系到活动的效果。活动形式的选择与活动的目的、主题和所需要表现的内容密切相关。要求组合严谨，并围绕主题开展，环环相扣。由于多数消费者的目的是通过参加活动获得特殊的娱乐经历，因此活动的形式必然要求活泼、亲和力强。活动形式的选择是活动创意的重要体现，需要策划者放开思路，发散思维，不拘一格，才能取得出人意料的效果。

相关链接

专题活动在确定目的和主题后，实现主题和目的的形式是多种多样的。以优惠为目的的各种主题活动可以以多种形式展开。

一家闻名全美的超市连锁店的主人曾经把半吨重的奶酪放在一辆大型的推车上，邀请顾客先品尝之后，再自行动手切下所要的分量。假如顾客能够猜出自己所切的重量，只要不超过1盎司的差距，都可享受免费的福利。结果在几个小时之内，半吨的奶酪被抢购一空。

杭州、南京、石家庄有几家餐馆力图以打折的方式开拓市场，创立品牌。餐后结账时，服务员请食客摸彩，按彩票中注明的折扣打折。食客皆大欢喜，因为每人都能享受价格优惠，最高的6折。

（四）活动内容

如果说活动的形式是活动的外在表现和骨架，那么活动的内容就是活动的内在灵魂和血肉。它是整个活动最关键的部分，是消费者整个活动体验的核心。那么活动的内容是什么呢？饭店策划一场以"魅力母亲"为主题的专题活动，那么活动中美丽的母亲们进行才艺表演、时尚展示等就是活动的主要内容。活动内容的策划要求言之有物、丰富多彩、主题鲜明。

相关链接

许多饭店针对不同的目标市场及客人的特殊兴趣和特殊需要，并结合当地的历史文化和风俗习惯，推出一些传统的娱乐项目和健身活动，吸引客人参加，以提高饭店知名度。

金陵饭店策划主办了为期一周的“健康生活在金陵”的专题活动，开展了学打太极拳、高尔夫运动体验、一起练瑜伽、健美你也行等活动。

（五）活动的影响

饭店活动的开展要对活动目的、主题、内容、形式等进行详细策划，而饭店活动的开展对饭店带来的影响，即专题活动的评估不可被忽视。它是本次活动效益评估的手段，同时是下一次开展活动的经验来源。

活动的开展因消费者为某一目的（如观看晚会、参加狂欢节等）从各地在短时间内聚集到饭店，具有客流量大、停留时间长、消费水平较高等特点，使得举办活动的饭店设施综合利用率高，带来餐饮、住房等综合效益。更为重要的是，节事能汇集巨大的信息流和人才流，不仅为饭店带来客观的经济价值，同时兼具文化价值，是饭店文化现象与经济内容的载体。

三、饭店专题活动的特点

（一）活动参与性强

随着旅游业和休闲业的发展，旅游者和休闲者越来越注重活动的参与性。饭店专题活动就是一种参与性很强的休闲活动，想方设法拉近饭店同参与者之间的距离。

相关链接

从某种程度上来说，专题活动的成功与否关键看参与人数的多少，是否达到了预期的经济效益、社会效益。所有活动的主办方、赞助商都希望招徕足够多的参与者，没有参与者或者参与者很少的活动一定是失败的。

2006 年 6 月 14 日至 9 月 14 日，西班牙城市萨拉戈萨将举办主题为“水与可持续发展”的世界博览会。此次世界博览会是介于 2005 年日本爱知世界博览会和 2010 年上海世界博览会两个注册类世界博览会之间的专业类世界博览会。当时，同时提出举办申请的还有希腊的塞萨洛尼基市和意大利的里雅斯特市，3个来自欧洲的国家相争，西班牙萨拉戈萨最终胜出。据统计，萨拉戈萨世界博览会民众支持率为94%，至2004年9月，已登记在册的志愿者有11000人，表示将进行赞助的公司有70多家。再来看看爱知世界博览会。爱知世界博览会最大特点之一就是民众参与、环保互动。爱知县馆展出了500所小学的1万多名学生利用废物制作的各种昆虫模型。在广场上，孩子们也用黏土制作花瓣和叶子，合成花束放在器皿中。日本总人口为1.26亿人，参观爱知世界博览会的日本人约为1350万人，约占总人口的10%。

（二）活动生命周期不同

一项专题活动一旦开始实施，饭店的销售量和利润都会随时间推移而改变，呈现一个由少到多、由多到少的过程，就如同人的生命一样，由诞生、成长到成熟，最终走向衰亡。这就是活动的生命周期现象。所谓活动生命周期，是指活动从开始实施，直到最终结束所经历的生命循环过程。例如，节庆类活动的生命周期往往随着某一节日的到来而开始，在节日期间进入到成熟期，随着节日的结束而开始衰竭。每个活动和不同饭店专题活动的生命周期是不同的，受到主题和客观因素的制约。

（三）活动的影响性强

一项专题活动的开展，给饭店带来经济、社会等效益，而这种效益不仅仅体现在活动过程中，在活动举办结束的一段时间内还会受到影响。饭店活动的影响不仅仅在于活动本身，更重要的是活动所带来的带动和关联作用，对饭店品牌、知名度和美誉度的提升，这才是专题活动效益最大化的体现。当然这种影响力的强弱一般同活动的主题、内容、形式以及活动的组织和策划密切相关。活动主题内容越新颖，媒体报道越正面、越多，参与规模越大，其影响力自然就越强。

相关链接

当硬石咖啡屋宣布它要通过建造一家硬石饭店以投身饭店行业时，媒体便在企业做这一宣布和奠基仪式期间对该事件进行了全面报道。

接着饭店开业时，在该饭店举办的由美国著名摇滚女歌手雪儿·克罗驻唱的音乐会以MTV形式播出。加上第二天由老鹰乐队与雪儿合作的音乐会使该饭店开业庆典传遍了全世界。

名人效应在相当长一段时间内对饭店的形象、品牌的提升都有一定的推动力，甚至还会有歌迷争相入住明星住过的房间。

（四）活动合作性高

同其他旅游企业相比，饭店相对而言是一个岗位职责明确，分工细致的实体。每个部门和个人都有其专门的职责权限和业务范围，饭店的工作手册上对每个工种的工作职责和事项做出了详细的规定。

饭店的专项活动策划和实施涉及饭店的各个部门、各个岗位、各个员工，尤其是大规模的活动，更是如此。一项活动的顺利开展和实施不是一个部门可以独立完成的，这需要饭店部门之间的横向沟通和协作，还要求饭店职能结构上纵向的传达和反馈，具体而言包括饭店的营销策划部、餐饮部、客房部、财务部、安全保卫部、人力资源部、信息技术部等多个部门的支持和协助。

例如，饭店要策划举办一个万圣节的假面舞会活动，这其中就需要信息技术部的员工提供音响、灯光、计算机、麦克风等技术支持；活动中，参加者需要一些糕点、茶水等食品，这就需要餐饮部员工的辛勤劳动；现场卫生的保洁需要客房部员工的支持；舞会的秩序和安全又离不开保安部员工的努力。

任务二 饭店活动的类型与策划原则

一、饭店专题活动的类型

专题活动按不同的分类方法可被分为多种类型，了解专题活动的类型对于开发和策划活动以及推动饭店业的发展有着十分重要的意义。一般来讲，饭店专题活动可按活动的内容、活动的规模、活动的属性等角度进行分类。

（一）按活动的内容分类

瓦根（2004）将活动分为体育、娱乐、艺术和文化、商场市场营销和促销、会议和展览、节日庆祝、家庭、筹集等活动。而体育、娱乐艺术、会议和展览、家庭、节日庆祝等活动是饭店常用的活动主题。

1. 体育活动

开展于世界各地的体育运动，不仅能超越所有社会、种族、语言的界限，成为世界人民沟通的桥梁，也提供具有吸引力、富有竞争性的大量的就业机会，体育产业已经位列美国前十大产业之一，产值超过 1900 亿美元。世界杯足球赛、高尔夫球赛、法国网球公开赛、美国职棒联盟明星赛等既可以说是体育活动，又可以称为娱乐活动，已经成为人们日常生活的重要组成部分，并成为公众喜闻乐见的休闲方式，或参与、或观赏。如今，体育活动不仅数量很多，并且规模越来越大。举办体育专项活动，对娱乐旅游资源缺乏的饭店来说，可以吸引更多游客；对具有较好旅游接待条件和设施的饭店来说，可以最大限度地利用现有条件设施。

相关链接

2008 年 5 月 23 日，2008 第三届洲际酒店集团北京区“希望工程”公益高尔夫比赛在北京天竺高尔夫球会举办。

此次活动筹集善款总数超过人民币 258600 元，将捐献给中国青少年发展基金会。其中部分善款也将会通过中国红十字会捐给四川地震中受灾的民众，帮助他们重建家园。

2. 娱乐、艺术和文化活动

根据文化部《2015 年文化发展统计公报》显示，我国演出市场的观众人数和演出收入在不断攀升，观众人次由 2007 年的 7. 6 亿人次增加到 2015 年的 9. 57 亿人次，演出收入由 2007 年的 20. 38 亿元增加到 2015 年的 93. 95 亿元。

对于饭店而言，为消费者提供精神上和文化上的享受是其重要的产品动机。近年来，饭店针对其消费者市场所策划开展的各种娱乐文艺活动层出不穷，形式多样，有些甚至成为某些饭店的标志性产品，吸引众多消费者前来欣赏。需要说明的是，每个国家都有其特定国情及其相关政策法律规定，饭店在策划举办各种文艺娱乐活动时切不可照搬国外的经验，而应保证其活动性质符合我国的国情和政策法律规定，应该保证其活动是健康的、积极向上的。

相关链接

著名的杂技之乡吴桥有一家很有特色的杂技饭店。在杂技之乡的男女老少个个都会玩杂技。所以这家饭店的员工也多是表演能手。饭店充分利用了这种娱乐资源，丰富了产品的文化内涵。你要纸巾，服务员用手在空中一招，就变出一张纸巾；你要吃鱼，厨师一眨眼的工夫就从你桌下捞起一条活蹦乱跳的大鱼；用餐大厅的中央留有足够的空地供员工们为食客表演杂技；跑菜道长而宽，每位服务员都是脚踩独轮，头顶盘碟，手托碗筷一溜烟儿地上菜。

3. 会议和展览

据世界权威的国际会议组织国际会议协会ICCA的统计，每年在世界各地举办的参加国超过4个、参会外宾超过50人的各种国际会议已达40万次以上；此外，据不完全统计，世界上每年还要定期举行4000多个大型展览会。全世界每年仅用于会议的开支就达2800亿美元。还有占会展市场绝大部分的公司小型会议和展示活动，为改善和提高企业的经营提供沟通和商业交流的机会。同时，也为饭店带来了巨大的商机。饭店成为会展的主要承接者，各类会议、展出、博览会、拍卖会、推介会、订货会、发布会、研讨会等已经成为饭店专题活动的主要议题。

4. 节日庆祝活动

节日庆祝活动大都来源于对生活的热爱，尤其是传统节日，不仅有着悠久的历史，而且其形成过程，也是一个民族或国家的历史文化积淀凝聚的过程。它的起源和发展是一个逐渐形成、潜移默化、慢慢渗入到社会生活的过程。人们通过各种方式，举行各种庆祝活动怀念先人，借以寄托自己的思念，表达自己对朋友、亲人的美好祝愿。假日经济已经成为各地经济发展的重要助推剂，在节日期间举办的各种专题活动目前已经成为各家饭店活动的主流。诸如以圣诞、中秋团圆、元旦迎新等为主题的活动。

相关链接

节假日的来临为饭店业界提供了巨大的商机，如何将节假日这块蛋糕做好、做大，关键是抓住节假日的文化活动。临近天安门的贵宾楼饭店在国庆节来临时将其十层近500平方米的露天平台做了一些特别的装饰，为顾客提供一个欣赏广场夜景的绝好场所，可以清楚地看到天安门城楼；饭店临长安街的二三楼餐厅、酒吧也开放出来，接待国内外宾客。同时，北京饭店也对一楼的西餐厅做了一番中式布置，比如在每张餐桌上插一面小国旗，请乐队演奏革命歌曲等，让中外宾客在浓烈的国庆氛围中欣赏著名的长安街美景，回忆我国的光辉历史和感受祖国近年来的伟大变化。

5. 家庭活动

家庭舞会、家庭宴会、婚礼、野外旅行等形式，尤其新年、圣诞节正是家庭成员聚集的好时机，与娱乐活动联系在一起，已经成为饭店活动的新类型。常见的家庭主题活动有：婚庆活动、周年纪念活动、生日派对、升学谢师活动、对父母的感恩活动。这些活动有时会同节日庆祝活动相融合，如母亲节时对母亲的感恩活动等。

虽然家庭活动较其他大规模活动而言，参与人数有限、场地有限、消费有限，但仍然不可小觑，这种活动的数量逐渐增加，市场份额日渐增多，有特色、服务周到细致的“小而精”的家庭活动策划正受到越来越多人们的欢迎。

（二）按节事活动产生属性分类

节事活动又可分为传统节日活动、现代庆典活动和其他活动。

1. 传统节日活动

从传统节日的发展历史分为：传统型和近代纪念型。传统型是对历史文化的追溯，也是对民族传统文化的重视和弘扬，如东方重阳节的大型登山活动、端午节的赛龙舟活动、新春元宵节的逛花灯活动、中秋节的赏月活动；西方的圣诞节、复活节、威尼斯狂欢节等都属于传统型的旅游节庆活动。近代纪念型如各国国庆节、国际劳动节、儿童节、妇女节、母亲节、父亲节、教师节等。

2. 现代庆典活动

与生产劳动紧密联系的节庆活动。如深圳的荔枝节、南京的葡萄节、阿尔及利亚的番茄节、摩洛哥的献羊节、意大利丰迪市的黄瓜节、新墨西哥州哈奇城的辣椒节等。

与生活紧密联系的节庆活动。如潍坊旅游风筝会、大连国际服装节、现代生活中的阳澄湖的螃蟹节、西餐饮食文化节等美食节、各种影视文化和农民旅游节及浙江浦江书画水晶节、山东青岛的啤酒节、蒙古族的那达慕大会等。

3. 创造性节日活动

所谓创造性节日是指除了传统节日外，各饭店为了制造气氛、推介新产品而创造某种主题节日活动的做法，包括各类会议、展览和体育盛事等。这种创造性的节日活动已经成为现代饭店常见的一种活动策划，尤其是在淡季和需要推出某些新产品的时候，以各类餐饮美食节最为常见。

（三）按活动的规模分类

可分为特大型活动、标志型活动、重要型活动和中小型活动。

1. 特大型活动

特大型节事活动指那些规模庞大以至于影响整个经济，并对参与者和媒体尤其是国际媒体有着强烈的吸引力并引起巨大反响的活动。什么样的大型活动可以称之为特大型活动呢？奥运会、世界杯、世界博览会都是当之无愧的特大型活动。那么对于饭店而言，什么规模的活动才能算得上是大型活动呢？

饭店活动规模的大小是相对而言的，有的活动对于一些饭店而言是大规模的，而对于一些实力雄厚的饭店而言是中小规模的，因此判定其是否属于大型规模的依据主要是看整个活动的参与人数、系列活动的层次、费用投入、综合影响等。常见的大型活动通常为开业庆典、10 周年、50 周年庆等。大型活动往往给饭店带来较多的综合效益，是饭店活动策划的一个重要内容。

2. 标志型活动

标志型活动是指那些与一个乡镇、城市或地区的精神及风气极其相同，以至于它们成为这个地方的代名词，并获得了广泛认同和知晓的活动。标志型活动是一种在该地重复举办的，大多是一年一次的活动，对于举办地来说，标志型活动具有传统、吸引力、形象和名声等方面的重要性。这种活动往往是为了提高当地旅游景点吸引力而设计的；通过有规律地举办活动来宣传自己，吸引旅游者，打开国内外市场。并随着活动的发展和成熟，与旅游目的地融为一体，成为某地的代名词，如西班牙的斗牛节、戛纳国际电影节、博鳌亚洲论坛、意大利威尼斯狂欢节、中国大连国际服装节等。

针对饭店而言，标志型活动是把当地的标志性活动与饭店产生联系。有两种常见的形式：一种是饭店连续承接政府或者其他大型活动，如博鳌索菲特大酒店每年接待博鳌亚洲论坛；另一种是饭店自主策划与实施的活动，如一些饭店每天、每周或每月举办一次的主题活动。

标志型活动必须是重复举办的，如果只举办一次，那么很难成为该饭店标志型的活动，很难在短时间内造成一定的影响。但是目前就国内饭店而言，这种自发性的标志型活动非常少。

相关链接

美国拉斯维加斯的幻象酒店（Mi-rage）门外有一大片高低承接的瀑布，水面伴有几只跃起的海豚像，符合酒店“海市蜃楼”名字的含义。入夜后，每隔 15~30 分钟表演一次“火山爆发”，炽热的火焰自瀑布顶端喷发出来，熔岩落入水中，水上出现团团火焰，气势慑人，站在好几尺外观赏，都能感受到火焰的灼热气势，叫人看得目瞪口呆。这些场景的设计都为顾客提供了审美体验。

3. 重要型活动

从范围和媒体关注的程度来说，重要型活动就是那些能吸引大量观众、媒体报道和提高经济利益的活动。这些活动极大地激发当地居民的兴趣，吸引着当地人们的参与，并为增加收入提供极大机遇。例如，世人瞩目的 F1 赛事、国际锦标赛、巡回赛、公开赛、友谊赛、运动会等赛事都属于这类活动。随着国际重要型活动市场竞争的加剧，国际体育组织和各国政府越来越多地参与策划、举办和承办这类重要型活动。

根据上面对重要型活动的说明，饭店中重要型活动可以分为两类：一类是在饭店整体发展战略中具有举足轻重作用的活动，如饭店周年庆典，饭店的重大营销推广活动等；另一类是饭店重大的接待活动，如国家或省市领导人的接待、影视明星的接待等。

相关链接

长城饭店1983年正式开张营业，之后一直面临着如何把长城饭店介绍给世界、招徕顾客的问题。1984年4月26日到5月1日，美国总统里根将访问中国。长城饭店获知此消息后，立即着手了解里根访华的日程安排和随行人员。当得知随行来访的有一个500多人的新闻代表团，其中包括美国的三大电视广播公司、各通讯社及著名的报刊之后，长城饭店决定抓住这次机会，举办一次大规模的公关活动。

获得承办权之后，饭店经理立即邀请中外各大新闻机构到饭店租用场地，实况转播美国总统的答谢宴会，并表示：如果转播时提到长城饭店，收费可以优惠。

答谢宴会举行当日，中美首脑、外国驻华使节、中外记者云集长城饭店。电视上在出现长城饭店宴会厅豪华的场面时，各国电视台记者和美国三大电视广播公司的节目主持人异口同声地说："现在我们是在中国北京的长城饭店转播里根总统访华的最后一项活动——答谢宴会……"在频频的举杯中，长城饭店一次又一次地展现在世界各地民众的面前。里根总统的夫人南希后来给长城饭店写信说："感谢你们周到的服务，使我和我的丈夫在这里度过了一个愉快的夜晚。"

此后，各国访问者、旅游者、经商者慕名而至，有38个国家的首脑率代表团访问中国时，都在长城饭店举行了答谢宴会，以显示自己像里根总统一样对这次访华的重视和成功的表示。长城饭店从此名声大振，而承办里根总统答谢宴也成为饭店接待史上一个成功的案例。

4. 中小型活动

在类型众多、主题各异的中小型活动中，各类会议、舞会、庆典、颁奖仪式、中小型体育赛事或企业、政府的社交活动占据大部分。这种活动也往往是饭店活动的主体。通常活动规模有限、经费有限、参与人数有限，以某一单一部门活动为主。目前饭店中存在轻视中小型活动策划的问题。这是一个急待解决的误区，中小型活动是饭店的活动主体，是大型活动经验积累的重要操练场，因此不可小视。

二、饭店活动策划的原则

（一）系统性、综合性、协调性原则

饭店活动策划是一个系统工程，涉及多个学科和门类。既涉及策划学、运筹学、管理学，又涉及会展、餐饮、娱乐等行业领域，纷繁复杂。所以在策划时要从整体出发，使各环节、各部分、各层次相互制约、相互作用、有序进行。

同时，饭店活动策划过程中，会受到多种因素的制约和干扰，因此必须从活动主体的现实条件和未来发展情况出发，动态地进行规划。在这个过程中，应该强调团队合作的原则，从组织上保证活动策划的成功。

（二）参与性原则

活动参与者的需求正向多样化和高层次方向发展，人们希望饭店活动能有具有吸引力的文化、体育运动的内容和参与的机会，传统的听、看只是提供了在旁观赏的机会，远远没有让人参与到活动项目中那么亲切和难以忘怀，这种体验正是活动参与者所追求的。因此，我们在策划活动时应该考虑到更多的参与性原则，让莅临饭店的消费者参与各种各样的活动，留下难忘的美好回忆。

相关链接

三亚假日度假饭店就专门为儿童设置了儿童俱乐部（Kid's Club），这个俱乐部不仅有多种娱乐器械，而且为儿童设置了丰富的课程，在一周内每日的课程都不一样，形式灵活，受到小客人的热烈欢迎。此外，在国外也有不少饭店设置了陶艺吧、木工吧和竹艺吧等，并配备专门的技术人员，顾客边学边练，在“师傅”的指导下学习陶瓷、木工和竹器的制作。

（三）创新原则

饭店活动策划的创新，从组织的角度来讲，主要是为了进一步拓展生存和发展的空间，创造一种有特色、有新意、有内涵的饭店产品要素；从消费者的角度来讲，则是为了获得一种轻松愉快的新鲜感觉和经历，暂时进入一种与日常生活有强烈差异的生活状态。

饭店活动策划的创新主要体现在理念的创新、目标选择的创新、组织管理的创新、产品与包装的创新、行为方式的创新、营销的创新、活动设计的创新和服务的创新等方面。

> **相关链接**
>
> 对英国沙丘饭店实施的定向爆破拆除，是为了庆祝珍宝岛度假饭店开业而策划的一次宣传活动。对建筑物进行爆破是清除地面建筑的一种普遍和经济的方法。因此，如果想使沙丘饭店的爆破吸引媒体的注意，就必须别出心裁。
>
> 珍宝岛度假饭店的总裁雇用了一个烟火专家并且向公众进行壮观的展示。表演一开始先是在建筑物的楼顶放礼花，为时 6 分钟，接下来是燃烧弹的爆炸，表示英国的珍宝岛饭店集团的大炮击中了沙丘饭店。
>
> 除了这个表演之外，这个饭店集团还同时在 3 个主要的电视台做广告。这种独特的安排产生了公众效应。
>
> 有 20 多万人观看了这场耗资达几百万美元的烟火表演，而就在当天晚上和第二天早晨又有上亿人观看了这一表演的电视转播。

（四）可操作性原则

饭店活动策划需要遵循可操作性原则，也就是说，要从实际出发，按照一定的程序，制订出最佳方案。活动策划之前要进行可行性分析，对活动的目的、利害关系、科学性、合理性进行比较研究。除此之外，还要进行实验性分析，这也是饭店活动策划可行性分析的最有效的方法。活动策划者通过局部试点来发现策划方案的不足和偏差，通过这一方法来评估方案是否可行。同时，饭店活动策划实施过程中受到多种因素的影响，如天气、交通等，可行性分析中必须周全地考虑可能发生的各种情况，做出各种预警方案，将意外控制到最小。

除此之外，饭店活动策划中还需把握可持续发展原则、市场化原则、保密性原则等。

任务三　经典案例分析

一、案例

大长今美食节

——厦门国际会展酒店活动案例

2005 年 11 月，厦门国际会展酒店举办大长今美食节活动。餐厅仿照韩国电视剧《大长今》中的韩式料理，将 60 多道养生御膳精彩地呈现出来。美食节活动受到广大食客的热烈追捧，取得圆满成功。

为了把大长今美食节做得更专业、更精彩，策划人员可谓费尽心思，做了充分的准备工作。酒店专门成立了以餐饮部为中心的筹划小组，餐厅经理带人亲自到厦门各大韩国料理店采风试菜，汲取经验，并购买了《大长今》剧组的顾问、韩国国宝级御膳师韩福丽女士所著的《大长今养生御膳》书籍，以及《大长今》电视剧的碟片。策划小组经过研讨与激烈的思想碰撞，最终将美食活动的方案确定下来。

这次美食节的气氛布置是整个活动的一大亮点，其浓烈的“韩”风可谓独具匠心。餐厅吊顶悬挂一条长 60 多米、宽 1 米的韩文巨型书法横幅，这条横幅是酒店集合各部门的书法精英花了两天的时间才完成的。横幅下方是剧中女主角的照片，餐厅四周是郁郁葱葱的竹子。书法的刚劲飘逸、竹子的青翠挺拔，以及大长今的美丽端庄，三者交相辉映，营造出浓郁的韩国风情。

餐厅的服务员身着美丽优雅的韩装迎接客人，让客人眼前一亮。为了让宾客有更直观的感受。酒店还在餐厅的钢琴区域装置了大屏幕，每天播放《大长今》的精彩片段和主题歌曲。让客人能够在餐厅边用餐边欣赏。

美食节上，酒店推出了精彩纷呈的菜品。酒店行政厨师长根据《大长今养生御膳》的相关介绍，结合自己的经验，设计出 60 多道经典美食，每天更新不同的品种。这些菜肴中既有韩国泡菜、韩国烤肉等传统的韩国美食，也有经过改良后更适合中国人口味特点的菜肴，如传统的韩国泡菜火锅只放土豆、豆腐等，口味过于单调，考虑到这一点，厨师就在泡菜锅中加入排骨、羊肉等，使其更加营养鲜香。

借这次活动的契机，饭店工作人员及时宣传促销，取得显著成效。

“酒香不怕巷子深”的时代已经一去不复返，酒店市场企划部负责人以“韩式料理多采用凉拌及炖煮，少油清淡，口味以酸辣为主，比较开胃，并且保留了食物中较多的营养成分，比较符合现代人讲究健康的需求”为诉求点进行宣传。

酒店选择在厦门电视台进行美食节的宣传介绍。同时，厦门主流平面媒体《厦门晚报》《厦门商报》《海峡生活报》，以及国际会展酒店所属的厦门建发集团网站和行业性的厦门餐饮网等网络平台均对此次美食节做了宣传推介。值得一提的是直接与客户接触的酒店营销人员，他们在外出拜访、电话联系业务的时候也将大长今美食节的信息传达给客户。通过充分的准备和行之有效的营销方式，在美食节举办期间，酒店预订部的咨询电话接连不断，慕名前来体验美食节的客人都对美食节赞不绝口。国际会展酒店大长今美食节由此成为 2005 年度厦门酒店业举办的最有影响力的美食节。

大长今美食节举办期间，有 1/3 的时间怡海餐厅爆满。对于国际会展酒店精心策划的这场韩国美食盛宴，厦门本地的食客和前来参会并在酒店用餐的中国及其他国家的客人都好评如潮。不论是菜肴、服务还是氛围的营造，他们都给予很高的评价。同时，他们也希望酒店能够延续这种紧跟时代潮流、时刻创新的精神，为客人提供更加精彩的服务。

二、案例分析

大长今美食节是饭店活动策划的一个实例，是饭店在经营过程中为了增加营业收入必须进行的一项经营手段，一方面饭店能够延续这种紧跟时代潮流、时刻创新的精神，为客人提供更加精彩的服务；另一方面提高了饭店的经营效益。

任务四　实训课业

一、实训目的

本实训旨在考查学生对本模块内容的理解和掌握情况，培养学生对饭店策划概念的了解，掌握饭店策划的特点，学会饭店策划的方法，剖析饭店策划的原则。

二、实训要求

请学生依据所提供的材料，按照教学内容，根据饭店策划的概念和特点，学会饭店策划的方法，在策划中尊重饭店策划原则。

三、实训对象资料

一年一度的饭店圣诞节活动策划，是饭店营业收入中的一个重要组成部分，每年年终各家饭店都会将这个活动预算编制得详细可操作，请同学们分组上网查找一家饭店的圣诞节策划方案为案例，分析案例的特点和案例中应用了哪些方法，并对这些方法进行解剖，探讨案例中遵循了哪些原则，这些原则在今后应该如何被使用。

四、实训过程

第一，分析策划对象

第二，学生分组进行讨论

第三，提交案例

第四，策划案展示交流

第五，总结点评

模块十三　了解饭店策划程序

导读

饭店活动策划是一项系统工程，其主要任务是利用各种资源，例如文化资源、经济资源等既有资源和可利用资源，用科学、周密、有序、系统的方法，对饭店活动进行分析、设计、整合，系统地形成目标、手段、策略和行动高度统一的逻辑思维过程和行动方案，从而使其在举办过程中产生巨大的社会效应。那么一个完整的饭店活动是怎样策划出来的呢？它经过了哪些程序？饭店活动策划的方案又如何撰写呢？

工作任务

任务一　了解饭店活动项目的程序

任务二　饭店活动项目策划方案的写作

任务三　经典案例分析

任务四　实训课业

任务一　了解饭店活动项目的程序

活动策划工作流程大致分成三个阶段：节事活动前期准备工作、节事活动现场实施工作和节事活动后续总评工作。这是一个从策划到实施再到总结的过程。饭店活动策划程序不同于其他一般的策划程序，根据策划程序的一般模式（图 13-1），结合饭店活动策划的具体实践，我们总结出饭店活动策划程序的基本模式（图 13-2）：

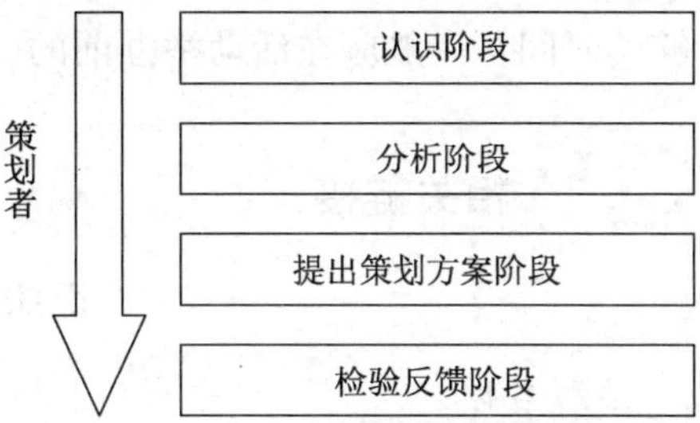

图 13-1　旅游策划基本程序

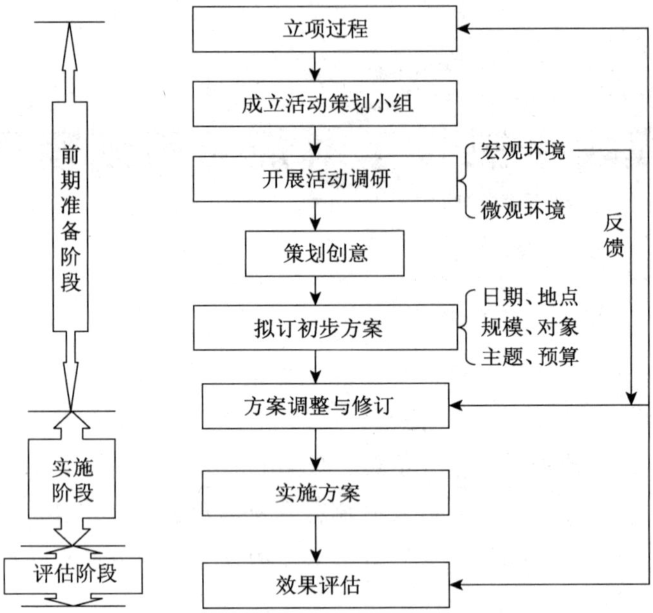

图 13-2 饭店活动策划流程

一、立项过程

立项就是要把活动作为一个项目确定下来，确定这个活动要不要做？为什么做？做什么？需要有策划活动的一个初步的意向。意向者通过书面或口头的方式向饭店高层提出活动的意向建议，由他们进行判断和决定。产生活动意向的原因主要有：某一节日的临近、提高淡季的人气和业绩、竞争对手给予的压力、新产品的推介等。

饭店活动策划人员要对自身的意向非常清晰，明确动机，进而形成意向书。对于饭店而言，如果该活动意向不是年度计划中已经确定的，则应该给活动策划和实施留出足够的时间，一般应在活动举办前的一个月左右提出，并最好以书面的方式提交审核。

相关链接

饭店活动项目建议书格式

活动名称：　　　　　　　　活动编号：

活动日期：　　　　　　　　负责人：

活动对象：

活动缘由：□节日　　□淡季　　□竞争对手　　□ 其他

参与人数：　　　　　　　场地规模：　　　　　　　预计销售额： 活动类型：□餐饮　□会议　□展览　□娱乐　□庆典　□发布会　□其他 活动概述：为了……目的，开展……活动，活动内容有…… 活动目标：1. 盈利达到……元；有……参与者 　　　　　2. ……家媒体进行了宣传报道，形成较大的公众影响 　　　　　3. 达成与……的长期合作关系 　　　　　4. …… 工作任务：任务1：…… 　　　　　任务2：…… 时间与进度安排： 盈利模式：收入来源与估算；支出用途与估算 风险估计与建议： 继续可行性研究费用： 审批意见：1. 同意继续进行可行性研究，经费控制在　　元内 　　　　　2. 请调整活动意向后继续申报 　　　　　3. 暂缓审批，并保持关注 　　　　　4. 放弃该活动意向 　　　　　5. 其他

二、成立活动策划小组

（一）策划成员要求

一项策划是否成功，主要取决于是否能选择到合适的策划人员和小组，策划人员的素质在旅游策划中起着决定性的作用。一般来讲，策划人员应具备以下的素质要求：

知识要求。具备一定程度的饭店知识，了解国内外饭店活动的现状和发展趋势。同时具备一定的策划知识，对策划的原则和方法有所掌握。

具有发现问题、分析问题的能力。具有综合、归纳、联想的能力，并富有想象力和创造力。

饭店活动策划往往是集体行为，所以它需要策划人员具有团结协作精神。但是，要具备这种精神首先要求策划人员做好自己的本职工作。完成分配给自己的任务是对其他成员的最大支持。其次是策划成员之间的信息沟通、相互讨论和配合。

策划成员要具备一定技术水平，并能熟练地运用计算机处理文字、制图并掌握摄影、摄像技术及善于收集资料等。在实践中，策划组的成员还有一个结构组成问题。策划组成员一般都有合作的经历，相互间比较熟悉。有的成员适合进行环境分析，有的成员擅长策划分析，有的成员则专于财务分析等。总之，一个搭配合理的策划小组才有可能顺利完成策划任务。

（二）策划小组构成

饭店活动策划小组需要集合各方面的人才进行分工协作，统筹安排。一个活动策划小组通常包括以下成员：

1. 指挥——项目经理

活动项目经理通常由饭店的总经理、分管副总经理、总监、部门经理等职位较高的人来承担。活动项目经理的主要职责是宏观掌控整个活动的方向和节奏，对其他成员进行合理分工，在出现问题时及时协调。他是整个活动策划小组的核心和灵魂人物。

2. 创意——策划人员

一般由该活动主要承担部门和相关部门的人员构成。如果饭店有专门的策划部门，则由该部门的负责人担任。主要负责整个活动创意的设计和计划的制订及调整。

3. 情报——市场调查员

活动初期的市场调查工作主要由市场调查员承担。他们应该能够应用多种市场调查的方法和手段，为活动策划收集众多的一手和二手资料，对市场行情做出准确分析和判断，写出详细周密的市场调查报告。

4. 宣传——营销公关人员

饭店活动实施过程中会涉及各行各业，需要各行业的支持与帮助，尤其是举办活动需要一些企业赞助，这时就需要营销公关人员同赞助商、活动嘉宾和活动参与者建立良好的关系。同时，也要同当地政府部门、社区、卫生部门、环保部门、文化部门等建立融洽和谐的公众关系。

与此同时，饭店活动要想取得提高知名度和美誉度的效果，就一定要同媒体建立紧密的联系。这就需要营销公关人员熟悉当地媒体的种类、联络方式、价格，这样才能在后面的市场推广策划中做到心中有数，争取最佳的媒介宣传效果。

5. 设计——美术设计人员

活动策划中需要饭店的美术设计人员进行各种宣传文案、宣传海报的设计和策划。他们是策划小组的重要组成部分。在策划过程中，美术设计人员主要负责广告设计、展示设计、活动场所设计等工作，需要他们具有较强的创新和超前意识，要有自己独特的构思。目前饭店美术设计的工作主要交由外面专业的设计公司进行。

6. 后勤——文秘人员

该成员主要负责各种资料的整理和活动中所涉及的各种文案的写作。通常包括活动邀请函、活动推介文书、活动合同协议文书等。此成员还需要掌握相关的软件应用技术。

相关链接

一则：邀请函

尊敬的××先生/女士：

您好！

衷心感谢您长期以来对我们酒店的关注与支持。我店定于×月×日举行今年平安夜的酒店年度餐会，诚挚邀请您的参加！同时也希望您能在餐会上表演一些自创的节目。

谢谢！

总经理：

2010 年 12 月 15 日

二则：婚宴合同书

甲方：某某饭店

乙方：某某女士（先生）

一、婚宴标准及桌数

时间	厅名	标准	保证桌数（10 人/桌）	浮动桌数
2010 年 10 月 1 日	多功能厅	待定	待定	待定

1. 乙方需在进行婚礼的前 3 天再次与甲方确认桌数，若婚宴当天乙方实际桌数低于保证桌数，甲方将收取损失费，乙方交纳损失费标准：按保证桌数与实到桌数差额桌数的餐费的 40%收取。

2. 甲方在婚宴预订前 3 天根据乙方所定标准为乙方提供菜单。

3. 服务费用标准：如乙方自带酒水，甲方将收取 15%的服务费。

4. 婚宴试菜原则上选择中午，必须至少提前 1 天预订试菜房间，自带酒水加收 20%服务费。

5. 乙方需设婚宴主管 1 名，以便双方联络相关事项。

6. 为了更好地突出喜宴气氛，甲方对乙方所需婚宴场地进行装饰、装点，并增设部分服务项目。

7. 乙方需在酒店指定的地方燃放鞭炮和放置其他装饰物品。

二、服务项目

1. 免费项目

序号	服务项目
1	免费提供背景板婚宴场景装饰，喜宴场景及台面装饰、红地毯
2	免费提供新人更衣室
3	免费提供喜姿台、喜鞭竹竿
4	免费制作婚庆条幅及婚礼指示牌、婚礼进行曲播放服务
5	免费提供灯光服务、专用音响系统及麦克两支
6	免费提供交杯酒服务
7	免费提供献花致辞服务

2. 收费项目

序号	服务项目	价位
1	签名笔	××元
2	礼金簿	××元
3	喜庆红台布	××元/块
4	婚用投影仪	××元
5	泡泡机	××元/台/次
6	鲜花预订	××元/束
7	拱形门（摆放于多功能厅）	200/次

三、付款方式

1. 定金收取：婚宴预订时间后，3天以内签订协议，签订协议当天付清定金￥××元（15桌以上××元；15桌以下××元）。超过3天自动取消预订日期。

2. 取消预订：交定金后，若在距婚宴日期一个月内（含）取消婚宴预订，扣除定金的××%；1~2个月取消婚宴预订，扣除定金的××%；两个月前取消婚宴预订，返还全部定金。

3. 婚宴结算方式

（1）婚宴费用须在婚宴结束当日及时以现金方式付清；可以使用蓝海一卡通结算，但需加收10%的折扣费。

（2）婚宴费用不享受任何优惠折扣。

四、不可抗拒因素（略）

五、相关要求

为了给顾客创造一个良好的就餐环境，确保在婚庆过程中对酒店的设备设施的完整保护，特提出以下相关要求：

1. 婚礼现场原则上不允许放冷烟花，因为冷烟花在释放的过程中会产生大量对人体有害的烟雾，并且在释放的过程中可能会烧坏地毯。若执意决定要使用，需提前向酒店交纳××元的保证金，如果没有对酒店的设备设施造成损坏，酒店将把保证金全额退回。

2. 婚礼现场通道两侧不允许摆放浮蜡。

3. 婚庆公司在插花时不允许使用酒店的设施设备作铺垫，需要自带垫布、椅子等物品，不允许将鲜花和碎枝直接放到地毯上。

4. 喜字请在喜宴庆典当日早晨粘贴。

5. 请在婚期前1日17：00后布置婚宴庆典现场。

六、以上条款，乙方如有异议，可与甲方协商解决，补充协议具有同等效力。

资料来源：http：//bbs.99wed.com，有修改。

三、开展活动调研

调查分析是饭店活动策划的基础和依据，其调查的内容是收集市场中从生产到消费全过程的有关资料，经分析研究，确立策划的目标、受众、诉求点、表现方法和实施策略。活动策划前期调研的内容主要包括宏观环境和微观环境两个部分。其中宏观环境主要包括市场需求与供给、目标消费者收入状况及消费状况等。微观环境主要包括企业自身内部资源状况、竞争对手的状况等。

（一）市场环境调研

市场环境调研包括政治法律环境、经济环境、科技环境和社会环境调研等。政治法律环境调研，主要是对政府的方针、政策和各种法令、条例，以及外国有关法规与政局变化、政府人事变动、战争、罢工、暴乱等可能影响本企业的诸多因素的调研。经济环境调研，主要是对国民总收入增长、国民收入分配的地区和社会格局、储蓄与投资变化、私人消费构成、政府消费结构等宏观经济指标进行调研。科技环境调研，主要是对国际国内新技术、新工艺、新材料的发展速度、变化趋势、应用和推广等情况进行调研。社会环境调研，主要是了解社会的文化、风气、时尚、爱好、习俗、宗教等。

（二）市场需求调研

市场需求调研包括市场需求容量、顾客和消费行为调研。市场容量调研，主要是指现有和潜在的人口变化、收入水平、生活水平、本企业的市场占有率、购买力投向等。顾客调研，主要是了解购买本企业产品、服务的团体或个人的情况，如民族、年龄、性别、文化、职业、地区等。消费行为调研，是调研各阶层顾客的购买欲望、购买动机、习惯爱好、购买习惯、购买时间、购买地点、购买数量、品牌偏好等情况，以及顾客对本企业产品和其他企业提供的同类产品的欢迎程度。

（三）市场行情调研

市场行情调研的内容包括整个行业市场、地区市场、企业市场的销售状况和销售能力；有关企业同类产品的生产、经营、成本、价格、利润的比较；有关地区、企业产品的差别和供求关系及发展趋势；整个市场价格水平的现状和趋势、最能使顾客接受的价格性能与定价策略；新产品定价及价格变动幅度等。

（四）竞争者调查

竞争者的经营状态和形象以及各种营销手段对旅游企业都会产生较大的影响，甚至是威胁和压力。对竞争者进行详细的分析，有利于了解主要的经营威胁所在，做到知己知彼，从而在竞争中处于有利的地位。

竞争对手调查内容：竞争对手活动计划、活动创意、营销策略、活动规模、举办时间、活动效果以及对手的缺陷和长处等。

（五）饭店内部调查

饭店内部调查是指对企业内部情况的调查与研究。饭店除了要知彼还要知己。饭店自身的情况也要通过调查的方式了解清楚，才能根据市场的状况、竞争者的状况和自己的情况来制定更加准确的营销策略。

饭店内部调查的内容主要包括以下几个方面：活动主打产品调查、价格调查、人力资源情况调查等。

四、策划创意

创意是策划的核心，是创造性的意念。当产生出一个绝无仅有而又切实可行的创意时，一连串的相关灵感就会相继产生，策划就会很快形成，成功也随之一步一步靠近。

（一）创意的来源

一般来说，创意可能来自于以下四个方面：

1. 来自于组织内部

有许多好的创意可能已经存在于饭店工作人员的脑海里，只不过他们的创意没有被发现，或者没有被重视，抑或还只是一个点子，因此需要策划人员对内部人员进行广泛的征询和调查。

2. 来自社会

对于某方面的问题，可能在社会上已经存在解决方案，如在书籍中，在从事相同工作的人的意识里，已有成功的先例。这就需要策划人员掌握大量的资料、具有丰富的阅历，以及对此类问题解决方案的把握。

3. 来自策划人员的灵感

谈到某一具体的策划，也许人人都能说几条意见，拿出几套解决方案，但要得到好的策划创意、好的解决方案，就不是人人都能够做到的，这需要策划人员具有丰富的经验和一定的专业素养。

4. 来自竞争对手

饭店的竞争对手可能做过这方面的活动，并且取得了不错的效果。那么饭店可以借鉴其成功的经验。但需要注意的是，决不能照搬照抄，一定要在前人的基础上有更新、更好、更绝妙的创意，才不会让消费者感到乏味和雷同。

（二）创意的方法

1. 项目混合法

这种方法是指将两个或两个以上的项目相加，或者将两个以上的项目根据市场需要，复合形成一个新的活动项目。

2. 比较分析法

活动策划者通过对自己掌握或熟悉的某个或多个特定的活动项目进行纵向分析或横向的联想比较，从而寻找新的机会。

3. 头脑风暴法

这是一种发挥集体力量的方法。通过会议的形式，让参会者敞开思路，共同探讨，针对活动提出自己的想法和创意。在这个过程中，任何人都不可以对别人的想法提出批评。最后再进行总结和分析。这种方法充分调动了每个人的积极性，发挥了集体的智慧，集思广益，从而设法找到完美的活动创意。

五、拟订初步方案

有了好的创意之后，就进入拟订初步方案的阶段了。饭店活动策划方案根据不同的项目有不同的格式，无须千篇一律。主要包括：

选定主题。主题是对活动内容的高度概括，是整个策划的灵魂。要为广大公众接受，就必须选好主题，应避免重复化、大众化。

选定日期。除了固定的纪念日，日期的选择一般较为灵活，但策划时首先要将日期确定下来，以便做具体的时间安排，并将其列入组织计划中。

选择地点。选择地点时必须考虑公众分布情况、活动性质、活动经费以及活动的可行性等诸多因素。

市场推广。估计规模，估计参与者的人数。

预算费用。计算好活动成本和各项费用支出，使有限的资金发挥最大的作用。

如有另一方案或其他方案，写出其梗概。

策划实施需要注意的事项：策划书的保密范围、保密期及其他事项。

除上述要素外，它还应具备下述基本内容：社会、经济环境；市场环境；策划对象；策划的目标、内容；策划的假设、原因；策划的方法和整体系统的运转；策划的表现形式；策划预期实现的结果。

需要说明的是，在饭店活动策划中，往往会出现几个创意、几种思路，选择时首先要比较哪种方案更符合实际。如果一种策划方案听起来很好，但投资多、涉及面广、难度大，这种方案就不能采用。重大节日与庆典活动策划时要明确庆典活动的目的与意义，要精心设计活动的形式和内容，要有独特的创意。根据上述策划原则，筛选合理优化的方案，避免落入俗套。

六、方案调整与修订

在选定策划方案后，还要根据活动策划的动态性原则对策划方案进行调整和修正，以满足活动举办的需求。

七、实施方案

一个策划方案好不好最终的检验标准是实施的结果，因此，我们要十分注重具体实施这一环节。在组织实施这一环节中，活动策划人员和组织人员都要对策划方案有着非常详细的了解和把握，这样才能控制整个活动的进程。另外，主要策划人员争取全部到场，这样做，一方面是可以更准确地将策划意图贯彻落实下去；另一个方面也可以在实施过程中发现问题及时纠正。具体实施一定要注意不要仓促上阵，要在做好各种配套准备工作之后再将文案策划的内容付诸实施。

相关链接

饭店活动的配套准备工作主要包括：

1. 印制活动方案并发至相关人员，以便让更多的人了解方案、理解方案。

2. 印制各类宣传品，并进行张贴。宣传品一定要经过精心制作，要将策划文案中所确定的有关标识和口号体现到宣传品中去。

3. 选定具体组织实施的人员，并根据策划方案确定的任务，对他们进行分工。根据对他们的分工，组成若干个工作小组。

4. 协调参加活动的有关人员特别是重要贵宾，确定他们参加活动的报到时间，安排好他们的迎送车辆、陪同人员。

5. 与媒体沟通，确定本次活动的协办媒体或重要联络媒体、一般联络媒体，并尽可能准备好新闻通稿，以便能更好地让媒体了解活动的意图。

6. 在条件许可的情况下进行方案预演，提前解决现场可能出现的问题。

八、效果评估

活动结束后，还要对其效果进行评估。评估的内容主要根据之前制订的方案中活动所需达到的目的来进行，一般包括：活动的收入是否达到目标、参与人数是否达到目标、媒体数量和广告宣传力度是否达到目标等。活动的评估不仅是对本次活动的总结，活动中获得的成功经验或失败的教训同样是下次活动的重要参考和基础。

任务二　饭店活动项目策划方案的写作

一、饭店活动策划方案的基本思路

饭店活动策划阶段，重要的是完成活动的构思，提出活动的目标，它是一种创造性非常强的活动，需要具体情况具体分析。在活动策划阶段，所有的策划思路都应该围绕着“5W+2H”展开（表 13-1）。

表 13-1　饭店活动策划思路

Why（目标）	Who（主体和客体）	Where（地点）	When（时间）	What（内容）
策划的理由和目标	活动策划的主体是谁？ 哪些人会来参加？	在哪里举行活动？	什么时候开始筹备？ 什么时候正式举行？ 什么时候结束？	活动需要哪些支持？ 活动都要做些什么？
How much money？活动的成本和预算？活动的预期销售额？				
How to do？怎样才能达到目标？包括调研、设计、评估、管理的具体措施				

在活动策划中的主体和客体，不仅包括活动的主办方、组织者、来参加活动的消费者，

同时还包括与这次活动有着直接或者间接利益的相关者，如竞争对手、供应商、客户等。

二、饭店活动策划方案的格式及主要内容

（一）标题

饭店活动策划书的标题通常由两部分组成：策划的对象名称和文种，如“某饭店10周年庆典策划方案”。

（二）文头

在标题下方依次排列下列内容：策划书的名称、策划者的姓名、策划书完成的日期、策划书的目标。策划书的名称和标题相同，策划者的姓名除了策划者的名字外，隶属的单位、职位均应写明。策划书完成的日期也包括修改的日期。策划书的目标写得越明确具体越好。

（三）正文

正文由策划书的前言和策划书文本两个部分组成。

前言包括：策划的缘起、背景资料、问题点和活动创意的关键等。另外，也可以加上序文、目录、宗旨。序文把策划书所讲的概要加以整理，内容简明扼要，让人一目了然。

正文内容包括：基本事项、策划设计、宣传和推广、预算、策划进度表、有关人员任务分配表、策划所需物品及场地、策划的相关资料、效果评估等。策划书文本的内容是方案最重要的部分，因策划的类型不同而有所变化，但内容应具体，可操作性强。

第一，背景分析：分析市场需求、市场热点。

第二，活动分析：活动特性分析，以此来为节事活动确定基调。

第三，活动目的：一般的节事活动目的分为提高知名度、增加现场销售、传达信息、阐释品牌理念、展示活动特色等。

第四，活动主题与形象：提出具有创意的节事活动主题和节事活动传播口号，并详细阐释节事活动主题的内涵。

第五，组织结构及任务分配：节事活动策划实施的工作组织结构的构成及人员的组成与分工。

第六，宣传推广计划：针对节事活动主题，需要其他媒体，如报纸、广播、电视、网络等的配合，拟订计划。

第七，预算：针对节事活动方案和传播计划，分别算出节事活动成本和门票等对外报价。必须进行周密的预算，使各种花费控制在最小规模内，以获得最佳的经济效益。在预算经费时，为方便起见，最好绘制表格。

第八，进度：把策划活动全部过程拟成时间表，标示清楚何月何日做何事，作为检查策划进展情况的依据。

第九，现场规划及执行流程：绘制节事活动总规划图。

第十，效果评估：是否达到节事活动目的，以及主题、产品和目标受众是否一致，对他们是否有足够的吸引力。

任务三　经典案例分析

一、案例

××饭店圣诞节活动策划方案

一、策划背景

中国人对圣诞节已不再陌生。如果说圣诞节前几年还局限在星级酒店的话，那么今年可以说没有一家酒店宾馆不搞圣诞狂欢活动了，连一些小饭馆、大排档也贴上“圣诞”的标签，不失时机地打出了圣诞牌，诸如平安夜大抽奖、免费派送法国纯正果品酒的招牌随处可见。圣诞节的氛围早就被精明的商家渲染得化不开了。

圣诞节是西方传统的节日，就像中国的春节。圣诞节之所以被炒得火热，是因为它带有商业性特征，而这种商业性在全球的声势和影响都很大。现在，在中国过圣诞节已渐成时尚，特别在年轻人中很有市场。

根据调查发现，A 市不少酒店宾馆的圣诞节活动策划早在圣诞节前 2 个月就开始了，进入 12 月后，酒店宾馆、餐吧酒楼更是紧锣密鼓，纷纷在布置环境、营造氛围的同时，还各出奇招，准备好了送礼物、抽奖品、餐费打折和精彩节目等活动来吸引消费者。

××饭店作为 A 市唯一一家“花园式”四星级酒店，自然也要把握住这一商机。为了顺应市场需要，同时扩大餐饮客源市场，树立良好的品牌形象，体现××饭店圣诞节活动的丰富多彩，我们精心策划了一系列精彩的活动。

二、市场分析

（一）酒店业的市场现状分析

目前，酒店市场表现出旺盛的发展势头，酒店消费成为拉动全年消费需求稳定增长的重要力量。2005 年，我国酒店业将继续保持两位数的增长，其中在 1~6 月份，酒店业零售额稳步攀高，累计实现 4016.2 亿元，同比净增 609.8 亿元，增长 17.9%。估计全年营业额增长 16%~18%，达到 8500 亿元左右。

但酒店业的竞争十分激烈，新的酒店不断开张，新的服务手段不断推出，在新一轮的竞争中酒店如何再辟新路，不断发展，继续做市场的赢家，这些需要酒店业的决策者去深入思考，谨慎抉择。

（二）圣诞节对 A 市酒店业的冲击

中国加入世界贸易组织后，随着中西方文化的交流，中国人在走出国门的同时也会越来越多地接受包括消费模式在内的西方文化。由此可见，今后过圣诞节的中国人日趋增多，这已成为一种社会发展的事实。

在中国，各大酒店在早几年就开始举办圣诞节促销活动，洋节的氛围一年比一年浓郁，圣诞节促销活动的普及化，一方面表明伴随着全球化的浪潮和开放观念的深化，越来越多的人把过洋节纳入到自己的生活内容中；另一方面，也说明了打造注意力经济，吸引公众的眼球正成为各行业的共识。

为了迎接圣诞节的美食高潮，A 市不少的酒店提前发动了圣诞攻势，泽丰大酒店推出多种超低特价海鲜，超大规模的接待能力让消费者尽兴而归。为促进服务水准的提高，延安大酒店从湖南、云南、广东等地邀请了 18 家酒店代表队到柳州，举行服务技能技巧比赛，请来自全国各地的客人现场打分。丽晶大酒店推出酒吧式火锅，让消费者可以过一个另类的圣诞。

而其他各大酒店也抓住圣诞或促销或提升形象：柳州宾馆送圣诞礼物、每桌送沙律海鲜卷和云南柔红一瓶；京都宾馆每天的前三位顾客可参加月底幸运顾客抽奖，圣诞节三天赠送特色薯条，派发礼品，还有抽奖；丽江宾馆从 20 日就开始举办活动，把冬至和圣诞连在一起，一周之内天天有礼，送会员卡，还有变脸和吐火表演，这几天定婚宴和寿宴的顾客还有特殊礼品；中交大酒店有露天化装舞会、化装游行、圣诞自助餐、猜谜、饮酒和烟火表演……

三、活动整体思路

活动目的：2010 年圣诞节即将来临！为了让消费者体会到××饭店辉煌的品牌气势和独特的圣诞文化氛围，力争做到比往年更具庆祝圣诞节的气氛，我们在装饰和布置上突出新颖和独特；在 A 市加大广告宣传力度，达到在经济利益增长的同时，最大限度地强化酒店的知名度，提升品牌影响力。

活动时间：2010 年 12 月 24~26 日

活动地点：××饭店

活动主题：让我们把圣诞的钟声传遍四方，也让我们把圣诞的祝福洒向人间

活动内容：

（一）11 月 24 日　平安夜

主题：平安是“福”

活动方式：当天到××饭店消费的顾客都赠送“平安果”（苹果），顾客可亲自“采摘”平安果，寓意一年的收获。

具体内容：“平安夜”是一个很适合团聚的夜晚，同时也是××饭店改善品牌形象的好时机，为此，我们计划把“平安果”和包含亲情的“亲情卡”绑在圣诞树上，这样就赋予一颗普通的苹果以亲情、关爱、温暖的元素。而祝福平安的亲情卡片也带着一份××饭店对顾客一年来支持的感谢和祝福！

需要支持：一棵大型的圣诞树（供应商支持）；

苹果 20000 颗，费用大约 6000 元；

亲情卡片 20000 张，费用 6000 元。

（二）12 月 25 日　圣诞夜

主题：幸运 25

活动方式：凡符合其中任何一项条件的顾客，都可以参加幸运活动。

活动要求：腰围 2 尺 5 寸，鞋号 25 码（40 号），年龄 25 周岁，手机尾号为 25，生日是 12 月 25 日等的顾客，都是幸运顾客。

活动内容：在酒店大厅设立一个活动区，做简单的布置，加强酒店的活跃气氛，重要的是让顾客有一种过节日的感觉。而幸运顾客只要在一分钟内，在主持人的提示下猜出礼品的价格，猜中即赠。

需要支持：幸运礼品（供应商支持）。

其他费用预测：1000 元。

（三）12 月 26 日　狂欢夜

主题：激情狂欢夜

活动方式：

1. 中西式餐厅、咖啡厅、绿岛食街等餐厅

（1）吃：免费品尝最具柳州特色的风味小吃——螺蛳粉

（2）喝：免费品尝厂家支持的酒水、饮料和咖啡

2. 娱乐综合楼的卡拉 OK、歌舞厅

（1）玩：进行免费喝啤酒比赛

（2）乐：现场免费点歌活动

（四）惊喜特价，超值回报

12 月 24~26 日，在这三天除了有以上的系列活动提升人气外，我们改变以往搞演出、请主持耗费大量人力、物力的方式，结合酒店自身实际情况，设定以下活动：

1. 每晚 7：00~10：00 在大厅举办现场抽奖活动，将晚会推向高潮。

2. 在一楼绿岛风味食街的自助火锅中增加“超值价”的牛排等西式菜品，丰富餐

台食品。

3. 二楼的包厢区域推出圣诞节聚会“定制化”专案。针对广大公司团体的需要，为其提供联欢聚会场地。

4. 2~9 楼的客房，为每位入住的客人赠送圣诞糖果，长住客人可免费到娱乐综合楼参加“玩、乐”活动。

四、活动操作策略

（一）圣诞节酒店的布置及装饰

1. 主景点布置

（1）大厅外：在大厅外空地做一个 3 米高的城堡及风车装饰（木工制作），显得高端气派，吸引客人注意（包括周边装饰一起费用预算 1500 元）。

（2）大堂：大堂准备摆两个景点，一是在总台前做一个长城雪景图（木工制作，费用预算 1000 元）；二是在客梯前空地上做一棵精美的圣诞树（用方木搭建，费用预算 1000 元）。

（3）中西式餐厅、咖啡厅、绿岛食街、商场：以气球和装饰灯、喷绘为主体装饰物（1000 元）。

（4）大厅内外柱子：以灯和喷绘做主体装饰物（1000 元）。

2. 其他景点布置

娱乐综合楼：以气球和装饰灯、喷绘为主体装饰物（1000 元）。

3. 礼品

主要是圣诞节当晚在各营业区及晚会现场所发放的礼品和为客房常客、商务客人所送的礼品（预计礼品费用 1500 元）。

（以上共计预算费用 8000 元。）

（二）酒店整体气氛布置

第一，酒店所有的员工都必须穿红色圣诞装，加强节日气氛。

第二，安排两名圣诞天使迎宾。

第三，安排两名圣诞老人和小丑给每位顾客发送圣诞帽，圣诞帽最好带有酒店形象标志（可与其他商家合作）。

第四，酒店内播放圣诞颂歌（播放的曲目：《平安夜》《普世欢腾，救主下降》《天使歌唱在高天》《圣诞钟声》等）。

（三）产品设计策略

1. 客房

客房分别于 12 月 24 日与 25 日推出“平安房”“圣诞房”（套房），全价出售；房内配送金百合一束、圣诞贺卡一张、圣诞蛋糕一份、自助餐券两张。其余房内全部配置圣诞贺卡一张。用传统的圣诞老人袜装好送到房间，给客人惊喜。

拟订方案：

“圣诞祝福”套房

（1）时间：12 月 24~26 日

（2）地点：2~9 楼的客房

（3）规模：25 间

（4）内容：特别设定一些“圣诞祝福”套房

（5）气氛布置：房间配置白色烛光，放祝福音乐，营造幽静祥和、浪漫温馨的气氛

（6）房价：588 元/间

2. 餐饮

餐饮部推出圣诞特价菜单，具体可分为：圣诞套餐、情侣套餐、儿童套餐、家庭套餐、自助大餐等。厨房设计圣诞节菜肴，菜肴内容包括：冷热开胃小吃、正餐、软饮料（果汁、香槟塔）无限畅饮、火鸡 2~3 只限量供应、蛋糕点心羹粥类。冷热开胃小吃和蛋糕点心可以适当地多一些，正餐少一些。

拟订方案：

烛光晚宴

（1）时间：24~26 日 19：00~22：00

（2）地点：一楼星河厅

（3）规模：80~100 人

（4）内容：烛光晚宴、家庭套餐。适合家庭、情侣

（5）气氛布置：全场烛光，放轻音乐，营造安静祥和，浪漫温馨的气氛

（6）票价：情侣票 200 元/张

家庭票 250 元/张（两大一小）

3. 娱乐

娱乐综合楼内有游泳池、卡拉 OK、歌舞厅、美容、桑拿、健身房等娱乐设施。在圣诞节期间，可针对性地打一定的折扣，以便刺激消费；而卡拉 OK、歌舞厅则举行圣诞狂欢晚会，引导年轻一族的消费意识。

拟订方案：

KTV 狂欢圣诞晚会

（1）时间：24~26 日

19：00~次日 0：00

0：00~次日 7：00

（2）地点：二楼包厢及娱乐综合楼

（3）规模：所有包厢

（4）内容：包厢价格上涨

小包厢：晚场 680 元/场，晚晚场 480 元/场（送啤酒 4 瓶，大果盘 1 份，小碟 2 份，清茶免费）

中包厢：晚场 1280 元/场，晚晚场 1080 元/场（送啤酒 8 瓶，大果盘 2 份，小碟 4 份，清茶免费）

大包厢：晚场 1580 元/场，晚晚场 1280 元/场（送啤酒 12 瓶，大果盘 2 份，小碟 4 份，清茶免费）

4. 圣诞节各项工作倒计时

（1）12 月 1 日~12 月 7 日拉赞助，12 月 5 日到位摆置大厅

（2）12 月 2 日制订出具体布置及装饰方案

（3）12 月 5 日制定出圣诞票、贺卡、宣传单

（4）12 月 6 日开始卖圣诞票

（5）12 月 6 日开始布置景点

（6）12 月 10 日景点布置完毕，开始在媒体上做广告

（7）12 月 11 日贺卡、礼物准备完毕

（8）12 月 12 日核定娱乐部节目

（9）12 月 15 日下发晚会备忘录

（10）12 月 23 日下发圣诞服装

（11）12 月 24 日、25 日、26 日做好晚会各项工作

五、广告宣传策略

在 A 市的主要媒体上发布本次活动的广告，内容主要突出××饭店设计的圣诞节活动策划的特色。

（一）媒体的选择

报纸：《南国今报》《A 市日报》《A 市晚报》

电台：柳州电台音乐频道、新闻频道、交通频道

户外媒体：横幅、海报、宣传册等

（电视媒体因费用比较昂贵，暂时不安排）

（二）广告内容及形式

以报纸、电台的广告诉求为主，介绍××饭店圣诞节活动策划的特色，突出××饭店圣诞节活动与其他酒店圣诞节活动的差别等，通过对比的心理诉求吸引消费者；再配合一定的户外广告，主要介绍圣诞节活动的简单内容。

1. 12 月 10~24 日，在《南国今报》《A 市日报》《A 市晚报》等报纸上刊登 1/4 版

的文章（要求刊登在 2~3 版）。

2. 12 月 10~24 日，在 A 市电台发布 45 秒的宣传广告，其中：音乐频道晚上11：30，新闻频道中午 12：30，交通频道早上 8：30。

3. 12 月 15~24 日，在 A 市的繁华地段打出主题条幅、海报。

4. 12 月 20~24 日，圣诞老人花车巡游 A 市区，散发圣诞节活动的宣传单。

（三）广告软文拟定

1. 报纸软文

好玩又好吃——××饭店圣诞节活动精彩纷呈

当“圣诞”钟声离龙城的新潮一族还很遥远的时候，龙城的××饭店已经开始紧张忙碌地帮圣诞老人打理圣诞大餐。今年××饭店的“圣诞大餐”味道究竟如何？

圣诞主题宴

圣诞节吃大餐，仍然是众多龙城人的首选。12 月 24~26 日，××饭店在一楼的星河厅推出了 200 元的情侣套餐和 250 元的家庭套餐，让更多的龙城人们过一个祝福满溢的圣诞节。而且，在圣诞期间，凡是进酒店消费的客人都可以获得圣诞帽，符合条件参加活动的还有大礼赠送。

此外，××饭店还精心推出了“平安夜”“圣诞夜”“狂欢夜”等系列活动，引导龙城人们度过一个新的圣诞节。其中，有在酒店里播放圣诞歌曲、圣诞老人为你派送精美礼品、幸运抽奖等精彩圣诞活动。

狂欢实惠多

××饭店把二楼的包厢和娱乐综合楼结合在一起，举办盛大的圣诞狂欢晚会。圣诞节当天的大厅，除了慈祥的圣诞老人外还有美丽的圣诞小姐，并伴有悠扬的圣诞歌声。快来吧，化一个最酷的妆，带上你的至爱，今晚最炫的就是你啦！

作为全市最具震撼力的酒店——××饭店，将是你“圣诞狂欢”的最佳选择。

2. 电台软文

45 秒钟广播

男：圣诞节的钟声就要敲响了！

女：圣诞节的活动也要开始了！

男：今年的圣诞节该去哪过呢？

女：当然是××饭店了。

男：为什么要去××饭店呀？

女：从 24 日至 26 日，××饭店推出了一系列的圣诞节狂欢活动。其中有“平安夜”

“圣诞夜”“狂欢夜”三大主题活动，客房部开设了“平安祝福套房”，餐饮部增加了情侣套餐和家庭套餐，娱乐部举行KTV狂欢晚会，如此盛大的活动怎么能错过呢？

男：真的？那我们圣诞节就相约在××饭店吧？

女：好啊！不见不散啊！

男：不见不散！

3. 海报和横幅

（1）冬季生活的恋歌××饭店传送圣诞祝福

（2）××饭店圣诞活动多 三大主题让你狂欢

（3）200元的情侣套餐 250元的家庭套餐——圣诞大餐尽在××饭店

资料来源：中文范文网 http：//fanwen. zxxk. com

二、案例分析

同学们可以从这家饭店圣诞节活动的策划中深度地了解一个完整的策划方案需要多少个步骤才能完成，并且了解要将饭店圣诞节的经营项目广而告之，才能最后提升饭店的经营效益。

任务四　实训课业

一、实训目的

本实训旨在考查学生对本模块内容的理解和掌握情况，培养学生对饭店活动策划方案的写作技能。

二、实训要求

通过饭店活动策划方案的写作，帮助学生掌握策划方案的写作要点、写作方法、写作要求、格式等写作技能，提高学生独立思考问题的能力。

三、实训过程

第一，分析策划对象

第二，策划前期调研

第三，学生分组进行策划

第四，提交策划案

第五，策划案展示交流

第六，策划案总结点评

模块十四　饭店活动策划主要内容

导读

对饭店活动策划进行可行性分析是制订饭店活动策划方案的前提和基础，是饭店活动策划中必不可少的一个步骤。通过前期的调查、分析和论证，才能为饭店活动后期的策划指明方向。

同时，饭店活动赞助商的寻找和选择能够为饭店活动的举办节约各方面的成本，也加深了同赞助单位之间感情和联系，还为赞助合作单位提供了展示自己的机会，达成双赢。

饭店活动的促销策划是饭店活动策划的一个重点，从活动的本质来看，也是饭店的重要促销形式。通过活动带来的销售额也是评判饭店活动成败的一个重要因素。

工作任务

任务一　饭店活动的可行性分析

任务二　饭店活动的赞助策划

任务三　饭店活动的促销策划

任务四　经典案例分析

任务五　实训课业

任务一　饭店活动的可分性分析

一、饭店活动的可行性分析

（一）饭店活动策划可行性分析的含义

饭店活动的可行性分析是指在活动运营决策之前，调查研究与投资活动项目有关的自然、社会、经济、技术资料，分析比较可能的方案，预测评价活动带来的社会经济效益，进而综合分析、评价、论证的过程。

一个完整的活动可行性研究报告至少包括 3 个方面的内容：一是分析论证投资活动项

目建设的“必要性”，这是通过市场预测工作来完成的。二是分析论证活动项目投资的“可行性”，这是通过技术分析或操作论证来完成的。三是分析论证活动项目投资的“合理性”（财务上的赢利性和经济上的合理性），这主要是通过活动项目效益分析来完成的。

（二）饭店活动可行性分析的主要内容

想要了解饭店活动究竟需要针对哪些方面进行可行性分析，先要考虑以下几个方面的问题：

- 活动项目是否是一个好想法？
- 主办地区是否支持？
- 我们的价格是否合理？
- 活动项目是否能吸引观众？
- 我们是否具有必要的技术技能来计划并承办活动项目？
- 确定的场地在哪里？

其实对于以上几个问题的回答，便构成了饭店活动可行性研究的主要内容。

第一，活动项目是否是一个好想法+主办地区是否支持=活动背景分析。

“活动背景分析”是饭店活动可行性分析首要的和基本的内容之一，在整个可行性分析中具有总论性质。其主要内容是对某一饭店活动的基本情况做一般性的概述，主要包括该饭店活动立项的依据、立项的必要性和经济意义以及立项的打算和主要技术经济参数。

饭店活动立项的依据主要包括分析活动项目设想与立项的宏观与微观背景，概述与活动项目有关的政治、经济、社会文化，财政、金融、产业政策以及活动运行后对国家、企业的经济效益和社会效益的影响。

活动项目是否是一个好想法？主办地区是否支持？主要取决于该活动项目的建设和运行是否符合国民经济平衡发展的需要，是否符合国家产业政策和地区、部门发展规则，是否满足市场的需求，是否有经济效益、社会效益和生态效益。

第二，我们的价格是否合理+活动项目是否能吸引观众=市场环境分析。

“市场环境分析”是可行性研究中要分析的首要问题。可行性分析是从市场分析开始进行详细的专题分析的。市场环境分析包括市场需求容量调研、顾客调研和购买行为调研。市场需求容量调研，主要是指现有和潜在人口变化、收入水平、生活水平、本企业的市场占有率、购买力投向。顾客调研，主要是了解购买本企业产品或服务的团体或个人的情况，如民族、年龄、性别、文化、职业、地区等。购买行为调研，是调研各阶层顾客的购买欲望、购买动机、习惯爱好、购买习惯、购买时间、购买地点、购买数量、品牌偏好等情况，以及顾客对饭店活动的欢迎程度，同时包括竞争对手的活动信息、活动价格等。

第三，我们是否具有必要的技术技能来计划并承办活动项目+确定的场地在哪里=饭店内部环境分析。

对构成市场环境的各种因素进行分析之后，就是对饭店内部环境的分析。对此，我们可以使用SWOT分析法。认清环境形势，寻求发展方向。

SWOT分析法就是企业对内部的优势（Strengths）、劣势（Weakness）和外部环境的机会（Opportunity）与威胁（Threats）进行综合分析，据此对可能的多个营销战略方案做出评价，最终选出合适的方案。通过这种方法来了解饭店本身的财务状况、人力资源状况和基础设施状况，由此来确定活动策划的预算是否合理，活动场所是否合适，基础设施是否能够承担起活动实施的重任等。

二、饭店活动可行性分析报告的编写

（一）可行性分析报告的编写步骤

饭店活动可行性研究是一个不断持续的过程，并非一次性的结论。活动项目可行性研究主要包括下面几个阶段或者步骤。

开始阶段。这一阶段的主要工作是要明确问题，包括可行性研究的范围、客户的目标等，仔细界定研究内容和可行性研究要达到的目标。

收集资料。这一阶段主要是进行进一步的实地调查分析，包括通过市场调查和资料分析来预测市场需求。在此基础上进行技术经济研究，包括项目的主要内容、需求、价格、当地文化修养水平、市场竞争决定了市场机会；已有的资源情况和可获得的资源情况，包括场地、声誉、人力资源等情况，影响到活动项目的规模和方式。

拟订各种可行方案。针对项目建议书和项目策划案中的初步计划，结合上一步资料分析，提出可以实现目标的被选择方案。项目可行性研究的重点就是从多种可供实施的方案中选优，因此拟订方案就是项目可行性研究中关键的一步，也是体现策划人员能力的重要一环。

方案论证阶段。这个阶段包括分析各个可行方案在技术上、经济上的优缺点和方案的各项技术经济指标，比如项目启动资金、投资成本、经营费用、投资收益率等指标的计算和确定；方案的综合评价，比如敏感性分析；初步确定一个最优的方案。

专家论证阶段。在这个阶段，要组织专家对结果进行分析论证，并出具意见书，根据其意见修正最优方案的选择。注意这个过程可能在方案论证阶段就开始。

修改项目策划案并编制可行性研究报告。根据确定的最优方案完善项目策划案，并进行可行性研究报告的编制。在这些方案中要对基本的进度、费用、质量要求做出决定，分析客观情况发生变化时，可能对项目的经营效益产生什么样的影响。

可行性研究报告的报批。项目从构想到正式实施启动，关键的环节就是项目可行性报告的报批，如果获得通过，项目就正式实施，否则就会推迟、搁置或完全取消。

（二）饭店活动可行性分析报告编写的格式

一般来说，饭店活动可行性报告编写的格式分为以下几个方面：

1. 引言

主要包括：可行性研究的目的、可行性研究的局限性、可行性研究的方法、可行性研究的时间等。

2. 摘要和结论

对整个可行性研究报告的核心内容进行总结、概括。使审批和决策者通过阅读这个部分就可以知道整个研究报告的重要内容。

3. 正文

这是可行性分析报告的主体，是整个报告的核心。包括详细的研究材料、研究方法、研究结论等。

相关链接

由于可行性研究报告对于整个饭店活动项目的建设乃至整个经济和社会效益的合理调控都有极其重要的意义，为了确保它的科学性、客观性和公正性，有效防止错误和降低失误，我们对饭店活动可行性研究报告有以下要求：

（1）必须以客观公正的立场进行调查研究，搞好基础资料的收集。从客观实际出发，通过科学的分析，得出最终结论。

（2）可行性研究报告的内容深度一定要达到国家规定的标准，基本内容要完整，切忌粗制滥造。在做法上要坚持先论证后决策，要掌握好活动项目建议书、可行性研究、评估这三个阶段的关系，不可行就应停止研究，坚持多方案比较，择优选取。

（3）保证咨询策划单位必需的工作周期，以确保可行性研究的质量，切忌搞突击，草率行事。

（三）可行性研究报告内容

1. 引言

它综合叙述了研究报告中各部分的主要问题和研究结论，并对活动项目的可行与否提出最终的建议，为可行性报告的审批提供方便。

主要包括以下 4 个方面：

（1）活动项目的背景。包括活动项目名称；活动项目的组织单位；活动项目的主管单位；活动项目的举办地区和地点；承担可行性研究工作的单位和法人代表；研究工作的依据；研究工作的概况。

（2）可行性研究结论。在可行性研究中，对某一饭店活动项目的市场预测、举办规模、材料的供应、活动场址选择、相关活动项目工程技术方案、资金总额及筹措、活动项目的财务和经济评价、环境保护和社会效益等重大问题，都应得出明确的结论。

（3）主要分析资料、技术指标。在总论部分可以将研究报告中各部分的主要分析资料和技术经济指标汇总，列出主要技术经济指标表，使审批和决策者对活动项目全貌有一个综合而明确的了解。

（4）存在问题和建议。对可行性研究中提出的该项活动项目的主要问题进行说明并提出解决的建议。

2. 该活动项目背景和发展概况

这一部分主要说明该项饭店活动项目的创意、立项和发起过程。组织者的意向，活动项目举办或运行的必要性，活动项目发展及可行性研究工作的概况等。在叙述活动项目发展概况的同时，也能清楚地显示出该活动项目可行性研究的重点和问题。

3. 市场分析

市场分析在可行性研究中占重要地位，任何一个活动立项，都必须在对市场需求情况有了充分了解以后才能做出决定。在饭店活动可行性研究报告中，要详细阐述市场需求预测、价格分析，并确定举办规模。

4. 举办条件与活动场址选择分析

根据市场分析的结果和举办规模的论证与建议，并通过对社会需求、经济和社会效益产出、资金和相关产品投入、资源供应等的可行性、可靠性进行研究，对活动场址进行技术和经济分析。

5. 环境保护和安全保障分析

在饭店活动项目筹划举办中，必须贯彻执行国家有关环境保护和职业安全卫生方面的法规、法律，对活动项目可能对环境造成的近期和远期的影响，对影响劳动者健康和安全的生产因素，都要在可行性研究阶段进行分析，提出确实有效的防治措施。按照国家现行规定，凡从事对环境有影响的建设活动项目都必须执行环境影响报告书的审批制度。

这部分同时包括风险分析，如市场风险、经营风险、财务风险、合作风险。

6. 企业组织和劳动定员

在可行性报告中，根据市场调查、市场预测、活动规模和流程的研究，提出相应的人力资源分析。

7. 财务分析

每个活动项目都必须计算所需要的投资总额，分析投资的筹措方式，并制订用款计划。

在可行性研究报告中，应对每种来源渠道的资金及其筹措方式进行论述，并附带必要的计算表格和附件。

（1）成本预测。举办一个活动的成本费用一般包括：场地费用，即租用场馆以及由此而产生的各种费用；这些费用包括：场地租金、空调费、其他特殊安排、加班费等。宣传推广费，包括广告宣传费、活动资料设计和印刷费、资料邮寄费、新闻发布会的费用等。招商的费用。相关活动的费用，包括交流会、研讨会、嘉宾接待、酒会、展会现场布置、礼品、展会临时工作人员的费用等。办公费用和人员费用。税收。其他不可预测的费用。

（2）收入预测（有些活动会有收入）。包括展位费收入、活动门票收入、广告和企业赞助收入，以及其他相关收入。

（3）盈亏平衡分析。

（4）现金流量分析。

8. 活动项目可行性研究结论与建议

根据前面各环节的研究分析结果，对活动项目在经济、社会的效益、技术等进行全面的评价，对活动方案进行总结，提结论性意见和建议。

9. 可行性研究报告的附件

凡属于活动项目可行性研究范围内，但研究报告以外单独成册的文件，均必须列为可行性研究报告的附件，所列附件要注明名称、日期、编号。

任务二　饭店活动的赞助策划

目前赞助已经成为企业提高知名度和美誉度的重要方式，对于活动策划而言，其他企业的赞助能够为饭店活动的开展注入强劲的力量。这种双赢的方式吸引了大量的饭店活动策划者和赞助商。那么是否选择、如何选择合适的赞助商就成为饭店活动初期策划中的重要问题。

一、饭店活动赞助的概念和类型

（一）赞助的概念

赞助可以满足企业的特定营销目标和可评估的投资回报。赞助收入是饭店活动项目顺利进行的重要资金保障。赞助，通常是指某单位或某个人拿出自己的钱财、物品，来对其他单位或个人进行帮助和支持。确切地说，是指企业为了实现自己的目标而向某些活动或组织（体育、艺术、娱乐、公益事业、博览会和节日庆典活动等）提供资金支持的一种行为。赞助还是企业（赞助商）和公益组织、机构及个人之间投入（资金、实物、技术、服务等）和回报（冠名、广告、专利和促销等权利）互惠的交换关系，是平等合作、互利双赢的商业行为。

（二）赞助的类型

从赞助的主题类型上来说，赞助可分为体育赛事、重大节庆活动和公益活动等。

1. 体育运动赞助

体育赞助指对各类体育比赛活动的赞助，包括资助重大体育赛事、体育活动；资助体育运动中心、赛场馆设施的建造等。体育比赛是当今的社会热点之一，对其进行赞助，往往可使本单位名利双收，一举两得。

2. 重大节庆活动赞助

重大节庆活动赞助是通过向社会某些特别事件提供赞助，支持其顺利进行，并以这些事件作为载体向社会传播企业和产品，从而获得高水平的知名度。通过对群众性娱乐休闲活动的赞助，表达了赞助商对广大群众的关怀与诚意，可提高群众对赞助商的认同感。这种赞助活动有助于促进社会精神文明建设，提高其文化修养与精神境界。

3. 公益活动赞助

公益活动赞助指对社会的公共设施、公共活动进行赞助，直接地造福于社会、造福于人民，可赢得公众舆论的赞赏。通过对社会慈善福利组织或慈善福利活动的赞助，既可以向社会表明赞助商勇于承担自己的社会义务、社会责任，又有助于获得政府与社会的好感。同样，饭店活动的主办方也可以利用这种社会效应来说服赞助商对活动进行赞助。

以上三种活动都是饭店活动项目策划可以采用的主题，因此获得社会赞助具有良好的基础。

二、获得赞助的方法和程序

（一）获得赞助的方法

获得赞助的方法基本上有两种：

1. 社会公开招商

所谓公开招商方式即公开向社会各类企业、机构或个人招标，以获取商业赞助的形式。

这种方式通常准备时间较长，同时活动赞助的金额较大，从而获取赞助的准备工作较为详细，比如要制定详细的赞助商策略；要明确赞助商的范围、企业资质、行业类别等。这种方式通常以公开的方式，如公告、广告等方式告知社会上的赞助企业。

需要说明的是，饭店很多活动并不适合采用社会公开方式获取赞助，因为这会涉及一些风险，可能会损害饭店相关者的利益。

2. 内部定向招商

内部定向招商方式是指饭店针对性地选择活动赞助人，通过商业谈判的形式获得赞助并给予赞助商一定的回报。这种方式准备时间相对较短，成本相对较小，同时能够拉近饭店和赞助商的关系，因此相对而言，这种方式更适合饭店的活动策划。

（二）获得赞助的程序

赞助的程序，指的是赞助活动运作过程中的各个主要程序。

1. 前期研究

在正式决定争取赞助之前，饭店活动组织者首先有必要进行前期的研究并且对赞助活动的必要性与可能性进行详尽的论证。研究的内容包括：

（1）是否需要赞助？联系可能的赞助商所耗费的时间也许会使活动的潜在收益负担过重。也许最后耗费了许多人工和时间，但在说服别人给予赞助后获得的实际收益却甚少。

（2）需要什么样的赞助？比如资金、技术、人力等。许多组织也许不会给活动提供现金，但是会变相地提供物品与服务，如租用会场、租用设备、带商标文件袋，以及其他物品或服务。

（3）赞助商的目的是什么？这时我们要考虑饭店有品牌、创意、策划、管理、营销等方面的优势吗？要考虑赞助商要达到的目的。为你提供赞助时，赞助商一定会对他们“买”到什么有所期望。最好能坦率阐明你想要什么，以及你能提供什么。为赞助而提供标准价目表将节省时间，免去令人不快的谈判。可以考虑给赞助商提供合作标识、展览空间、合作广告或类似的好处。

（4）赞助商为什么要支持这次活动？要搞清楚赞助商为什么要支持你。弄清他们为什么独独对此次活动感兴趣，并愿意提供赞助。同时，要了解他们对参加这次活动的哪类人感兴趣。

（5）需要多少赞助商？根据活动的目标、规模、内容、性质等详细评估赞助商的数量，赞助商的类型等。

（6）需要什么样的赞助商？就本质而言，赞助商主要通过自己的名称和标志在活动中被使用，使自己的形象与活动联系起来，最终实现投资的回报。因此，我们有必要既对赞助商的形象进行评估，又要关注其销售或其他的赞助目的。这样在活动项目结束后，确保赞助目的的成功而且使赞助商与活动项目的关系长期发展下去。

（7）不要那么快就放弃。如果一个潜在赞助商不愿意为活动提供赞助，拒绝了初步的提议，那一定要保持沟通渠道的畅通。例如，反问他是否会有其他感兴趣的赞助方式。甚至可以问一下他是否认识类似的赞助商。

2. 撰写赞助计划书

前期研究后，决定获取赞助，就需要开始撰写赞助计划书。计划书的主要内容包括：

（1）开发赞助商的机会点。计划书中应说明赞助商赞助该活动能够得到哪些利益。他的参与是否能为活动项目组织带来利益，如提升知名度或增加销售额。通常包括以下内容：

- 是否存在其他的利益？成本如何？是否耗费员工的精力和时间？
- 合作的期限是多久？
- 活动期间，赞助商是否有机会促销其产品和企业？赞助商的标志是否会出现在所有的广告宣传中？他们是否有活动的冠名权？赞助商方面是否要求自己的高层人士参与活动的致辞或某些奖项的颁奖？活动的参与者获得的奖品是否来自赞助商？在开幕式和闭幕式等仪式上是否应提及赞助商的名字？
- 活动期间，赞助商能否得到直接的销售？数量多少？
- 活动的举办地点和主要参加者是谁？
- 赞助商在活动现场如何展示？
- 活动期间，会有哪些媒体前来报道？媒体的级别、数量和报道的频率？
- 活动促销计划的具体内容是什么？
- 有无其他使赞助商增值和扩大影响的活动？

（2）研究潜在赞助商。首选要在众多企业中寻找可能成为赞助商的企业、机构和组织。筛选潜在赞助商需要回答以下问题：

- 对潜在赞助商的了解程度？
- 活动是否符合潜在赞助商的形象？
- 活动性质同潜在赞助商是否具有一致性？潜在赞助商的竞争对手是否也同意提供赞助，并是否会导致利益的冲突？赞助商的产品是否与活动项目的目的相符？
- 活动能否加强潜在赞助商的知名度？促进其产品的销售？
- 潜在赞助商的目标市场是什么？
- 潜在赞助商可能提供赞助的方式：资金、实物、服务、技术？

初步筛选了潜在赞助商之后，需要对这些赞助商的业务进行一些研究，以获取更多的信息，有利于提高获取赞助的成功率。

3. 准备赞助建议书

赞助建议书是提交给赞助商，供其了解活动内容、目标，争取赞助的重要文本。主要内容包括：

（1）综述。简单地介绍活动方案、赞助投资方案、决策的期限等。

（2）活动方案。详细介绍活动方案，时间、期限、地点、参与人数和目标受众，表明活动的目标等。

（3）赞助投资方案。这个部分应该包括详细的赞助内容、资金、产品、广告、促销等，采用定量的方式来表现。必须使赞助商清楚所有成本和利润的数量。

（4）赞助商的获益点。明确列出赞助商所有的获益点，比如获得的宣传机会，产品销售机会；获得的提高形象、知名度等无形的利益，尽量将每项指标定量化。

（5）决策的期限。明确表明对方最后答复的日期和联系信息，并且每隔 10 天一次进行跟踪联系。

（6）附录。包括其他相关材料，如赞助计划书和大概的预算，推荐函或支持函，新闻剪报、照片、以前活动的方案、宣传报道和取得的效果等一切有助于本次活动的材料。

相关链接

××饭店××活动赞助建议书纲要

一、开头函：致赞助商（略）

二、活动简介（略）

三、历史活动精彩回顾（略）

四、赞助分析

五、赞助方案

（一）参与权获益

1. 赞助商与饭店联合冠名，如××企业——××饭店元旦节。

2. 由饭店领导书面邀请赞助商出席活动。

3. 邀请赞助商领导在开幕式上致辞，致辞视频将在旅游信息网饭店频道现场直播并长时间保留。

4. 由开幕式主持人现场鸣谢赞助商，并播放赞助企业视频。

5. 开幕式等相关活动特邀赞助商领导在主席台就座。

6. 宴会时赞助单位领导在嘉宾席就座。

（二）宣传获益

1. 在国内主流媒体上刊登不少于 3 次的鸣谢广告。

2. 在饭店的网站首页或链接网页上进行活动的宣传并特别鸣谢赞助商，并显示其 LOGO、企业名称等。

3. 在饭店的主要道路宣传、灯箱宣传等户外宣传牌中特别鸣谢该赞助商，并显示其 LOGO、企业名称等。

（三）现场获益

1. 活动期间饭店所有出入口进行横幅宣传。

2. 活动现场的广场上所有物品，如易拉宝广告（4个）、气球（4个）、广告旗（12个）、入场券（300张）上显示赞助商的名称和LOGO。凭券购买赞助商产品可以获得价格优惠。

3. 饭店客房、餐厅、康乐场所等放置活动宣传立牌和宣传册。

4. 饭店大堂及电梯内宣传活动出现赞助商的企业信息、宣传片等。

5. 开幕式、闭幕式、颁奖仪式、演出舞台的背景板和电子背景板上出现赞助商的LOGO及企业名称，并在所有仪式上对赞助商进行鸣谢。

6. 免费提供20个参与活动的名额（含食宿）。

7. 赞助商购买活动中的产品享受8折优惠（限100名）。

（四）其他回报

1. 产品促销：活动期间，特许赞助商在晚会大厅中特定区域展示、促销赞助商产品，临时展示区域10平方米。

2. 经双方协商同意的其他回报。

六、特别提示

最终条款可根据赞助商需要同饭店进行协商，做适当调整，最终内容将以最后签订的合同为准。

赞助费：面议

活动举办时间：2011年1月1日

赞助商报名截止时间：2010年11月30日

有意者请联系：××市××路××号××饭店市场营销部，电话：××××××，联系人：王××（营销部经理），传真：××-××××××

七、附录

资料来源：游上、郭松林：《饭店活动策划与管理》，有改动。

任务三　饭店活动促销策划

一、相关基本概念及作用

（一）促销相关概念

促销的产生是在市场的发展和进步中演变出来的，是指对某个产品的性能、特点，进行宣传、介绍，使消费者接受、认可、购买。是销售、营销的手段和方式。也有人认为，推广的概念从字面上理解，推，即是推动，拉动。广，就是广而告之，广而卖之。推广就是聚焦、放大、沟通、说服消费者购买的过程。就是如何利用推广的手段达到饭店活动营销的目的。

因此，我们可以将饭店活动促销的概念表述为：饭店营销者将有关饭店活动的信息，通过各种宣传、吸引和说服的方式，传送给饭店的潜在消费者，促使其了解、信赖并购买自己的旅游产品，以达到扩大销售的目的。这个表述包含三层意思：一是所传递的是有关本企业的活动信息，以达到扩大销售的目的；二是这种传递要通过各种手段，主要有广告、营业推广、人员推销和公共关系；三是信息传递的目的是使消费者了解、信赖并购买本企业产品及服务。

综上所述我们得知饭店活动促销策划就是对以上各种推广活动进行全面的构思，设计，制订和选择切实可行的执行方案，从而形成正确的决策和达到高效工作的运筹过程。

促销策划的实质是有组织、有效地实现饭店与潜在消费者之间的信息沟通。而这种沟通方式应当是双向的。饭店通过广告、人员推销等方式传播有关产品的信息，通过各种营业推广活动传递刺激短期的购买的信息，还可以通过公共关系等活动传递企业形象的信息。与此同时，在传达信息的同时，会了解和洞察潜在消费者的需求和变化。从某种意义上说，饭店活动的策划就是一种饭店产品的促销策划。

（二）促销的作用

1. 传递信息，促进沟通

当饭店产品进入市场时，饭店通过推广手段可以传播企业和产品的相关信息及动态，增进消费者的认知程度，促进同消费者之间的沟通。

2. 刺激需求，引导消费

饭店通过推广这种传播、沟通手段，倡导全新的生活方式，创造、引导消费者的消费需求，刺激旅游消费者的购买行为，从而达到扩大销售的目的。

3. 树立形象

饭店是一种较高层次的消费活动，通过长期的促销活动，可以塑造与众不同的、更具亲和力的市场形象，巩固市场地位，提高市场占有率。当出现不利于饭店发展的因素时，也可以通过有效的促销手段，改变消费者的消极印象，树立饭店诚实、有信誉的积极形象，以恢复、扩大市场份额。

4. 强化竞争优势

消费者面临市场上数量众多、品质类似的饭店产品往往不知如何挑选，如果饭店在这种情况下不能进入消费者潜在的选择圈中，无疑就输在了起跑线上。利用促销，饭店可以在信息传播和沟通中突出强调自己的特点及同竞争对手之间的差别，使消费者了解购买产品可以给他带来的特殊利益。如果和竞争者的产品之间没有本质的区别，可以通过促销突出企业的经营理念、企业文化或者赋予产品以新的概念，使消费者认清品牌，形成偏好。

二、饭店活动促销策略

饭店市场竞争不断加剧，使得饭店活动促销中采用的促销方式越来越多样化，呈现出多种方式的组合。饭店活动促销过程中将广告、公共关系、人员推销和营业推广等主要的促销形式结合起来，综合运用，发挥各自优势，达到饭店活动促销的目标。

（一）广告策划

由付费的方式，对有关产品的信息进行创意，广为宣传。广告是一种高度大众化的传播工具，辐射面广，反复传达，形式多样。

无论是多么富有创意的活动广告信息，都必须在恰当的时间准确地传递给目标旅游者，才能实现广告目标。这就要寻找广告信息有效传递给目标市场的最佳方式，即进行广告媒体的选择。

进行媒体选择应基于两方面考虑：一是市场的差异性，必须针对所宣传活动的目标市场进行广告宣传，而不同媒介同不同消费者的密切程度不同，信息经这些媒体送达消费者的程度也不同，这就要求选择和目标市场密切程度最高的媒介，才能达到最佳效果；二是因为任何活动的广告开支都是有限的，因而必须注重成本的效益问题。

饭店活动广告经常使用的媒体包括报纸、杂志、广播、电视、户外广告等。每种广告媒体各有特点。

1. 报纸

报纸是广告利用最多的媒体，报纸是最早使用、最常规、最有效的“有案可查”的信息传递工具，可选择性强，本地市场覆盖面大，而费用较电视更低。报纸读者层稳定，在一定时间内可反复查阅有关信息，尤其是在报纸旅游专栏上刊登旅游广告效果更佳。

2. 电视

电视广告的优点显而易见：传播范围广，可达全国各地甚至跨越国界，同时刺激听觉与视觉，表现力最强，给人印象深刻，很有感染力。其缺点是：播放一次很难取得效果，而连续播放费用太大，因此，长期选用电视做主要广告媒体的旅游企业少之又少。

3. 杂志

杂志同报纸一样都属于印刷媒体。与报纸相比，杂志广告的优点是：杂志有较高的威望和可信度；印刷精美，复制效果好，便于保存，使用寿命长；它能传递有关产品和服务的详细信息，并有一定的针对性。杂志往往拥有自己固定的读者群，企业可以根据自己的目标读者群来选择杂志刊登广告。但杂志的接触频率较低，并需要花费较长的制作时间，即出版周期长。此外，杂志时效性低，灵活性差，受形式的局限，而且成本也较昂贵。

4. 广播

广播广告是一种听觉媒体。它不受地理区域、空间距离远近的限制。其优点是：信息传播迅速，灵活性强；传播空间广泛，覆盖面大；广告价格低廉。其缺点是：广告内容瞬时即过，印象深刻，无法日后查阅；只有声音效果，不容易引起注意；广告效果难以测定。

5. 户外广告

露天广告牌、建筑物上的标志、公共汽车车身、巨大的氢气球等都是近来户外广告的一些通用载体。如：

（1）霓虹灯广告、灯箱广告。多采用全幅彩色 24 小时全天候光源式广告。它具有文字清晰、图案简洁、生动醒目、突出厂家和产品的优点。

（2）路牌广告。设置在机场广场、高速公路进出口、商业街道和风景区等处。特点是画面大，易阅读，读者分散，流动性大。

（3）交通广告。包括设在火车、电车、公共汽车、地铁、船舶等交通工具厢体内外及站台、站牌、月票上的广告。特点：阅读对象广泛、有移动性，制作简便，费用低廉。

（4）跨街横幅广告。简便易行、节约费用，可吸引过往行人的注意，以传递商品信息。缺点是张贴时间较短，容易被风雨损坏。

（5）空中广告。不少企业利用气球、伞、风筝等媒体来做广告，这是近几年来才出现的广告形式，其色彩鲜艳夺目，或依蓝天映衬，随风飘舞，或按预订路线放飞、飞行，其高度在人们视线可见的范围内，能收到广大区域的注视效果，一旦被人们发现，会引起“连锁反应”和长时间注目的效果，是其他媒体无法比拟的。

气球是空中广告的一种最常见的形式，它色彩鲜艳、投入资金少、制作简单、影响面大、传播效果好，常常被饭店活动所选用。

（6）模型广告。采用形象、生动、夸张的手法制作大型的实物模型和气模广告以宣传产品。

6. 直邮广告

一些饭店采用直接邮寄广告的方式。直接邮寄广告的优点是：针对性非常强，客户可以触摸、感觉、保留或传递给其他人；它直接瞄准目标市场而不像其他媒体那样产生较高的浪费；虽然直邮广告也受到一定的限制，但在时间安排上十分灵活，且它在被寄出几天后就可以到达客户手中；直接邮寄广告与目标消费者之间进行的是一种个性心理接触，具有高度的个性化，便于与客户进行一对一的沟通；能够测量“客户响应的程度”，发出者确切地知道被邮寄的直邮广告数，而且能通过不同的方式来测量“响应”程度。

7. 新传播媒体

新传播媒体主要以多媒体的方式出现。例如图标广告（Logo）、文字链接（Text）、电子邮件广告（Mailinglist）、网上调查问卷（Questionnaire）、新闻组（Newsgroup）等。

除了上述比较常见的广告媒体之外，还有一些常见的饭店活动广告载体。如信封、表格、收据、名片、扑克、雕塑品、招贴画、电影、录像等。

在选择传播媒体种类时，应考虑以下各方面的因素：

媒体的特点：各种媒体都有自己的优点和不足，饭店应根据各类媒体的特点，结合活动的具体情况，选择合适的广告媒体。

目标消费者对媒体的习惯：例如，不同消费者对广告媒体的喜好不同，接触程度不同。比如以年轻人为目标消费者的饭店活动，选择网络媒体较好；以城市居民为目标消费者的饭店活动，最好选择当地的报纸、电视、广播或户外广告。

同时，活动的性质、定位与预期目标也影响对媒体的选择。

（二）营业推广策划

营业推广又称销售促进，指企业为刺激消费者的购买欲，由一系列具有短期诱导性的营业方法组成的沟通活动。

1. 面向饭店消费者的营业推广策划

营业推广的主要目的是刺激和鼓励消费者多次或大量购买旅游产品，留住老顾客，吸引新顾客。面向旅游者的营业推广方式主要有以下几种方式：

旅游企业通过降低价格、给予折扣、开发包价旅游产品等方式让旅游者得到经济上的实惠，来刺激旅游者的购买。主要有价格优惠、价格返还、奖励促销、趣味促销、交易展示、联合促销等几种方式。

2. 面向中间商

对中间商进行销售促进活动的目的在于扩大和增加饭店活动的产品同消费者之间的渠道。面向中间商的营业推广方式通常有销售奖励、价格折让、提供宣传品、联合开展广告活动、举办贸易展览等方式。

（三）公关关系策划

指企业通过开展公共关系活动或通过第三方在各种传播媒体上宣传企业形象，促进与内部员工、外部公众良好关系的沟通活动。

1. 公共关系策划的方法

（1）与媒体建立关系（以新闻为主）。通过新闻和各种媒介传播饭店活动的信息，以吸引公众的注意。

（2）沟通活动。通过沟通活动，增加内部工作人员和经销商等对主办单位和所举办的饭店活动的理解和了解。

（3）游说。与政府保持好关系，让其制定政策、下达文件，这样有利于饭店活动的成功举办。

2. 公共关系策划的步骤

公共关系策划的首要步骤是明确公共关系活动的目标，确定目标是公共关系策划的前提，没有明确的目标，公共关系策划就无从谈起。确定公共关系目标时，应当注意所策划的目标明确、具体并具有可行性。

其次，要确定公共关系活动的对象，公共关系活动的方式很多，在公共关系策划时要考虑不同的目标对象，然后根据不同的目标对象选择不同的活动方式。因为目标对象的不同，所以要针对不同的对象制定最省力的公共关系活动，以达到预期的目标。

紧接着就是实施阶段，在这个阶段企业可以利用一些特殊时间或是突发事件来实施公共关系方案，实施的一个很重要的方面就是要选择最佳时机。

最后就是评价和调查，公共关系部门及工作人员要总结这次公关活动的成功点和失败点，并做出相应的修改方案，以期在下次的公关活动中能做得更好。

除此之外，现在市场上还出现了直接促销的方式，如使用直邮、电话、传真、电子邮箱等其他以非人员接触工具来沟通或征求特定顾客和潜在客户的回复。这种促销方式及时、有针对性、覆盖面广。但是如果使用不当容易引起消费者的反感。

三、饭店活动促销策划的原则

（一）主题原则

广告、营业推广等促销活动的策划必须主题明确，言之有物，向公众明确提供有关饭店产品服务的信息。如果信息量过多、过杂，不仅不能有效帮助目标公众加深了解，反而会适得其反。

相关链接

2007 年是六十年轮回的金猪年，A 饭店为了改变客房惨淡经营的状况，决定通过客房配套设施设备、一次性用品、床上用品的“猪”化，将 5 间客房改装成“猪文化”主题客房，以试探属猪及对金猪有好感的客人的需要。为此，该饭店投入重金以体验“猪”文化在当地电视、报纸、户外广告上扩大宣传——“某市第一家猪文化主题客房”。不久，市场立刻回应，门庭若市，受到许多年轻的“爱猪一族”的青睐。

（二）创新原则

创新，是活动促销策划的灵魂。市场竞争中，人们每天都要接触大量的广告及促销信息。因而活动促销策划的创意要新，主题要能引起人的共鸣、耐人寻味。创新的办法有概念的创新、标题的创新、内容的创新、手段的创新等。针对某一推广主题，自由发言，然后将各自的想法讲出来，互相启发，往往能够产生意想不到的好效果。

（三）时机原则

时机原则要求饭店在进行促销策划中，要把握策划的时机，注重周围环境因素对实施过程的影响和效果。

相关链接

1962 年，美国国家航空和宇航局首次尝试绕地球轨道航行。美国国家航空和宇航局为这件事情做了尽可能多的宣传。受到这些宣传的诱惑，估计有 1 亿多人在电视上观看飞船的发射。马里奥特公司的销售经理巴德·格莱斯想到将有 1 亿多人观看发射实况，立刻意识到这是一个很好地让美国人了解发展中的马里奥特公司的机会。他把几桶带有大大的马里奥特标签的炸鸡装上车，让人送到即将要驾驶“友谊 7 号”进入太空、绕地球飞行三圈，成为美国第一位航天员的约翰·格伦的家。马里奥特的送货车停在格伦的家门口，大约 1 亿正在看电视的美国人看到了马里奥特的送货车。马里奥特公司巧妙地运用了这一事件进行了宣传。

（四）心理原则

在促销策划中要注意运用消费者的心理。消费者的任何消费行为都是在一定心理、情绪的推动下进行的。

促销策划中，时刻要以消费者的需求为出发点，所有推广活动都要围绕着消费者的真实购买心理来进行。消费者的心理真实需求把握得是否准确，决定着促销策划的成败。

四、饭店活动促销策划的程序

（一）活动促销调查

促销调查是指对影响饭店活动促销的有关资料进行收集和整理，分析活动促销的外部环境和内部状况。

1. 调查程序

（1）准备阶段：主要包括找出活动促销问题所在及焦点问题，明确调查目标。

（2）调查计划制订：制订调查计划、确定调查方法、设计抽样调查计划等。

（3）正式执行阶段：设计调查问卷、实施调查、收集信息、控制进度等。

（4）结果处理阶段：资料整理、资料统计分析、解释资料间的相互关系。

（5）补充调查阶段：对未收集到的信息进行补充。

（6）撰写调查报告阶段：撰写促销调查报告，提出结论与建议。

2. 调查内容

饭店活动促销调查包括外部调查和内部调查两个内容：

（1）外部调查：促销环境调查、目标消费者调查、赞助商调查、竞争对手活动调查等。

（2）内部调查：饭店营销能力调查、活动管理能力调查、活动费用预算调查等。

（二）确定活动促销的目标

促销的目标是指饭店活动进行促销所需要达到的目的。饭店活动促销的目标最终由饭店整体的营销目标决定。各种目标应该以目标市场、市场定位等有关信息为基础加以确定。制定饭店促销的目标最终要达到两个目的：一是直接面对消费者和中间商，提升产品的知名度，增加销售量，促使中间商产生更大的热情，帮助饭店将活动信息传达给消费者；二是为促销的效果设定一个测量标准，以此来衡量推广活动在创意、制作等方面的成败。

（三）明确促销的对象

饭店在进行活动促销策划时，必须明确推广信息的接受者。这是饭店活动促销策划中最重要、最基本的内容之一。其他内容都是围绕着促销对象的消费心理、消费特点、消费行为等来设定的。

（四）确定促销的主题

前面的饭店活动促销中已经提到主题性是制定促销活动的重要原则。饭店活动促销的主题必须紧扣当初制定的促销目标和活动目标。离开了主题的促销即使投入大量的资金和人力也是无的放矢，没有效果的。

（五）选择促销的方式

饭店在明确了活动目标和促销目标后，要进一步确定活动促销的中心任务，由此来选择促销组合的方式和工具。选择促销方式时，综合考虑活动的性质、活动的时间、消费者等多种因素，结合饭店自身的特点，确定广告、公关宣传、营业推广等集中促销的工具，作为下一步进行各项具体活动策划的基础。

（六）促销活动策划

在具体的促销活动策划阶段，要分别制订广告策划、公关宣传策划、营业推广策划等方案内容，并制订促销费用预算计划。主要内容如下：

1. 促销范围

在进行饭店活动促销策划时，首先要明确活动促销的范围。同时，目标市场区域通常有主要市场和次要市场之分。促销范围的确定主要根据饭店自身的资源状况、活动目标和市场竞争状况来决定。

2. 促销时机

活动在什么时候进行促销，对促销效果的影响是不一样的。一般来说，活动促销时机的选择应根据活动的特点、市场竞争的特点、消费者的特点，结合整体的饭店市场营销战略来确定。

相关链接

2006 年 10 月 17 日，北京通州区举办了“通州运河文化节”。通过“弘扬运河文化，发扬运河精神”，借以实现展示通州深厚的历史文化底蕴和丰富的运河文化遗产，促进历史文化遗产保护和通州新城建设的和谐发展，以达到“了解通州的过去，放眼通州的未来”的目的。运河文化节期间举行的主要活动有：“新城规划展”“通州运河文化节”开幕式大型晚会、“水墨 · 当代摄影展”“运河书画展”“运河历史文化展”以及“高峰论坛”等活动。

文化节期间，亚太花园酒店负责来自运河沿途十几个城市的重要领导的食宿以及“高峰论坛”的接待任务。为了把握住这次千载难逢的宣传机会，酒店成立了以总经理为组长，市场营销总监为总协调员，各部门负责人为组员的接待小组，并启动了 VIP 接待程序。餐饮、住宿增加了注重细节的个性化服务。

2006 年 10 月 15 日，以酒店总经理助理为领队、人力资源总监为副领队，员工为组员，大约 30 人的“欢乐中国行”的宣传小组参加了中国北京“通州运河文化节”大型文艺晚会暨“欢乐中国行”大型歌会。身着带有亚太花园酒店 LOGO 的统一服装，在歌星出现或者演唱奏乐时，为明星呐喊助威，高举“亚太花园酒店欢迎您！”的横幅，在观众席中非常抢眼，起到了企业宣传的作用。

> 酒店积极参与由北京通州区委、区政府主办的"通州运河文化节"活动，赞助当地的公益事业，得到当地主管部门的认可，获得了"文明行业示范点""首都文明服务窗口"等称号。树立了酒店在社会公众中的良好形象。2006 年 10 月营业收入同比增长 40.97%，11 月同比增长 36.51%，2006 年 11 月份出租率同比提高 17.21%。
>
> 此次活动使饭店获得多方面的收益。借助"文化节"的契机，"文化节"的承办单位为酒店免费树立了 5 个指示牌，解决了酒店交通的指示问题；酒店作为企业代表参加"文化节"当中的"欢乐中国行"活动，该节目在中央电视台三套上热播，宣传了酒店。
>
> 资料来源：杜炜：《饭店优秀公关案例解析》，北京：旅游教育出版社，2007 年。

3. 参与条件

活动是面向目标市场的每个人还是有选择的部分人，这种范围控制有多大，哪类人是主攻对象等。这类问题选择的正确与否直接关系到活动促销的最终效果。

4. 促销媒介

活动促销策划中一个非常重要的环节就是要决定参与活动宣传的媒介。要选择媒介的种类、数量，向目标全体进行信息传播的方案等。另外，对于饭店而言，活动的策划者要关注饭店内部的促销媒介，如赠送给顾客的优惠券，放置在饭店大堂、餐厅、客房的宣传手册、宣传页，在饭店大厅、走廊、电梯内张贴、悬挂的宣传海报、横幅等。

5. 持续时间

如果促销时间较短，则可能达不到预期的效果。如果促销持续时间太长，则会增加饭店活动的成本。确定促销活动开始和结束的时间应综合考虑目标群特点、活动特点、促销目标、饭店的经济实力、竞争战略等因素。

（七）撰写促销策划方案

当促销活动各项计划都商讨确定之后，必须按照一定的格式将其文案化，成为整个饭店活动策划方案的一个重要组成部分，成为饭店活动促销执行的实施指导方案。

五、饭店活动促销策划方案的编写

饭店活动促销策划方案没有固定的模式，每家饭店根据不同的活动来具体分析。一般而言，主要包括以下内容：

（一）市场调研分析

总则包括促销调研报告，市场预测与建议。

（二）促销目标

涉及活动的市场目标、财务目标等多个方面，包括：总体目标和分解目标。

（三）促销提案

1. 方案细则

包括促销主题、促销时机和时间、促销对象、促销地点（区域）、促销方法以及促销媒介。

2. 促销活动详细说明

包括广告促销活动内容，营业推广活动内容，公关宣传活动内容以及其他促销活动内容。

（四）促销活动预算

包括资金来源，预算计划，如管理费用、促销费用、人工费用等。

（五）附录

需要添加的其他资料，说明性文件等。

相关链接

××饭店龙虾美食节促销方案

一、前言

美食是人们日常生活中不可或缺的部分，随着生活水平的提高，食品的样式、口味也由原来的“单一性”转为现在的“多元化”。

二、促销目标

（一）总体目标

饭店通过这次活动抓住市场，激发食客们的潜在需求，促进龙虾等相关食品的销售，同时在市民心中树立起××饭店为“龙虾美食天堂”的形象。

（二）具体目标

1. 通过龙虾美食节活动，让消费者以优惠的价格品尝美食，在消费者心目中树立“美食天堂”的形象。

2. 邀请市民参与各种促销活动，借此展示饭店的实力和特色，使之在原有的知名度上进一步建立信任度与美誉度，促进饭店与公众的信息沟通。

3. 通过让消费者亲自参与龙虾的烹饪过程，让公众代表直接了解食品的加工过程，强化食品的质量形象。

4. 通过邀请10户农民工家庭前来免费品尝龙虾，树立饭店良好的公众形象。

三、促销活动说明

（一）活动总标题（略）

（二）具体活动标题（略）

（三）宣传标语、宣传用品（略）

四、媒介策略

（一）印刷媒介

1. 活动前一周分别在××、××上登载参加美食节的单位名称。

2. 美食节活动结束后第三天，在《××晨报》上公布10名幸运消费者的名单。

（二）电视媒介

1. 美食节开幕当天由××电视台、有线电视台等在新闻专栏内发布信息。

2. ××电视台在新闻专栏播放“幸运顾客抽奖活动”片段。

3. 7月中旬在有线电视台播放“××饭店龙虾美食节”的活动片段。

五、总体活动计划

本次活动包括“做龙虾、品龙虾——××饭店龙虾美食节”与××地区“希望之心爱心拍卖系列”两部分内容。

（一）工作计划

时间、内容、地点

（二）具体活动安排

1. “做龙虾、品龙虾——××饭店龙虾美食节”开幕式

（1）时间（略）；地点（略）；出席对象（略）；

（2）程序：

8：00~9：30　工作人员进场准备，相关单位进场准备

9：00　广播小组播放《小号进行曲》营造气氛

2. 龙虾品尝活动

（1）时间（略）；地点（略）；标题（略）；方法（略）

（2）“特级龙虾”爱心拍卖活动，捐赠地震灾区

（3）幸运顾客抽奖活动

六、经费预算

（一）宣传用品（略）

（二）嘉宾费用（略）

（三）媒介费用（略）

七、效果展望

（一）通过这次美食节，使××饭店在美食市场上树立起“吃龙虾，人们第一个就会想到××饭店”的形象。增强饭店的信任度和美誉度。

（二）饭店通过爱心活动，可以树立公益形象，为促销活动奠定良好的基础。

资料来源：范进、刘军：《写好营销策划文案》，北京：中国经济出版社，2006年，有改动。

任务四　经典案例分析

一、案例

尊贵云廷酒店元旦夜促销活动方案

（一）尊贵元旦夜活动背景

尊贵云廷是一家五星级豪华酒店集团，旗下包括30家高档酒店品牌。该集团将于2009年新年在南京开设一家新的酒店品牌，由此达到借助元旦佳节之际，策划推广活动，提高酒店品牌的目的。

（二）活动目标

- 元旦夜促销活动方案提高酒店集团及新酒店品牌知名度；
- 提高目标市场份额。

（三）元旦夜促销活动方案主题

1. 争取首位效应，制造社会热门话题

尊贵云廷酒店集团通过开展元旦夜庆祝活动，可以造成一定的轰动效应，使活动成为公众焦点话题，产生良好的社会效应和品牌传播价值。

2. 迎合目标消费群心理，满足情感需求

市场定位：此次活动的目标人群是在政府机关、企业担任中高层职务的成功人士。

由于公务繁忙，与家人在一起的时间一般较少，所以一般都存在“关爱家人”的心结，可以引发其潜在情感需求。

（四）元旦夜促销活动安排

1. 前期准备阶段

（1）确定邀请目标群体及邀请方式。为了精确锁定目标旅游者，提高本次活动实效性，特选择500名政企中高层管理人员，邮寄贺卡、尊贵元旦之夜宣传折页，告知他们“元旦之夜”活动内容，邀请他们1月1日到新开酒店参加庆祝活动。通过聘请他们作为品质监督员进行关系营销，促进他们的主观能动性，扩大新酒店在中高端旅游者中的口碑效应。

（2）在《扬子晚报》发布广告。

（3）在南京主要街道做灯箱广告。

在南京市人流量大的街道以高密度灯箱广告和富有煽情色彩的语言提醒大家关注“尊贵元旦之夜”，形成浓厚的节日气氛。

2. 促销进行阶段

（1）发送“尊贵元旦节之夜”亲情短信。提醒旅游者1月1日是“尊贵元旦之夜”。发送活动内容，以及开展活动的主要地点。

（2）在南京高档消费场所派发宣传单页。

（3）《酒店杂志》派送“元旦之夜”精美夹页。

（4）酒店免费品酒活动。在酒店大厅内设置展台，摆设标有新酒店标示的各类酒。邀请来酒店内消费的目标旅游者免费品尝。并向旅游者派发宣传“尊贵元旦之夜”活动的宣传单页。

（5）电视台插播广告。向电视台投放广告，告知旅游者举行的活动内容，以及开展活动的主要地点。广告片时间30秒，播出形式为各卫视台插播广告。

（6）在酒店指定的各部门内开展送礼活动：凡是在当晚情侣二人一起来酒店消费的顾客，或者带着家人的顾客，均可获得酒店赠送的高档香槟酒一瓶、红玫瑰鲜花一朵。

（7）活动现场邀请一批小朋友，请他们以新酒店元旦夜为主题，在长卷上进行绘画创作，酒店保存并装裱在店内展示，并请当地电视媒体对此活动进行报道。

（五）费用预算

媒体类型	费用预算
报纸媒体	《扬子晚报》：整版，8000元/次，合计8000元
电视媒体	30秒广告片制作费：50000元
江苏电视台城市频道	1300元/天，播出7天，总计9100元

续表

媒体类型	费用预算
户外媒体	酒店外条幅：100 条 酒店橱窗海报：600 张 合计：10000 元
酒店杂志彩页广告	5000 元
酒店橱窗海报；贺卡	1000 份，合计：6000 元
短信媒体	移动短信平台：100000 条 合计：2000 元
礼品费用	香槟酒：20000 元 红玫瑰：3000 元 合计：23000 元
共计：	113110 元

（六）促销实施进度

时间安排	工作内容	负责部门
12 月 1 日	订购新年贺卡	采购部
12 月 7 日	确定邀请名单，邮寄贺卡	营销部
12 月 8 日	联系电台，播放广告	公关部
12 月 14 日	与《酒店杂志》联系，发放夹页	公关部
12 月 15 日	制作灯箱广告并悬挂	采购部、美工部
12 月 18 日	高档场所发放传单	营销部
12 月 19 日	联系《扬子晚报》，发布整版广告	公关部
12 月 21 日	联系电信公司，发送亲情短信	公关部
12 月 22 日	酒店内部促销活动	营销部
12 月 23 日	酒店节日装饰布置	美工部
12 月 24 日	儿童作画准备工作及媒体联系	公关部、营销部、美工部
12 月 24~27 日	免费品酒会	营销部
12 月 27 日至 1 月 1 日	各部门协调安排现场庆祝活动	各部门
1 月 1 日	元旦夜活动	各部门

（七）促销效果评估

第一，统计电视、报纸等媒体的播放率、收视率及报纸发行量，估算到达人次。

第二，估算过街条幅悬挂街道日人流量，统计到达人次。

第三，估算酒店内日人流量，与活动未开始前客流量进行比较，统计到达人次。

二、案例分析

饭店活动多种多样，饭店常说的一句话是“有节过节，无节造节”。元旦是我国一个重要的节庆活动，饭店当然不会错过这样的促销机会，但如何策划好这个活动，对饭店策划人员来说是一个挑战。

任务五　实训课业

一、实训目的

本实训旨在考查学生对本模块内容的理解和掌握情况，培养学生对饭店活动促销策划方案的写作技能。

二、实训要求

通过饭店活动促销策划方案的写作，帮助学生掌握促销策划方案的写作要点、写作方法、写作要求、格式等写作技能，提高学生独立思考问题的能力。

三、实训过程

第一，分析策划对象

第二，策划前期调研

第三，学生分组进行策划

第四，提交策划案

第五，策划案展示交流

第六，策划案总结点评

模块十五　旅游网站策划

导读

国家旅游局发布的数据显示：2016 年，国内旅游、入境旅游稳步增长，出境旅游理性发展，旅游经济继续领先宏观经济增速，成为稳增长、调结构、惠民生的重要力量。2016 年，国内旅游 44.4 亿人次，同比增长 11%；国内旅游总收入 3.9 万亿元，同比增长 14%。入境旅游人数 1.38 亿人次，同比增长 3.8%，其中外国人入境 2814.2 万人次，同比增长 8.3%；国际旅游收入 1200 亿美元，同比增长 5.6%；出境旅游人数 1.22 亿人次，同比增长 4.3%；旅游服务贸易顺差 102 亿美元，较 2015 年增长 11.5%。国家旅游局有关负责人表示，受一系列利好政策和居民消费升级驱动，旅游产业保持在“较为景气”区间运行，各季度景气水平均略高于 2015 年同期。景区和以在线旅游企业为代表的新业态景气水平领先于传统行业部门，处于“较强景气”区间。旅游固定资产投资处于“较为景气”区间。据世界旅游组织预测，中国将成为 21 世纪全球最大的旅游市场。与此同时，旅游行业电子商务也成为旅游业乃至互联网行业的热点之一，它的赢利前景更是为业界所看好。作为旅游媒介中的一个重要内容——旅游网站，在旅游活动中发挥着越来越大的作用。

工作任务

任务一　认识旅游网站

任务二　通晓管理途径

任务三　发达国家网站管理策划案例分析

任务四　实训课业

任务一　认识旅游网站

一、旅游网站的定义

旅游网站（tourism website）是指在互联网上，根据一定规则，使用 HTML 等工具制作的用于展示旅游信息的相关网页的集合。简单地说，旅游网站是一种通信工具，就像布告栏一样，人们可以通过旅游网站来发布自己想要公开的旅游资讯，或者利用旅游网站来提供相关的旅游网络服务。

二、旅游网站的分类

目前旅游网站可分为两种类型：一类是非营利性网站，此类一般是旅游局、相关政府部门为展示城市形象、吸引游客、促进招商引资而投资建设的网站，此类网站一般以发布政务信息为主，主要是介绍城市概况、历史背景、风土人情、特色美食、出行指南等相关信息，所以从这点上来说，这类网站介绍的都是本地信息，做这类网站建设时，需要把握政府主管领导的主观意向，以及城市的文化内涵，根据其情况具体分析、具体对待，才能把网站策划做好。此类政府网站一般都由专门的人员来维护，并且是财政支出，所以无须考虑是否赢利，这样的网站具有可持续发展的潜力，一般都可以做成地方行业门户。

另一类是营利性网站，此类又可以细分为几种：酒店预订、机票预订、旅游线路、行业综合门户等，做这类网站的一般是旅行社或是有丰富旅游经验的导游，一般的旅游企业做的网站规模都比较小，网站策划也不周全，基本上是想到哪儿做到那儿，网站建设完成后既没有管理者，也没有访问者，这类网站的命运基本上是做完就放弃。只有极少数的大型旅游企业才能做到以下几项策划项目：事前细致的行业网站市场调查，自身优势分析，选择市场定位，美工、程序技术人员工作分配，网站后期维护，信息录入技术支持人员配置等工作。营利性网站赢利的主要渠道一般是这样的：行业门户以出租广告位为主，专业网站一般是与自身优势相结合，网上做宣传，线下产生利润，如携程网。

三、旅游网站的发展前景

目前中国最著名的旅游网站有携程、乐途、同程、艺龙、途牛、中国通用等，人们可以通过网页浏览器来访问网站，获取自己需要的旅游资讯或者享受网络服务。许多旅游公司拥有自己的网站，利用网络来进行宣传、产品资讯发布、招聘等。随着经济的发展和人们生活水平的提高，旅游业也在飞速发展。

中国现有涉及旅游服务的650多家网站大致可以分为两类：一类是综合门户网站的旅游频道，旅游只是整个网站的补充，在旅游信息的权威性、全面性和实用性方面没有优势，所以不是旅游电子商务的主流；另一类是旅游专业网站，包括一些景区、酒店网站，更高层次旅游网站则依托大旅行商，并开展信息交流、网上预订。相比较而言，后一类旅游网站才是今后发展的主流。由于旅游借助互联网，能够解决传统旅游业不能解决的适应游客行、食、住、游、玩一体化的需求；同时还由于旅游也作为一个整体的商业生态链，涉及旅行服务机构、酒店、景区、交通等，利用互联网可以将这些环节连成一个统一的整体，进而可以大大提高服务的水平和业务的来源。近来，传统旅游业已经越来越感到来自互联网的“双刃剑”的考验，一方面，互联网为传统旅游业提供新的机遇及提高服务水平和运作水平的手段；另一方面，大多数没有开展网上业务的中小旅行社则面临严峻的挑战。旅游网站应为全球网民提供及时的旅游线路报价、打折门票信息、切实的旅游建议，以及详细的旅游资讯。旅行社将旅游业内信息进行整合分类，人性化地开设了旅游线路预订、打折门票、签证服务、机票酒店预订、旅游保险、旅游书城、包车服务、旅行游记、旅游博客等多个专业频道。

四、旅游网站策划的范畴

策划是一种程序，在本质上是一种运用脑力的理性行为。基本上所有的策划都是关于未来的事物，也就是说策划是针对未来要发生的事情做当前的决策，策划师要找出事物的因果关系，思考未来可采取的途径，以此作为目前决策的依据，即策划是预先决定做什么、何时做、如何做、谁来做。策划如同一座桥，它连接着我们。

旅游网站策划就是根据现实的各种情况，判断旅游市场发展的趋势，以此对未来网站建设做出决策，在旅游网站的建设上围绕网站发展目标构建网站，选择合理可行的行动方式，预先决定做什么、何时做、如何做、谁来做。旅游网站策划应该包括网站战略发展策划、网站内容策划、网站形象策划（设计风格）、网站市场营销（如何提高访问率）、网站品牌形象推广、网站内部人员安排等。

五、旅游网站策划的作用

旅游网站策划的作用如下：

（一）促使旅游网站活动的目标明确

旅游网站通过策划师预先进行构思，对比选择合理可行的行动方案，以保证正确的决策和高效的工作；而旅游网站选择所谓“可行的行动方式”是以策划案中事先确定的持定目标展开的，这也使得旅游网站的活动目标明确，保证了旅游网站活动的进行有条不紊，符合客观要求，有效地避免旅游网站活动的盲目性。

（二）促使旅游网站活动的效率提高

如上所述，旅游网站的策划明确了旅游网站活动的目标。通过策划，统筹了旅游网站发展的长远计划和短期计划，明确不同发展阶段所应采用的不同战略，从而能够兼顾网站眼前目标和长远利益，最终提高网站运作的效率。此外，旅游网站策划有利于规范旅游网站的总体布局，提高了网站形象设计，内容定位、市场营销、品牌推广甚至是收购兼并、上市等整个活动的效率。

（三）促使旅游网站活动更具竞争力

旅游网站策划是在竞争对手互相了解的基础上进行的，因此旅游网站通过策划可以采用恰当的策略，提高市场竞争能力；旅游网站经过策划可扬长避短，充分宣扬其长处，化劣势为优势。因此，在某种意义上，市场竞争就是策划的竞争。

任务二　通晓管理途径

一个旅游网站的成功与否与建站前的旅游网站策划有着极为重要的关系。在建立旅游网站前应明确建设旅游网站的目的，确定旅游网站的功能，确定旅游网站的规模、投入费用，进行必要的市场分析等。只有详细策划，才能避免在旅游网站建设中出现的很多问题，使旅游网站建设能顺利进行。一个成功的旅游网站策划一般包括以下几个阶段：

一、前期调查阶段

前期调查阶段的主要工作是了解旅游网站生存的环境。旅游网站的生存环境分析主要包括四个方面。

（一）旅游网民分析

旅游网民分析主要包括消费习惯、行为模式、需求特征等，在网站策划前，旅游网站策划者应细致分析网民的情况。下面我们试图将所应调查的方面以若干问题的方式列出来：

- 网民对各类旅游网站的认知如何？
- 网民目前喜欢上何种旅游网站，他们喜欢哪些频道和栏目？
- 网民目前的生活状态、心理状态如何？
- 本类旅游网站的主要网民群是哪些，状况怎样，他们如何评价目前其他同类旅游网站？
- 本类旅游网站的网民从本类别旅游网站中想得到却得不到的是什么？
- 在网民眼中，本类旅游网站应该提供什么样的服务？
- 在网民眼中，与其他同类旅游网站相比，本旅游网站应该有什么不同？

（二）竞争者分析

对竞争者的分析，主要包括竞争对手上网情况、竞争者网站策划的现状、网站功能作用等方面，最后是分析企业自身条件、公司概况、市场优势，可以利用旅游网站提升哪些竞争力，建设网站的能力（费用、技术、人力等）。对竞争者的调查分析，可以参考以下几个方面进行：

- 我们的主要竞争对手有哪些？
- 我们的竞争对手是如何运作的？
- 网民对那些竞争品牌认知是怎样的？
- 竞争对手的网站策划是什么样的？
- 竞争对手会给我们的旅游网站带来哪些风险？
- 我们的旅游网站创建后会引起竞争对手怎样的反应，这些反应会对我们产生什么样的影响？

（三）市场分析

对市场的分析，主要是对市场的格局、市场需求程度、市场规模、市场未来走势等方面所进行的经济分析。具体分析内容应包括：

- 市场需求预测分析，包括现在市场需求量估计和预测未来市场容量及产品竞争能力；
- 市场需求层次和各类地区市场需求量分析；
- 估计产品生命周期及可销售时间，即预测市场需要的时间，通过市场分析可确定产品的未来需求量、品种及持续时间，产品销路及竞争能力，产品规格、品种变化及更新，产品需求量的地区分布等。

（四）企业自我分析

企业自我分析是旅游网站进行策划的基础，任何旅游网站要想赢得自己独立的生存发展空间，都要从自我的内部环境分析开始。这种分析主要基于以下几个方面。人员素质与构成分析，即自己的旅游网站的人员能力构成、素质构成，以及资金状况进行分析。旅游网站是一个耗钱的行当，不管是旅游网站的运行还是市场推广都需要大量的资金。因此资金的安排问题在旅游网站的策划中显得非常重要。在国内，旅游网站的运营与传统产业极其不同：没有政府计划、没有国有银行支持、没有地方保护、没有硬性行业壁垒。旅游网站基本是在纯粹的市场经济中运行的，这就意味着旅游网站必须要自己养活自己，因此网站要在自身运作能力、经济承受能力和对市场调查研究分析的基础上妥善地运用好自己的资金。国内一些旅游网站正是由于不能妥善地进行自身的财务分析，并做出合乎旅游网站自身状况的财务策划，其结果是在财务上难以为继，濒临倒闭。在旅游网站的策划中，有关资金问题的考虑主要有以下几点：资金来源，是自有资金、广告收入还是国内、国外合作方的投入。资金流向和流量，即资金的用途和数额是多少，在旅游网站运作中人力和物力的每项开支大约是多少。资金回报率，即资金所能产生的经济效益。这主要包括两个方面，一是指资金投入能够使旅游网站制作出什么样的网页、提供哪些新的技术和服务；二是旅游网站的服务能带来什么样的资金回报。旅游网站策划，能否对自身的能力进行实事求是的科学分析，对于旅游网站运作的成败与否也很重要。

总之，对旅游网站生存环境的调查分析是旅游网站策划的基础，会影响整个旅游网站策划的方向和未来旅游网站的发展。

二、策划编制阶段

（一）旅游网站定位

旅游网站定位就是确定旅游网站的特征、特定的使用场合及其特殊的使用群体及其特征带来的利益，即旅游网站在网络上的特殊位置，它的核心概念、目标用户群、核心作用等。新竞争力认为旅游网站定位营销的实质是对用户、市场、产品、价格以及广告诉求的重新细分与定位，预设旅游网站在用户心中的形象地位。

旅游网站定位需要注意以下问题：

第一，旅游网站一定要为网民提供有价值的服务，最好是提供独特性的服务。

第二，不要盲目追随，“某某旅游网站做得太好了，非常盈利，如果我们也做一个应该也会很好吧”。如果你正在这样考虑问题，可能会陷入危险的状态。

第三，不要定位不准确，内容纷杂。许多旅游网站的运营者为了提高人气量，不断地增加栏目内容，以至于天文、地理无所不包，更有精通搜索引擎的同行，可以把旅游网站的流量炒作得沸沸扬扬。然而，如果旅游网站没有核心内容，或核心内容不够强大，是很难留住用户的，沸沸扬扬往往也只是昙花一现而已。

中国网站定位研究者刘滔认为：旅游网站定位的核心在于寻找或打造旅游网站的核心差异点，然后在这个差异点的基础上在消费者的心智模式中树立一个品牌形象、一个差异化概念。首先，我们需要明白这样一个观念：旅游网站定位不是创意、风雅或者想象力，互联网作为一种电子商务活动，与其他营销活动一样，都是一种实实在在的能力。所以，作为一个旅游网站的功能定位，需落实以下几个步骤：

1. 根据行业和自身状况寻找合理性

我们绝对不是唱独角戏，一方面行业在发生巨大的变化；另一方面你会发现在你所属的行业，许多竞争对手正在蓬勃发展，方兴未艾。所以，你的商业模式必须在所属行业背景下具备合理性，如果你要做一个以卖书为主的旅游网站，并梦想超越当当网，那么你得权衡你的能力。其次，你得明白你的优势是什么，你的优势能帮助你的旅游网站发展吗？能使你的优势区别于竞争对手吗？

2. 寻找差异点

你的旅游网站一定要独树一帜。并非所有成功的旅游网站都是大而全的，但所有成功的旅游网站都是有独特销售主张的。如何找到这个差异点？你得明白你的差异点并不一定要与产品相关。同样是卖鲜花，我们可以以“8 小时到达”为独特差异点，也可以以“20 元一束的玫瑰”为独特差异点。记住一个概念：客户购买你的产品不是因为你的产品多么全面，而是因为你的某种“独一无二”，这种“独一无二”，就是差异点。用户访问你的互联网也不是因为你的互联网做得多么美观、功能多么齐全，而是你的旅游网站能满足他的某种独特的需求。

3. 证明你的差异点

理解消费者，首先得让消费者理解你的差异点，也就是你独特的销售主张。如果你的旅游网站具备某种差异性，你应该能够证明这种差异性，如果你不能证明，那么你的旅游网站定位可能是失败的。如果你找到了这些差异性的支点，你可以把这些支点以消费者能感知的方式传播出去。你的品牌营销活动应该时刻保持围绕着差异点来开展，这样才能逐步占领消费者的心。

4. 根据差异点确定你的旅游网站定位

有了以上三个步骤，这一步实际上是一个结果。我们所要做的是：根据你的差异点结合你的战略，用一种更引人注目的方式戏剧化地表达你的定位。在某种程度上，要夸大我们的独特销售主张。例如，当当网始终在传播“全球最大的中文网上书店”的概念，北斗手机网专注于手机的销售，小熊商城定位为“专业 IT 购物商城”等。

5. 传播你的旅游网站定位

虽然酒香不怕巷子深，但是香酒结合卓越的营销会使酒卖得更好。有了正确的品牌定位，并不意味着生意会自动找上门。需要有我们的营销过程，在互联网上的营销推广就不必和大家说了，广大中小站长在这一块都是高手，比如友链、软文广告、宣传小册子、产品包装策略、旅游网站 BAANER 广告、销售演示、与客户接触的销售过程、客户服务等各个环节，都必须围绕你的旅游网站定位，最终让消费者感觉你确实是定位的那个样子，这样我们就能逐步占领消费者的心，从而取得长久发展，而你的旅游网站，也会获得大量的忠诚客户，那么其他的一切将会水到渠成！

（二）确定旅游网站发展的目标

在对旅游网站进行定位后，接下来的工作就是制定旅游网站的目标。旅游网站的目标将为旅游网站的发展确立分阶段的建设目标和总体发展目标，从宏观上为旅游网站的建设提供总体框架。以国内的商务旅游网站易趣网为例，其目标指标如下：第一阶段从

1999 年 8 月旅游网站开通到 2000 年，实施的是单一型战略，主要是建立和推广易趣的品牌，并完善易趣的组织架构；第二阶段即从 2000 年开始到 2002 年 5 月，易趣实施扩张性战略，目标是要满足更多的交易需求，开始赢利以及通过合并与并购不断地进行自身扩张；第三阶段则是利益最大化，最终占领全球市场。而另一个由网民编写的“天一网”策划案中，这个虚拟的“天一网”的目标为：2000 年 6 月完成第一期资金准备工作。2000 年 6~12 月完成中心旅游网站的建设，并在全国 5 个大城市开展服务和电子商务。2000 年 12 月，天一网的注册用户达到 5 万人，临时用户达到 10 万人，访问流量达到 100 万人次（如果体系不致崩溃的话）。2001 年，该网站在全国 30 个大中城市全面开展商务活动，注册用户将达到 30 万人，临时用户超过 100 万。访问量无法想象。实际上，作为一个功能性和服务性极强的旅游网站，天一网并不注重访问的流量，旅游网站的商务成功的关键在于旅游网站的注册用户的多少。2001 年，是天一网展开产业战略的开始。天一网通过产业整合，开发更多的先进的、以内嵌式技术控制的智能电子远程医疗产品，统一行业标准，树立远程医疗保健产品的行业性地位。2002 年，天一网通过金融整合，准备上市。2003 年，天一网争取在海外和国内用不同的方式上市。上市只是天一网进一步融资和规范化发展的基础，而并非经营的必需过程，如果天一网的经营能稳健发展的话，它自身的商业利润已足以保证它的良好发展了。上市的主要理由是为风险资本提供一个资本退出的可能性。

（三）旅游网站的内部策划

旅游网站的内部策划包括旅游网站内容、形象策划和旅游网站内部管理两个方面。旅游网站内容、形象策划具体应包括对旅游网站频道、栏目内容的安排、网页的内容设计安排（标题设计、结构设计——一般为树状结构、导航栏设计——可分为纵深型和横向型）、网页布局设计、网页外观设计等方面的策划。旅游网站内部管理是旅游网站内部策划的另外一项重要内容。它主要是指对旅游网站内部人员和旅游网站公司结构的安排。我们在前面提到过旅游网站的运作牵涉到许多部门和环节，这也要求旅游网站策划者们在策划中理顺他们之间的复杂关系，在策划案中应详细地对旅游网站人员和公司的结构加以合理的安排和阐述，如：公司的组织机构图；各部门的功能与责任；各部门的负责人及主要成员；公司的报酬体系；公司的股东名单，包括认股权、比例和特权；公司的董事会成员；各位董事的背景资料。

（四）旅游网站市场推广策略

一个旅游网站的良好运作离不开有效的市场推广策略。对于一个旅游网站而言，即使你有很好的模式、丰富精彩的内容、非常别致的网页、特别贴心的服务，但如果缺少了有效的市场推广策略的话，那么旅游网站的运作仍是不可能成功的。对于旅游网站，特别是商业旅游网站而言，获得网民的眼球是头等大事。但在互联网的海洋里，如果缺少以公关宣传、广告为主的市场推广策略，那么你如何才能让网民们在“海洋”里抓住你这条漂亮的鱼儿呢？好酒也怕巷子深，好的旅游网站当然也需要有效的市场推广策略。就以美国的雅虎旅游网站为例，虽然雅虎有相当特色的服务功能，但如果没有1996年主政雅虎的CEO蒂默西·库格尔在电视和电台上做的一系列面对美国主流社会大众的非常巧妙的广告来创牌子，那么雅虎今天能否成为一个蜚声全球的互联网名牌，还真不好说。市场推广的实质其实就是打造品牌。打造网络品牌与建立传统品牌的手法目前来看是大同小异。旅游网站必须要善于利用大小机会多方曝光。市场推广对于旅游网站的发展作用很大，因此旅游网站重视市场推广，在这方面花钱本是无可厚非的。但旅游网站的市场推广行为也必须遵守一定的规律，不能脱离旅游网站的实际状况。有效的市场推广策略一定是在对市场环境、网站足够了解的基础上进行的，否则旅游网站最终推广不成反而会拖垮了自身。在这方面，国内的旅游网站务必要牢记。

三、策划改进阶段

在完成策划编制这一阶段之后，旅游网站的策划还没有最终完成。初步编制的策划案还有一个在现实中运用并加以改进的过程。最终的策划改进阶段不容忽视。在这个阶段，旅游网站的策划人员需要不断根据实际工作中所出现的新问题、新情况相应地调整旅游网站的定位、发展的目标指标、内部策划、市场推广策略，有时甚至是重大的调整，在这方面金山卓越旅游网站的转型就是一个很好的例子。这也反映了旅游网站策划灵活性的特点。旅游网站策划改进阶段也是一个严格遵循策划原则和程序的过程，其具体内容这里不再赘述。

任务三　发达国家网站管理策划案例分析

一、案例

美国旅游网站策划的分析

（一）旅游网站的信息内容

在美国，无论是哪种类型的旅游网站，其信息内容一般都涉及如下几个方面：景点、饭店、旅游线路等方面的信息。还可能包括旅游常识、旅游注意事项、旅游新闻、货币兑换、旅游目的地天气、环境、人文等信息以及旅游观感，以及与旅游相关的产品和服务信息，各种优惠、折扣、航空、饭店、汽车租赁服务的检索和预订等。

（二）旅游网站的服务功能

从服务功能看，不同的旅游网站的服务功能包括：

第一，旅游信息的汇集、传播与交流。

第二，旅游信息的检索和导航。

第三，旅游产品和服务的在线销售，包括票务、饭店、餐饮、汽车、旅游组团等。

第四，个性化定制服务，特别是在线预订服务是网站必备的功能。像 Expedia、Preview Travel、Travelocity 等网站都具有该功能。目前，各网站在这方面的具体做法大同小异，通常是由访问者定义一个账户（用户名和密码），然后登录，然后网站会提供类似下面的一些功能选项：

- 客户基本信息：如姓名、电话、电子邮件、住址、护照/签证信息等。
- 信用卡信息：如卡号、有效期、卡的类别等。
- 旅游需求：如用户最希望何时开始旅游；最想搭乘哪个航空公司的哪个航班，经常飞行的次数；最喜欢租用哪种类型的汽车；最愿意住在什么饭店等。这些信息反映了旅游线路的选择标准，服务器在存储了这些信息之后，就会根据这些信息帮助客户寻找相关的服务信息，并且这些信息可以随时进行修改和删除。

第五，修改账户密码：密码遗忘时的提醒。

归纳起来，这种定制服务的作用主要有：可以避免在预订过程中重复填写相同的信息，提高预订效率。积累客户的消费量（比如飞行距离），以此作为促销奖励的依据。更有针对性地推送旅游信息，特别是当客户没有找到满意的解决方案时，可以委托服务器监视和跟踪，当有符合标准的信息出现时，及时用电子邮件的方式提醒客户。

第六，根据选择的目的地，提供当地的天气、人文环境、旅游特色和货币兑换等信息。

（三）获利环节

不同类型的旅游网站的赢利环节有所不同，归纳起来有如下几种模式：网站信息量大，信息质量高，能够获得较高的访问率，以此吸引网络广告。这是一般信息网站实现收益的基本思路。提供网上交易功能，从中获得收益。目前在网上销售的产品和服务主要有飞机票、饭店预订、组建旅行团、旅游物品等。为旅游服务单位提供网上展示服务，收取服务费用。像许多社区网站一样，很多旅游网站的收入来源于赞助商和伙伴关系等方面。

（四）网站推广

从旅游网站的特点看，旅游网站的推广一般有如下几种方式：在综合性导航台、搜索引擎中注册网址。在相关网站中设置图标广告链接。鉴于旅游消费者的分布十分广泛，所以一个旅游网站的旅游广告其实可以散布在各个领域，如温泉浴场的网站广告可以放到美容美发的网站中去，商务旅游预订服务的广告可以放到人才网站上。关键是根据受众特点进行选择，相互交叉是基本的思路和旅游网站广告的特点；而在服务功能方面能够互补的旅游网站之间的相互链接，也是推广网站的好办法。与访问率高的导航台或搜索引擎独家合作，将预订服务融合在导航台或搜索引擎之中。通过电子邮件刊物及网上定制服务吸引和维系受众。

（五）美国旅游网站策划的启示

综观美国旅游行业网站的经营模式，值得我们关注的有如下几点：

信息质量和数量。浏览 Expedia、Travelocity、Preview Travel、ITNn、American Airlines 等重量级网站，用户可以获得这样的印象：旅游资源、相关信息不仅数量巨大、准确性和时效性强，而且组织得非常好。

第一，个性化定制服务。对于旅游者来说，一次旅游要考虑的因素是比较多的，既要看目的地的旅游特色、风俗习惯、安全状况，还要考虑交通、货币、时间和预算。定制服务面临的是每个消费者的不同需求，因而要能够根据不同的需求动态地、相对准确地提供比较全面的参考信息和组合。网站的设计者要全面收集、提炼和整合不同消费者的需求特点，预先将这些信息加以细分，存储在数据库中供受众检索。由于涉及的方面比较多，建库时的数据关系就非常复杂，前期的系统分析和规划任务非常繁重。从我们考察的几个网站上可以看出，很多细节都考虑得非常周到，甚至旅游者没有想到的网站也替他们想到了，用户从中可以学到很多技巧和知识。

第二，品牌竞争阶段。如客户服务的质量、营销环节处理的好坏、广告宣传和形象的树立等，也就是要树立服务的信誉度和美誉度。从网站的个案研究中可以发现，很多交易是产生在回头客身上的，说明这些网站都具有较高的信誉度和美誉度，品牌的力量起着举足轻重的作用。在互联网上如果不能做大，就很难抢到更多的市场份额。

第三，访问量是基础和关键。似乎对任何网站都是如此，对旅游网站来说尤其如此。任何交易都是要有一定数量的消费群体作为基础的，也就是说在消费群体中只有一定百分比的访问者会成为交易客户。因此，消费群体的基数越大，产生的交易量应该更大。这就是为什么旅游预订网站要追求访问量，要花巨资去买断大门户网站的旅游服务，形成紧密合作的战略伙伴，要用品牌来与相关网站合作共同拓展市场，与相关网站进行有效的链接等。

第四，旅游预订服务的关键是优惠。旅游市场的巨大潜力也引来了大量的公司进入这个市场淘金。在激烈的竞争中，除了服务质量、旅游特色等因素之外，价格就是最重要的因素了。所以，机票变着花样地打折和优惠，饭店按照淡旺程度浮动价格等，都是竞争的产物，其目的无非是将消费者吸引过来。而有了在线实时预订系统之后，优惠信息的传播速度加快了，覆盖的受众范围增大了。这样，实时捕捉这类信息，使其成为吸引受众的一个主要因素，就成为旅游在线销售有市场的基本原因。不仅如此，网站汇集信息的能力和高度实时交互的能力，也使网站更有吸引力。

案例来源：http：//www.docin.com/p-64478836.html

二、案例分析

互联网时代，在激烈的竞争中，除了服务质量，旅游企业的发展也需要信息化的支持，通过网站的支持，使各种优惠信息的传播速度加快了，受众范围增大了，最终使旅游企业实现可持续发展。

任务四　实训课业

一、实训目的

本实训旨在考查学生对本模块内容的理解和掌握情况，培养学生对旅游网站策划的技能。

二、实训要求

请学生依据所提供的材料，按照任务三的内容，选择一个你熟悉的旅游网站策划一个活动。策划提纲自拟，但必须涵盖任务中所给出的内容。

三、实训对象资料

携程旅行网是中国领先的在线旅行服务公司，创立于1999年，总部设在中国上海。携程旅行网向超过1000万的注册会员提供包括酒店预订、机票预订、度假预订、商旅管理、特惠商户以及旅游资讯在内的全方位旅行服务。目前，携程旅行网拥有国内外5000余家会员酒店可供预订，是中国领先的酒店预订服务中心，每月酒店预订量达到50余万间夜。在机票预订方面，携程旅行网是中国领先的机票预订服务平台，覆盖国内外所有航线，并在45个大中城市提供免费送机票服务，每月出票量40余万张。

携程旅行网目前已在北京、广州、深圳、成都、杭州、厦门、青岛、南京、武汉、沈阳、南通、三亚12个城市设立了分公司，员工超过10000人。作为中国领先的在线旅行服务公司，携程旅行网成功整合了高科技产业与传统旅行业，向超过4000万会员提供集酒店预订、机票预订、度假预订、商旅管理、特惠商户及旅游资讯在内的全方位旅行服务，被誉为互联网和传统旅游无缝结合的典范。凭借稳定的业务发展和优异的赢利能力，携程旅行网于2003年12月在美国纳斯达克成功上市。携程旅行网的度假超市提供近千条度假线路，覆盖海内外众多目的地，并且提供从北京、上海、广州、深圳、杭州、成都6地出发，是中国领先的度假旅行服务网络，每月为万余人次提供度假服务。携程旅行网的VIP会员还可在全国主要商旅城市的近3000家特惠商户享受低至6折的消费优惠。携程旅行网除了在自家网站上提供丰富的旅游资讯外，还委托出版了旅游丛书《携程走中国》，并委托发行旅游月刊杂志《携程自由行》。携程旅行网秉持“以客户为中心”的原则，以团队间紧密无缝的合作机制，以一丝不苟的敬业精神、真实诚信的合作理念，创造“多赢”伙伴式合作体系，从而共同创造最大价值。

携程旅行网的服务宣言是：

我们一应俱全：您能感受专业，我们专注全面旅行服务。我们集酒店预订、机票预订、度假预订、商旅管理、特约商户、旅游资讯服务于一体，为您打造全方位的旅行方案，同时提供丰富多彩的积分兑换。

我们一丝不苟：您请安心托付，我们的服务准确率已达国际领先水平。依托强大的技术能力，我们建立了先进的服务系统，近4000位专业人员24小时为您提供无微不至的客户服务。并以国际先进的六西格马标准控制服务流程，确保您的旅程高枕无忧。

我们一诺千金：您可全然信赖，我们言出必行。无论起因是否与我们有关，我们都将竭力在第一时间为您妥善安排，我们会履行所有对您的责任及承诺，绝不推诿。包括酒店低价赔付承诺、1小时飞人通道、自然灾害旅游体验保障金、海外团队游标准。

四、实训过程

第一，分析策划对象

第二，策划前期调研

第三，学生分组进行策划

第四，提交策划方案

第五，策划方案展示交流

第六，策划方案总结点评

模块十六　旅游商店策划

导读

由香港旅游发展局主办，为期 10 周的 2006 “香港购物节” 截至目前已圆满结束，此活动已连续举行 5 年，成为综合展示香港旅游魅力的一个大舞台。在今年到访这个“购物天堂” 的旅客们，更深深感受到这个 “亚洲国际都会” 包罗万象的购物体验——精品荟萃、时尚品位、物超所值。香港旅游发展局公布的相关资料表明，“香港购物节” 已成为亚洲第一旅游购物品牌，而且成为内地旅客外出旅游购物的第一选择。“香港购物节” 旅游购物品牌的创立得益于以下几个因素：一是旅游商店的多元化文化环境；二是旅游商店独特的地理位置；三是旅游商店独具魅力的店面设计；四是丰富多彩的旅游商品；五是精彩纷呈的经营策划。

工作任务

任务一　了解旅游商店的相关知识
任务二　通晓旅游商店策划路径
任务三　旅游商店经典策划案例分析
任务四　实训课业

任务一　了解旅游商店的相关知识

一、旅游购物商店

旅游购物商店作为直接面向旅游者，为旅游者提供购物服务的重要场所，在社会经济和旅游业发展中起着重要的作用。旅游购物商店属于零售领域，目前各种零售业态的企业或个人进入到这一领域，呈现出了竞争激烈的市场格局。根据商店的主要目标市场和独立程度，旅游购物商可以划分为以下三种。

（一）专营商店

专营商店是专门销售或主要销售旅游商品的商店，几乎全部的企业收入都来自于旅游商品销售，如我国的友谊商店、工艺美术品公司、文物商店、免税品商店等都属于这种情况。作为独立的企业组织，专营商店的规模较大，一般经营的旅游商品档次较高，而且具有浓郁的民族文化和工艺特色，拥有大型停车场或餐饮设施。它们一般接待团队游客，因此除了满足游客购物需求之外，还要对司机、导游及旅行社给予一定的回扣，这必然会增加企业的运行成本。因此，韩国旅游商品专营商店一般为了降低成本，会通过大批量进货的方式来压低产品价格，但在进货价格难以压低的情况下，也会出现以劣质产品欺骗游客的现象，游客的利益严重受损。对这类企业而言，商店的位置至关重要，必须考虑商店到主要旅游吸引物的距离以及商店到饭店的距离，此外还要考虑商店的产品品质和奇特性。

（二）附属商店

附属商店是指各饭店、景区等旅游企业设置的商品部、商场、购物中心等，它是企业内部的一个部门。这些旅游企业本身有自己稳定的客源，旅游商店是增加企业收入的一个重要渠道。饭店是广大旅游者尤其是国外游客食宿的主要场所，因而饭店也就自然而然地成为游客购买商品的极为方便的场所。为了满足旅游者包括购物在内的多方面需求，也为了增加饭店的营业收入，绝大多数饭店设置了一些专门经营旅游商品的场所和设施。一般这类商店的规模不大，经营品种较少。在经营中由于许多团体游客旅游的计划性较强，饭店商场可以预先了解客人的人员构成状况及爱好，为组织货源、及时满足游客的购物需要提供了有利条件。商场还可以与有关的旅游商品生产企业联系，生产一些印有饭店标志的旅游纪念品，这不仅有利于饭店增加经营收入，而且有利于进行促销活动。旅游景区商品店铺位于旅游景区内或景区周围，为适应游客逗留时间短的特点，主要经营一些即食即饮的食品饮料、景区纪念品及土特产品等。为满足不同层次旅游者购物的需求，在旅游商品经营的档次上亦有较大差别，一些高档店铺还要经营一些书画、古玩等旅游文化产品和工艺美术品。随着旅游的大众化、日常化，这类商店将会接待更多的旅游者，零售业的“旅游化”倾向不可忽视。

（三）专业商店

专业商店是专门经营某一类旅游商品或某一类旅游商品中的某几种旅游商品的专业化零售商店。大多数专业商店都是独立的中小型商店，其经营具有较强的专业性，一般是按某一特定的顾客群（如男士、女士、孕婴）或按某一产品大类（如纺织品、文化用品、家电用品）设店，不少专业旅游商店常常以经营的主要产品类别或主要的顾客群来命名。专业旅游商店是与综合商店相对而言的，综合性旅游商店经营的产品种类繁多，而专业性商店经营商品的种类则有一定的范围，如生活中常见的旅游纪念品商店、旅游食品商店等。随着市场细分以及产品专门化的发展，专业旅游商店的发展将更为迅速。按照经营商品的特点，可将专业旅游商店分为以下几种类型：

1. 价格昂贵的专业商品

这类商店通常以古玩店、字画店、珠宝店、金店、首饰店、工艺品店等为代表，经营的商品多以价格较高、具有收藏价值或馈赠意义的名品、精品、稀有物品为主，这类专业商店的一般特点是：成交的次数少，但每次的成交数额相对较大。

2. 商品技术性较强的专业店

这类专业商店多以经营技术性较强的商品为主，如各种车辆商店、电脑商店、音响器材商店、钟表店、照相器材商店、中西乐器商店等。

3. 名牌商品专业店

这类专业商店主要是经营国内、国际的名牌时装、鞋类商品为主，以中高收入者为主要服务对象。

4. 商品的选择性较强的专业店

该类专业商店经营的商品以花色繁多、选择性较强的商品为主，如花卉店、丝绸店、鞋袜等。

二、旅游商店的购物设施

旅游购物设施是旅游者完成购物活动的重要保证，不管是何种类型的购物商店或购物街都必须具备相应的购物设施。现代意义上的购物商店或购物街已经不是单纯的商品销售场所，而是发展成购物、休闲、餐饮为一体化的多功能复合体，使旅游者在购物中休闲和玩乐，在游玩的愉悦中购物，有些甚至成为当地新的旅游吸引物。如 2002 年 5 月，上海建立一座特大型集交易、品茗、餐饮、表演为一体的“大不同天山茶城”。该茶城三层楼面 9000 多平方米的交易大楼可容纳 400 多个摊位，八层楼面 7000 多平方米的综合大楼将为业主提供商务、住宿、餐饮等完善的服务设施。茶城主要经营浙、皖、滇等全国 16 个主要产茶区的茶叶、茶具、茶饮料、茶保健品和茶叶包装机械设备，经营斯里兰卡、印度、阿根廷等世界主要产茶国的茶叶精品；举办茶道表演。茶城内一条茶文化走廊详尽地介绍了中国五千年茶文化发展史。沿街 20 多间古色古香的茶叶店，展示令人神往的茶中珍品。为确保质量，茶城还由评茶师坐堂，提供质量监督、检测、咨询等服务。

（一）基本购物设施

基本购物设施是旅游者购物所必须具备的设施，主要指各种购物商店及具体的内部设施。

1. 传统购物街

在许多城市，有自然形成的传统购物街，也有为了发展旅游而特别设置的旅游购物场所，这些购物街地方特色突出，文化氛围浓郁。

2. 现代购物场所

城市中心的现代化购物设施，如百货商场、大型购物中心、连锁店等，一般规模大，商品选择性大，购物条件舒适。

（二）辅助购物设施

1. 餐饮、娱乐设施

现代消费者的购物不再是单纯的购物，而是一种休闲娱乐活动，一种享受。营造这种休闲的氛围需要配备餐饮、娱乐等辅助设施，如特色餐饮店、咖啡厅、图书馆、电影院、溜冰场、蹦极、攀岩等，这种功能的提升使购物空间更具有吸引力，成为当地居民和游客的集散地。

2. 导购系统

旅游者在异地购物应能获得商店、商品方面的有关信息。现在很多旅游购物商店都配有全方位的导购服务系统，如一个有特色的导购图，在场所、形态、规模等方面实现标准化，并与周边环境相协调；展览厅，介绍商店的概况或集中推荐重点商品；信息中心或咨询室，可以为远程顾客提供服务。

3. 便利系统

旅游购物商店除了要配备洗手间、休息室、停车场等一般便利设施之外，针对游客这一流动顾客的特殊需要还要增设其他设施。如设立邮局，邮寄那些体积大、易碎不易携带的商品；设立银行，方便旅游者兑换货币、信用卡交易等。

三、旅游商店策划

旅游商店的整体策划是指对旅游商店的目标市场选择、场地定位、营销组合进行整体研究，确定相应的策略战术。它将使旅游商店经营由随机型转变为科学型，步入规范化的轨道。

旅游商店策划包括：营销战略策划、目标市场策划、场所位置策划、筹集资金策划、组织机构策划、产品服务策划、店堂布置策划、商品价格策划、商品促销策划等内容。

任务二　通晓旅游商店策划路径

旅游商店策划是用超常规的思路和方法，对旅游商店进行定位策划、产品策划和营销策划，从而实现旅游商店发展的一种方法。旅游商店策划的过程一般包括以下几个阶段：

一、旅游商店战略策划阶段

确定并把一个旅游商店的主要目的、政策和活动，按一定的顺序，组合成一个紧密的整体，以形成某种战略属性和竞争优势。经营战略策划是在分析外部环境和内部条件的基础上，以企业全局为对象，为长远发展进行谋划、构思和设想，侧重于战略目标、战略重点和战略对策的策划。

（一）明确旅游商店使命

旅游商店使命包括旅游商店经营的价值观、信念感。行为准则和旅游商店的宗旨，反映旅游商店的目的、特征。在明确旅游商店使命时，可向其所有者（如股东、上级主管单位）、游客、经销商乃至员工，广泛征求意见，深入分析构成旅游商店内外环境的各方面因素，详尽了解公众对旅游商店的要求和期待，找出旅游商店目前的使命和理想的特征。在此基础上确定旅游商店的使命。

第一，明确旅游商店的服务范围。界定旅游商店的行业、市场范围与竞争。

第二，确定旅游商店的经营方针。现有的和潜在的顾客是谁，旅游商店将在哪些方面发挥作用。

第三，提出旅游商店长期目标和短期目标。

长期目标规定旅游商店执行其使命时所预期的成果，不能含糊和抽象，它是特定的、具体的和可以衡量的结果。

长期目标因旅游商店及其使命而异，一般有如下几类：赢利能力；顾客、委托人或其他服务对象；员工的需要和福利；社会责任。长期目标应是动态的，可以随情况的改变而调整。短期目标是执行性目标，一般期限在一年以内，如：利润增长率 5%；销售额增长 15%；创市“十佳”旅游商店。

（二）确立战略业务单位

大多数旅游商店都经营若干大类业务。一项业务可看作一种满足顾客的过程。商品是可以转变的，但是基本需求和顾客群体却是永恒的。为了便于从战略上进行管理，旅游商店可构成若干个战略经营单位（或称为部门、分公司）。战略经营单位具有以下基本特点：

第一，它是一项独立业务，或者是一组互相联系但又可分别规划的业务。

第二，有自己的一组竞争对手。

第三，有一个经营单位负责战略规划，谋取利润，并且控制着大多数影响利润的因素。

一般可用顾客群体、顾客需求和服务三个因素对战略业务单位进行定义和划分，即一个战略，比如单位是指满足某一顾客群体某一需求的服务。在战略规划时，各战略业务单位将规划呈交总公司，总公司要根据潜在利润对其业务进行分析、分类，审核这些规划，决定该战略业务单位应该建立、保留、收缩或放弃，最终赋予这些单位战略规划的目标和相应的资金。

（三）新业务战略策划

旅游商店为保持长期的稳定发展，一方面要对现有的业务进行业务评价，逐步淘汰不能为旅游商店创造价值的业务；另一方面必须补充新的业务，实现业务组合的更新，以达到发展的目的。根据旅游商店自身的条件和市场机会与商店现有业务之间的关系，可以将商店的新业务发展战略分为两类，即密集型发展战略和一体化发展战略。

1. 密集型发展战略

密集型发展战略是指旅游商店利用现有业务内的市场机会发展的一种战略。可进一步划分为三种：

（1）市场渗透。市场渗透是指商店扩大现有产品销售量的一种战略。市场渗透战略的实施可以通过促销、降价等措施，以促使现有的顾客更多地购买产品，吸引竞争者的顾客购买本旅游商店的产品，或刺激没有使用过本产品的顾客加入到购买本产品的行列。

（2）市场开发。市场开发是指商店将现有的产品通过各种途径推向新市场，以扩大产品销售量的一种战略。市场开发可以通过扩大、转移市场区域，或找到产品新的使用领域等形式实现。

（3）产品开发。产品开发是指引进新的商品以满足现有市场需求的一种战略。开发新产品可以通过对老产品的更新换代、增加产品品种，对产品的特色和外观进行改变等方式实现，以便更好地满足现有市场的顾客需求。

以上三种密集型发展战略，从对商店资源投入的要求看，市场渗透战略要求的资源投入与风险最少，其次依次为市场开发、产品开发。因此，旅游商店在选择密集型发展战略时，应以市场渗透—市场开发—产品开发这一顺序进行。

2. 一体化发展战略

（1）战略策划过程：明确任务、分析外部环境、分析内部环境、制定战略、制订计划。

（2）目标市场策划：在决定办一家旅游商店时，首先要选定目标市场，目标市场的特征和规模决定着其他策划。

二、形象策划阶段

成功的旅游商店形象是旅游商店无形的品牌资源，是宝贵的资本，是市场经济条件下旅游商店制胜的法宝。旅游商店形象识别问题最近几年来正越来越受到旅游商店的关注，很多商店采用旅游商店形象识别策略并收到了巨大的营销效果。重视旅游商店形象塑造，搞好 CI 系统导入，有利于提高旅游商店识别力；有利于提高商店的知名度和美誉度；有利于增强商店的竞争力、凝聚力和经济实力。

（一）旅游商店形象策划的原则

1. 目标性原则

目标性原则是形象策划的一项根本原则。策划公关活动必须围绕组织的目标进行，否则公关活动就没有任何意义。广东健力宝集团在创业之初，确立的目标是扩大旅游商店知名度，于是他们围绕目标，策划了一系列扩大知名度的公关活动。如 1984 年为参加美国洛杉矶奥运会的中国体育代表团首次提供 300 万元赞助。接着，又连续赞助了第 24 届、第 25 届奥运会。随着中国运动健儿频频取得优异成绩，健力宝公司声名大振，成为国人瞩目的焦点。

2. 公众利益原则

在形象策划中，不能只顾追求自身的利益，而不惜损害公众的利益，应始终把公众利益放在首位，在此前提下达到双方的互惠互利。如某商场策划了一次优惠券购物活动，那些手持优惠券兴冲冲前来购物的顾客惊讶地发现，“优惠”的商品竟比其他商场的价格还高出许多，于是人们愤然离去，从此不再相信这家商场的任何公关活动。

3. 实事求是原则

形象策划必须以事实为基础，力求做到客观、真实、全面和公正，不夸大事实，不隐瞒真相，更不能为了达到目的而采取欺骗手段。只有这样，才能赢得公众的信赖与好感。

4. 创新求异原则

形象策划要敢于大胆创新，别出心裁，以新颖、奇妙、独特的公关活动来吸引公众，达到出奇制胜战胜对手的目的。例如日本的一家酒店，由于位置偏僻，尽管风景优美，住客还是很少。于是他们想出了一个与众不同的好主意，在酒店的小山坡上专门划出一块地方，供游客来种植各种纪念树，如结婚纪念树、生日纪念树等。此举吸引了大批游客，同时也吸引了大批新闻记者前来采访，酒店从此门庭若市，欣欣向荣。

5. 切实可行原则

在形象策划中，策划人员既要“目光远大”，力求使策划的公关活动具备高层次、高水平，同时更要“脚踏实地”，考虑活动是否切实可行。无法实施的策划方案再好也只是一个美丽的空架子，没有任何实际意义。

（二）旅游商店形象策划的方法

1. 头脑风暴法

头脑风暴法又称智力激励法，是由美国 BBDO 广告公司经理、“创造学之父”奥斯本在1939年发明的。这种方法的基本要点是：针对所要解决的问题，召集一种特殊的小型会议，让参加会议的人毫无顾忌地提出各种解决问题的方法，彼此激励，相互启发，从而导致连锁反应，产生更多的创造性设想。参加头脑风暴会议的人数一般为10人左右，会议时间最好不超过1小时，地点应选择安静、不受外界干扰的场所，切断电话，谢绝会客。会议应提前发出通知，告诉与会者会议的主题，使他们事先有所准备。会议设主持人1名，鼓励大家发言，设1~2名记录员，专门负责记下提出的所有设想，不能遗漏。最后，对提出的所有设想进行集中评价、筛选，从中选出一个或几个最佳策划方案。

2. 组合性形象策划法

组合性形象策划法是把两个或两个以上貌似不相关的事物巧妙地加以联结、组合，从而获得新思想、新观念的一种策划方法。组合是想象力中最宝贵、最核心的内容。策划者可以把现实生活中各种有关、无关的事物统统拿来加以组合，如书和声音、钢笔和光等，看组合后的事物是否具有新的作用、新的价值。美国亚特兰大奥运会组委会为了筹集经费，策划了这样一个活动：凡是捐款35美元的人，可以在一块砖上刻上自己的名字，再把这块刻有名字的砖铺在亚特兰大正在建造的奥运公园内。活动消息一经公布，人们纷纷响应，前往捐款者络绎不绝，喜欢出名的美国人都乐意花这点钱而使自己扬名。组委会在短短几天内便筹集到大量的经费，活动取得了巨大成功。这一策划就是巧妙地运用了组合方法，把奥运筹款与公众名声组合起来，成为奥运史上筹集经费的一大创举。

3. 类比性形象策划法

类比性形象策划法是指把两种事物进行比较，从两者的某些相似之处推出另外一些相似之处的策划方法。

（三）旅游商店形象策划流程

1. 提案阶段

（1）明确导入旅游商店形象（CI）的动机：确定旅游商店内部、外部的需求背景，针对具体旅游商店的营运及设定状况选择时机，同时明确导入的目的与目标，及时立项。

（2）组建负责旅游商店形象的机构：由发起人召集最初的参与人员，委托专业公司，由旅游商店、专家顾问、专业公司三方面组成CI委员会，并设常务机构。

（3）安排旅游商店形象（CI）作业的提案书：按照CI作业的四大阶段，根据旅游商店的具体情况，拟定作业项目与进度安排，提交讨论并最后确定，制作。

（4）预算导入CI的提案书：仔细进行各项作业的预算，写出CI预算书，提交旅游商店主管与财务主管审核。

（5）完成旅游商店形象（CI）提案书：按规范完成CI提案书，充分说明导入CI的原因背景、目的，负责机构的设想，作业安排、项目预算，使推进方针与期待成果明确化。

2. 调整阶段

（1）确定调研总体计划：制订调研计划，其中包括调研内容、调研对象、调研方法、调研项目、调研程序与调研成果形成。

（2）分析与评估旅游商店营运状况：分析旅游商店各种相关的报表与调查资料，走访有关人士，诸如旅游商店主管、财务主管、营销人员等，充分掌握资料，分析研究。旅游商店总体形象调查与视觉形象项目审查采取定性或定量调查，就旅游商店的基本形象、特殊形象对旅游商店内外进行采访与问卷调查，收集视觉形象项目，分析、比较；广泛征求意见，得出审查意见。

（3）调查资料的分析与研究，对经营情况与形象调查的所有资料进行整理、统计，对旅游商店经营实态与形象建设现状做综合的研究与评估。明确旅游商店目前的问题点，从这一前提初步构想 CI 系统导入战略。

（4）完成调查报告书，将调研成果记录在系统的报告书中，提交旅游商店主管、相关部门主管、CI 委员会全体人员讨论，审议。

3. 开发设计阶段

（1）总概念的企划：根据调研结果导入 CI 的基本战略方针，对旅游商店理念、识别系统的开发设计提出基本设想，对旅游商店主管或董事会解释总概念书的内容并确定总概念书。

（2）创立旅游商店理念：提出具有识别意义的旅游商店理念，其中包括旅游商店使命、经营观念、行动准则与业务范围等，并提供理念教义规范的行为特征，创作旅游商店标语、口号、座右铭、旅游商店歌曲等。

（3）开发设计视觉识别系统：确定旅游商店命名或更名策略，将 CI 概念体现在基本因素的设计中，再以基本设计为准，开发应用设计要素、商标与包装，对新设计方案进行技术评估与形态反应测试、修改，举一反三，最后确立，编印 CI 设计手册。

三、场所位置策划阶段

旅游商店的地点选择不能一概而论，而应根据不同情况进行具体分析。

（一）地点类型

1. 中心商业区

在每个大城市都有中心商业区，那里店铺林立，精品荟萃，构成一定规模的纯粹性商业街区。诸如北京的王府井、西单北大街，上海的南京路，广州的北京街，南京的新街口等。

在中心商业区常以若干（一家或几家）旅游商店为核心，环绕着星罗棋布的中小型商店；该区地皮昂贵，临街面积紧俏；顾客流动性较大，商圈辐射地域广泛；众多商家以经营选择性商品为生，食品店仅是中心商业区的陪衬；中心商业区一般位于城市的心脏，并有较长的形成历史。

2. 非中心商业区

非中心商业区是指分布于城市某个非中心地点的商业街区，拥有三五十家商店，常以一个大型商店为核心，无论商业区的规模、繁华程度、商店数量都逊色于中心商业区，场地租金大大便宜于中心商业区，旅游商店每平方米所创利润额也大大降低。北京的区级商业中心一般属此类。

3. 景区商业区

景区商业区是指在景区附近的商店街，是以供应游客所需商品为主的商业中心。常设有一家中型综合商店，辅以二三十家日用杂品、食品店等一些服务性商店。景区商业区大多位于一个景区的中心地带，它是景区的重要组成部分，带有鲜明的景观特征。

（二）选择依据

旅游商店地点的选择，应主要考虑营销目标、店型及发展前途等因素。

1. 营销目标

每个旅游商店都应有自己的营销目标，如实现利润额或销售额是多少等。每个旅游商店为实现自己的营销目标，必须找准目标顾客，目标顾客分布与地理位置关系密切。中心商业区常能服务流动性很大、支出较多、层次较高的顾客；非中心商业区服务较为稳定、层次中等的顾客；景区商业区一般服务普通游客。中心商业区大多会创造高销售额和高利润。但有的中心商业区商店销售额虽大，但由于场地租金过于高昂，经营费用超乎意料，最终仅获微利甚至亏损。所以，在考虑营销目标时，不仅要考虑单位面积销售额和利润额，还要考虑经营费用、经营成本等问题。

2. 店型

旅游商店店型决定着对地点的选择。新潮型时装店、化妆品店、香水店等最好选择在中心商业区或服装街上；食品店、水果店、乳品店最好位于居民区和商业区；首饰店、珠宝店、工艺品店最好设在商品、商店档次较高的商业区和旅游区。另外，物以类聚，相同或相似的旅游商店可以聚集于同一商业区，形成招徕顾客的规模优势。切忌与互为排斥的旅游商店相邻。

四、旅游商店装饰策划阶段

（一）旅游商店的店面布置

第一，店面布置的主要目的是突出商品特征，使顾客产生购买欲望，以便于他们挑选和购买。

第二，旅游商店的设计十分讲究，它需要线条简洁明快，不落俗套。

第三，布置旅游商店店面时，要考虑多种相关因素，诸如空间的大小、种类的多少、商品的样式和功能、灯光的排列和亮度、通道的宽窄、收银台的位置、电线的安装及政府有关建筑方面的规定等。

第四，店面的布置最好留有依季节变化而进行调整的余地，使顾客不断产生新鲜和新奇的感觉，激发他们不断来消费的愿望。一般来说，旅游商店的格局只能延续3个月时间，每月变化成为许多专卖店经营者的促销手段之一。就像家中的格局经常变化，力求新鲜感。

（二）旅游商店空间布局形态

旅游商店的空间格局复杂多样，各个经营者可根据自身实际需要进行选择和设计。一般是先确定大致的规划，如营业员的空间、顾客的空间和商品的空间各占多大比例，划分区域，而后再进行更改，具体地陈列商品。

1. 商店的三个空间

三个空间对于旅游商店的空间格局关系密切。商品空间：指商品陈列的场所，有箱型、平台型、架型等多种选择。店员空间：指店员接待顾客和从事相关工作所需要的场所。有两种情况：一是与顾客空间混淆；二是与顾客空间相分离。顾客空间：指顾客参观、选择和购买商品的地方，根据商品不同，可分为商店外、商店内和内外结合三种形态。

2. 商店空间格局的四种形态

依据商品数量、种类、销售方式等情况，可将三个空间有机组合，从而形成旅游商店空间格局的四种形态。接触型商店：商品空间毗邻街道，顾客在街道上购买物品，店员在店内进行服务，通过商品空间将顾客与店员分离。封闭型商店：商品空间、顾客空间和店员空间全在店内。封闭、环游型商店：三个空间皆在店内，顾客可以自由、漫游式地选择商品，实际上是开架销售。接触、封闭、环游型商店：在封闭、环游型商店中加上接触型的商品空间，即顾客拥有店内和店外两种空间。如文具店、杂货店。

（1）店员空间狭窄的封闭型商店。顾客进入店面才能看到商品，店员空间较狭窄，大多设立于繁华地区，顾客较多，店员所占场地降到最低限度。空间狭窄的封闭型商店，店员的一举一动异常明显。如店员僵立于柜台前，一定会使顾客失去购买兴趣。如店员摆放商品、擦拭橱窗、统计数字，既可以引人注目，又可以缓解店内的僵硬气氛。

（2）店员空间宽阔的封闭型商店。顾客、店员、商品空间皆在室内，店员活动空间较宽阔，顾客活动空间也很充裕，如服装定制店。

（3）有店员空间的封闭、环游型商店。店面不陈列商品，顾客进入商店后，犹如漫游于商品世界之中，进行参观与选购。店员空间被限定在一定范围的柜台内。

（4）无店员空间的封闭、环游型商店。店员活动空间与顾客活动空间不加以区分，是专为销售高级精品而设计的。顾客购买时较认真、仔细，常需要店员从旁说明，充当顾客的顾问。店员不能只做收款工作，而应活动于顾客中间。

（5）有店员空间的接触、封闭、环游型商店店面陈列商品，可吸引顾客，给人普通的感觉；店内陈列商品，采取环游式布局，顾客进店后可随意地进行挑选。店员只在收银台内，不干扰顾客的购买行为。这种格局一般要求空间宽敞，能陈列齐全的商品。

（6）无店员空间的接触、封闭、环游型商店。这种类型商店展示的虽不是最高档的商品，但常需要店员对顾客进行商品讲解、说明并提供咨询服务。一般适用于普通的流行服饰店，如皮鞋店、皮包店等。它们大多采用大众化价格，商品种类繁多，给人以大众化的印象。

3. 旅游商店内布局策划

店内布局策划的内容包括出入口的安排、主副通道的宽度、非营业场所与营业场所的连接、商品布局等。非营业场所与营业场所的连接店内布局的原则：

- 顾客容易进入；
- 让顾客在店内停留得更久；
- 明亮清洁的卖场。

明亮清洁的连锁商店卖场，为顾客创造了良好的购物环境。顾客往往把明亮清洁的购物环境与新鲜、优质的商品联系在一起。为创造明亮清洁的卖场，必须注意店内有效空间的利用，灯光、色彩、音响效果等的配合。

（三）旅游商店装饰策划技巧

1. 点亮橱窗

橱窗是旅游商店的“眼睛”，店面这张脸是否迷人，这只“眼睛”具有举足轻重的作用。橱窗是一种艺术的表现，是吸引顾客的重要手段。在巴黎香榭丽舍大道上，欣赏各家旅游商店的橱窗，还是一项非常受欢迎的旅游项目呢。旅游商店不可没有橱窗，不可轻视橱窗的布置与陈列。事实证明，某些店将橱窗出租给个人摆摊是极为愚蠢的事。旅游商店橱窗设计要遵守三个原则：一是以别出心裁的设计吸引顾客，切忌平面化，努力追求动感和文化艺术色彩；二是可通过一些生活化场景使顾客感到亲切自然，进而产生共鸣；三是努力给顾客留下深刻的印象，通过本店所经营的橱窗巧妙的展示，使顾客过目不忘，印入脑海。

2. 注意个别装饰要素

（1）卖场的色彩要统一。旅游商品和装修色彩要很和谐地融为一体，让人一眼就能看出卖场的主色调，但这里说的统一不是让旅游商品和装修色彩完全一致，那样会让卖场显得很单调呆板，应该让局部有对比并服从整体。

（2）灯光的目的性。在服装卖场中灯光起着关键的作用，同样一件旅游商品打光和不打光出来的展示效果完全不同，一定要用射灯进行烘托。灯光的颜色也要适当，蓝色光给人很冰凉、冷酷、迷幻的感觉，黄色的灯光给人很温暖的感觉。

五、旅游商品经营策划阶段

旅游商品作为旅游购物的对象，它是旅游购物的核心层次，任何一种旅游购物都离不开旅游商品。因此，发展旅游购物首先要开发有特色的、有吸引力的旅游商品，这是发展旅游购物的关键。

（一）旅游商品认知

游客购买的商品，因时代不同、国家和地区不同，其概念和范围也有差异。一般来说，旅游业欠发达的国家和地区，或旅游未普及的时代，旅游的内容和购物对象极其单纯，但随着时代的变化，其表现方式和概念也在不断变化之中。

第二次世界大战之前，人们的旅游活动极其简单。旅游购物主要是为了纪念特定的旅游经历，购物范围往往限定在手工艺品、土特产品上，并把这种商品称为纪念品（Memento，souvenir）、礼品，把销售这种商品的地方称为土特产品店、礼品店或纪念品店。如今，旅游商品不仅仅指旅游目的地国或地区传统的、地域特征浓厚的土特产品，而是扩大成泛指游客在旅途中或为旅游活动而购买的一切商品。

事实上，随着科学技术和生产工艺的现代化，旅游商品的门类、品种越来越丰富，游客的购买对象越来越多样化，如今任何形态的、任何产业的商品都可以成为旅游商品，而且销售场所也越来越多样化，出现专卖店、购物中心、免税店、旅游商品定点商店等新的销售网点。之所以有如此变化，一方面是因为各个国家或有关当局为了发展旅游业而不断开发新的旅游资源；另一方面也反映了当今消费者的需求越来越多样化。

现代意义上的旅游商品是指旅游者所购买的与旅游活动相关的一切实物商品，它既是旅游者的经济消费品，又是文化消费品，是经济与文化的统一体。

（二）旅游商品的特点

1. 实用性

实用性是指商品具有一定的使用价值。旅游者在旅游过程中所购买的纪念品可以是一件有一定实用价值的生活日用品或其他有特殊用途的物品，如一件印有景区标志的文化衫、一件工艺雕饰、一块有特殊图案的挂件等。这些物品，既有实用功能，又因其特定的产地和特殊的工艺、图案或设计而具有纪念意义。

2. 艺术性

在很多情况下，旅游者购买旅游商品是为了作为礼品送人，或作为纪念品、收藏品珍藏。因此，旅游商品应具有较高的艺术性。旅游商品只有具备艺术美，才能给人以审美情趣，才能具有特殊的欣赏价值和收藏价值，才能有市场。

实用性、艺术性是旅游商品的本质属性。旅游商品如果没有实用性，就失去了作为商品的价值；如果没有艺术性，也就不能区别于一般商品。

3. 纪念性

一次旅游就是一次经历。对于旅游者来说，这种经历是难忘的、具有纪念意义的。这种纪念意义既体现在他（她）日后的记忆（回忆）中，又体现在其旅游时所购买的各种纪念物中。在旅游地购买的饰物、挂件、明信片，甚至在旅游地采集的门票，都可能作为该次旅游的纪念品而被永远珍藏。旅游商品的纪念性价值，主要来自于商品的民族特色或地方特色。例如，许多外国女性旅游者常常购买旗袍、斜襟衣服、绣花鞋等，她们看中的就是中国的民族特色。

4. 时代性

旅游是人们追求精神和物质享受的一种消费活动，具有鲜明的时代气息。旅游商品必须适应人们这种具有时代性消费活动的特点。特别是随着社会的发展，高科技已渗透到生产和生活的方方面面，许多商品显现着高科技的时代印记，不断更新换代。例如，在我国像景泰蓝这样的传统工艺品已经渗透到诸如钥匙扣、指甲刀、水笔、吉祥物等各种日用品中。

（三）旅游商品的类型

旅游商品是一种特殊商品，其特殊性主要在于它的购买者是旅游者，因此旅游商品的分类标准应区别于一般商品的分类标准，突出旅游者的地位。旅游商品的分类标准应体现旅游商品对旅游者的直接效用，或者说体现旅游者对旅游商品的直接需求的性质。旅游者对旅游商品的直接需求可以分为四种类型，即纪念性需求、日常生活性需求、旅游专用性需求、其他需求，从而分为旅游纪念品、旅游日用消费品、旅游专用品和其他商品。同一种旅游商品可能具有多种效用。因此，应当用旅游商品对于大多数旅游者的最直接的、最主要的效用作为旅游商品的分类标准。

1. 旅游纪念品

旅游纪念品是为回忆一次旅游而购买的商品，是纪念特殊时期或经历的事物。过去，旅游纪念品的范围非常狭窄，主要指旅游者在旅游目的地购买的具有浓厚当地特色的土特产品或手工艺品。如今，无论是日常生活用品还是其他产品，只要是游客为纪念的目的而购买的商品都可以称为旅游纪念品，因此旅游纪念品是旅游商品中品种最多、数量最大、销量最好的商品，也是最受旅游者喜欢的物品。对一般旅游大众来说，旅游纪念品真正的意义并不在于这件物品的价值，重要的是它可以证明旅游者曾经到过什么地方，曾经有过什么经历。一般旅游纪念品要标上产地，或用产地的人、地、事物特征作商标。

（1）旅游景点型。它是以文物古迹、自然风光为题材，为特定旅游景点开发制作的，古文物复制、仿制品等就属于这类纪念品，如兵马俑复制仿制品、彩陶复制品、苏州仿古碑帖字画等。此外，介绍风土人情、景点特色、历史沿革、名人诗文、土特产品的专著、游记等书刊、导游图、风光图片、风情画册、书签、明信片等也属于这一类型。

（2）事件依托型。它是一种专门为特定事件或活动（如运动会、风筝节）开发的旅游纪念品，如在2010年世界杯足球大赛期间，旅游部门及有关方面向厂商订制了一大批有球赛标志的烟灰缸、烟斗、书包、电子足球游戏机、打火机、T恤衫、纪念币等纪念商品，向游客出售。

（3）名优特产品。这类产品种类很多，可分为工艺品、土特产品、旅游食品等。工艺品是观赏性、陈设性较强、艺术价值较高的旅游商品，包括雕塑工艺品、织绣工艺品、金属工艺品、漆器工艺品等。雕塑工艺品，玉器、象牙雕刻、骨刻、石雕、木雕、刻砚及其他各种雕刻工艺。织绣工艺品，刺绣、织锦、抽纱、花边、绒绣、机绣、手工编结、珠绣、地毯等。编织工艺品，用竹、藤、棕、草、玉米皮、麦秸等原料，编织出造型优美，风格各异的篮、盘、帽、席、包等手工艺品，美观实用。漆器工艺品，我国漆器主要分布于北京、福建、上海、江苏扬州、四川成都、重庆、山西平遥、贵州大方、甘肃天水、江西宜春、陕西凤翔等地。金属工艺品，我国金属工艺品主要有：景泰蓝、烧瓷、金银器皿、花丝镶嵌、仿古铜器、斑铜、铁画等，出产于扬州、四川成都、重庆、山西平遥、贵州大方、甘肃天水、江西宜春。花画工艺品，工艺花主要包括绢花、纸花、绒花、羽毛花、塑料花等。工艺画主要有贝雕画、羽毛画、树皮贴画、麦秸贴画、牛角画、软木画、竹帘画、棉花画、彩蛋画、邮票贴画等。美术陶瓷，中国瓷器种类繁多，名品荟萃，诸如景泰镇的青花瓷、粉彩瓷和颜色釉瓷、唐山的新彩瓷、浙江的龙泉青瓷等，此外，还有一批古代名窑瓷，如河南的钧瓷、河北的定瓷、陕西的耀窑瓷等。其他工艺品，如扇、伞、料器、内画壶、宫灯、手杖、绒鸟、工艺蜡烛等。

土特产品是以当地原材料生产加工的地方传统产品，具有浓厚的地方性特征。土特产品原先是当地名优产品，植根于当地生活文化中，是当地居民的日常生活中被评为优质的产品。

旅游食品是指供旅游者携带或邮寄的各种瓶装、匣装、袋装以及其他各种特别包装的食品，而不是指在旅游宾馆饭店中供游客食用的各种食品。它包括名酒名点、高级糖果、糕点、风味食品、方便食品、饮料、软硬包装饮料、名贵药材等。包装、款式、造型上能结合旅游需求特点，都是很好的旅游食品。

（4）名牌产品。指在一国或世界上被消费者普遍认可的商品，它们已成为一个国家或一座城市非常有代表性的商品。如法国的化妆品、日本的电子制品、中国的茶叶、韩国的人参等。这类产品在当地购买具有产地优势和价格优势。

旅游纪念品不是一般商品，是具有当地真实性和象征性的一种特殊文化产品，它是旅游者亲自接触当地历史文化的一次重要机会。

（5）旅游专用品。旅游专用品是指满足旅游者从事旅游活动专门需要的旅游商品，最显著的特点是具有专用性，如旅游专用鞋、服装、望远镜、照相器材、风雨衣、电筒、指南针、游泳用品、各种应急品等。

2. 一般性消费品

一般性消费品是旅游者在旅游活动中所必备的生活日用品，主要满足旅游者在旅游活动中的日常需要，是旅游者外出的必需品。它包括穿着和用品两大类，如各种旅游服装、鞋帽、器械、洗涤用品、化妆用品、娱乐用品等。它不同于一般日用品，要求实用品艺术化，具有纪念意义，带有礼品性质，因此它是实用性与纪念性相结合的商品。

（1）轻工产品。第一，玻璃搪瓷陶瓷制品，如刻花、拉花、贴花玻璃水具、酒具、花瓶、烟缸、料器、餐具、罐、盘、筒等各种器皿；搪瓷陶瓷制品，如杯、盘、碗、水壶、茶具、咖啡具、搪瓷艺术挂牌、纪念牌等。第二，化工日用品，包括高档卫生用品，如高档香皂、药皂、浴液、牙膏；高档护肤用品，如香脂、香膏、营养液、防晒霜、防蚊油等；高级衣物保护用品，如旅行刀剪、高级烟具、不锈钢餐具及器皿；金属纪念币、纪念牌、钥匙链、旅行闹钟、旅游用小电器产品等。第三，文体用品，诸如高级金笔、圆珠笔、铅笔、彩笔，各种小刀、转笔刀、裁纸刀等；各种相册、旅行娱乐体育用品，如棋、牌、球、指南针、微型打气筒、望远镜、相机、胶卷以及各式旅游手杖，各种健身器材。第四，毛皮革制品，毛皮革服装、鞋帽、手套、名贵裘皮大衣、围巾、皮毛褥子、靠垫、坐垫。第五，羽绒制品，包括服装、床上用品。

（2）纺织产品。第一，针棉纺织品，包括内衣、浴衣、运动衣、手套、袜子、中西服装、婚礼服、旅行服装、旅行鞋帽、面巾、枕巾、床单、窗帘、提包等。第二，丝绸及丝绸复制品，包括丝绸头巾、围巾、手帕、领带、服装、台布、窗帘、风景壁挂等。第三，毛纺织品类，包括羊毛衫、兔毛衫、高档毛衣、羊毛毡、头巾等。

（四）旅游商品经营策划

旅游商品经营策划是指策划人员为了达到对旅游商品的有效开发和营销的目的，经过调研分析，运用智力，借助一定方法、技术和手段，对旅游商品的设计生产、营销传播等进行整体或局部谋划的过程。由于旅游者对旅游商品的消费主要属于纪念和享受型消费，尽管具有满足旅游者物质需要的一面，如旅游饮食品，但许多旅游商品主要为了满足旅游者的精神需要，如旅游纪念品，因此旅游商品的开发和营销一刻也离不开策划的过程。

旅游商品策划包括旅游纪念品、旅游饮食品和旅游日用品策划（按旅游商品类型分类），或者旅游商品开发策划和营销策划（按旅游商品策划阶段分类）。但一般包括前后相接的四个阶段，即调研（如对旅游商品市场需求、区域文化资源与物产资源）、策划、实施加评估。随后在此基础上又开始新的策划循环——一种螺旋式上升的循环。在策划过程中一般要运用到调查方法、设计方法、电脑模拟方法等。

旅游商品策划开发的雕塑，利用传统纺织品、书法绘画等对酒店环境进行包装等。通过营销策划使旅游商品最终为旅游者所购买，才是旅游商品开发成功的标志。通过成功的营销策划形成有效的营销策略，对扩大旅游商品的市场份额，实现旅游商品经营者的利润起着决定性的作用。

1. 定位策划

任何旅游商品都不可能满足全部旅游者的需要，故在新商品开发出来之前，就要确定目标市场，进行市场定位。这是旅游商品营销的出发点。例如，开发以收藏为主的、可增值的仿古玩类的新商品，其目标市场就可以定为受过良好文化教育且有一定购买欲望和能力的旅游者；开发具有实用性的、地方特色浓郁的、价格适中的新商品，就可以将所有旅游者定为目标市场；开发具有保健、医疗功能的新商品，其目标市场可定为中老年旅游者；开发极具时尚性的商品，其目标市场可定为青年旅游者。

2. 价格策划

在确定目标市场后，就应制定相应的价格策略。以老年人为目标市场的商品，其商品定价应是中低价位；因老年人退休后，收入减少；如果商品太贵，无论质量多好，都很难引起他们的购买欲望；较实惠的商品，从心理上和经济上他们都能承受。以白领阶层为目标市场的商品，可制定高价策略；因为他们的收入高，对商品艺术性的要求高于普通阶层。年轻人的收入虽然不高，但他们观念新颖、追求时尚、舍得消费，只要是满足他们对时尚的追求以及具有个性的商品，就能引起其购买欲望，价格因素不是影响其购买的决定因素。

3. 品牌策划

旅游商品开发同时也是民族与地方文化资源的挖掘，结合地方历史文化与民俗风情及自然风景，为旅游商品取好名字，注好册，设计好标识、外观及包装，然后推向市场，利用传播媒介广泛宣传，树立品牌。无论旅游商品的策划开发，还是它的营销传播，必须与旅游地的综合旅游产品结成一个整体，相互促进。例如，桂林的豆腐乳，著名的牌子就有花桥和象山，这都是桂林的代表性景点。

4. 传播策划

选择何种方式、什么媒介将旅游商品信息传播给旅游者，这是值得旅游经营者重视的问题。旅游商品作为一种小商品，旅游者作为特殊的外地顾客，如何在两者之间进行传播沟通呢？笔者认为覆盖面较大的广告和中介人物（导游）是最恰当的传播媒介。传统的四大广告媒介——电视、广播、报纸和杂志，对旅游产品的整体传播效果较佳，但对旅游购物品而言，传播效果就不太理想了，因为旅游者不会因某地盛产某种物品而专程前往购买。因此，最适合旅游者的应在旅游景点景区及旅游线路上设置商品宣传牌、灯箱、广告招贴画等；同时，可以通过导游的讲解与商店服务员的介绍进行宣传。

5. 渠道策略

旅游商品的传统销售渠道模式，主要在各景点景区、各旅游定点商店进行铺面销售。这种模式具有“商品集中，购买方便”的优点，但也有“店面布置单一、风格雷同，很难激起旅游者购买欲望”的缺点。因此，在发挥传统销售渠道模式优势的同时，需要开辟更能满足旅游者消费需求的销售渠道模式。

（1）设立专卖店和专卖柜，实行连锁经营，如土特产专卖柜、纪念品专卖店。设立专卖店和专卖柜，既确保了经营者的利益，因为它是专营的，又保证了商品的质量和价格。

（2）前店后厂。旅游者对生产旅游商品的工艺充满好奇心，如果能让旅游者参观生产制作场地和过程，就会激发旅游者强烈的购买欲望。故将工厂和商店有机地结合为一体，将有助于特色旅游商品的销售。例如，天津杨柳青画店，手工作坊就在店后，旅游者参观了手工作坊后，无不为画师的精妙工艺叫绝，选购商品就顺理成章了。

（3）互动促销。让旅游者参与到旅游商品的设计、制作和销售过程中来，让旅游者自行设计和制作商品，然后购买。这可以满足旅游者参与体验、追求个性的要求，具有很大的发展空间。例如，景德镇旅游部门就请旅游者自己动手设计和制造瓷器，成为旅游购物的一大热点。其实，许多旅游购物商品都可采用这种模式，如制扇子、做泥塑、弄风味小吃等。

（4）组合销售。一方面是旅游购物品组合，将地方土特产品、旅游纪念品、旅游文化品等集中到一个商店销售，减少旅客频繁进店的购物困扰。另一方面旅游购物品与其他商品的组合，如在文化街、步行街等地方特色街道和店铺就可以实行这种组合。

（5）集中销售。一方面是时间性地集中销售，以旅游节庆、会展、庙会等活动为平台进行销售；另一方面是空间性地集中销售，以旅游地的特色商业街、特色市场、特色店铺等为平台进行销售。

任务三　旅游商店经典策划案例分析

一、案例

景区甜品店策划

（一）开店理念策划

- 以休闲类甜品为主要经营内容的甜品吧；
- 以综合性西饼屋为主要经营方向；
- 特许经营甜品店；
- 销售目标是扩大市场占有率，追求利润；
- 树立坚定的信念；
- 重视每位员工；
- 注重旅游商店形象；
- 注重产品质量和内涵；
- 关注时尚。

（二）对象分析与建议

- 要对消费者群体的年龄、性别、职业、学历、收入、家庭结构的市场目标分析；
- 做一份详细的市场调查表，对不同年龄层的对象进行市场调查。

（三）可行性（市场风险测度）

1. 市场调查目的

掌握更多的市场信息，以便做出更加准确的投资方向的判断，对甜品店的经营规模及经营管理模式都有较大的影响。

2. 市场调查内容

（1）整个产品在当前市场的规模。

（2）各竞争对手的销售量与销售额的比较分析。

（3）各竞争对手市场占有率的比较分析。

（4）各竞争对手产品优缺点的比较分析。

（5）各竞争对手市场区域与产品定位的比较分析。

（6）各竞争对手广告费用与广告表现的比较分析。

（7）各竞争对手促销活动的比较分析。

（8）各竞争对手公关活动的比较分析。

（9）各竞争对手定价策略的比较分析。

（10）各竞争对手销售渠道的比较分析。

（11）自身产品优劣。

3. 市场调查方法

（1）采用网上调查的方法。

（2）采用一般市场调查法。

4. 市场调查步骤

（1）将市场调查表发布在网上。

（2）派出几组人员在景区可能的选址地点周围进行市场调查。

（3）调查结束后，对市场调查表进行归纳总结。

5. 风险分析

根据市场调查的结果以及所有已经掌握的信息进行风险评估，并对市场上可能出现的状况也尽量做出科学合理的分析。

（四）店铺策划

1. 店铺选址

（1）影响店址的重要因素：

- 交通环境的优劣；
- 是否具有市场发展潜力；
- 居住人口及流通人口的数量；
- 该地址人群的消费能力；
- 店铺周围的自然环境；
- 店铺周围的相关营业设施。

（2）评估选地方案方法。

2. 店铺设计

（1）基本要求

第一，统一原则。需要注意几个方面的统一：

- 风格：参考市场调查的结果，选择一种独特的、可以吸引大多数人口味的风格；
- 造型：流线型的优雅；

- 色彩：一般以红色系为主，但参考市场调查结果为上，与景区风格相协调；
- 材质：按经济状况做出最适合的选择；
- 摆设：要精致美观。

第二，突出行业特点原则。

第三，因地制宜原则。

第四，显眼原则。

第五，安全可靠原则。

第六，节俭原则。

（2）橱窗

第一，清洁明亮。

第二，窗帘的选择。

3. 甜品柜的陈列

（1）确立良好的经营环境，注重保持清洁。

（2）常用工具摆放美观、方便使用。

（五）开店手续办理

1. 卫生许可证。
2. 食品从业人员健康检查证明。
3. 排污申报登记手续。
4. 办理营业执照。
5. 税务登记手续。
6. 有关特许经营手续。

（六）员工招募和培训策划

1. 甜品店员工应具备的基本条件：身体健康，专业技术精湛，面相善良正派，上进，形象气质好，口齿清楚，勤奋、敬业、善良，有优秀的团队协作精神，愿意分享。

2. 对员工进行新品推广培训和爱好者培训，聘请专业教师一对一当面辅导，量身制订培训计划并在门店现场实习。

（七）甜品店的经营策划

1. 产品策划

（1）珍珠奶精系列。

（2）果酱椰果系列。

（3）浓缩果汁系列。

（4）调味果粉系列。

（5）咖啡器具销售。

2. 管理理念及服务

（1）以人为本：尊重、沟通、激励、提高员工满意度，以及奖励设计原则。

（2）可采用目标管理法，让员工进行自我控制，适当放权。

（3）服务核心是为消费者提供一个很好的休闲场所。

3. 产品营销

（1）甜品店的目标。制定甜品店各种产品在一定期间内（通常为一年）必须实现的营业目标。销售目标量化可为检验整个营销策划案的成败提供依据，也为评估工作绩效目标提供依据，并且是拟定下一次销售目标的基础。

（2）产品的推广。为甜品店的产品制定一个合理的目标；甜品店的定价；重点和原则；制定价格政策；确定销售方式，要求以合理为主。

（3）甜品店的促销，包括：

①广告宣传策略、分销渠道策略、促销价格策略、公关活动策略等四大项。

第一，广告宣传策略：针对产品定位与目标消费群，决定方针表现的主题，利用报纸、杂志、电视、广播、传单、户外广告等。选择一种或几种媒体按一定比率投放广告，根据视听率与接触率的多少加以调整，使产品的特色与卖点深入人心。

第二，分销渠道策略：根据需要和可能选择适合自己的渠道进行分销，因为甜品店的规模比较小，所以只要充分利用甜品店的资源和力量就可以了。若制定远期目标则可以采用邀请加盟代理商的形式。

第三，促销价格策略：促销的对象，选择相似的目标市场，减少各店之间的差异，将在区域内的市场占有率迅速提升，以制定更高的目标。

第四，公关活动策略：举办各种公关活动吸引更多的顾客，也可以吸引有意加盟者。

②细部计划。

第一，广告表现计划：报纸与杂志广告稿的设计（标题、文字、图案），电视广告的创意脚本、广播稿等。

第二，媒体运用计划：选择大众化还是专业化的报纸与杂志，还有刊登日期与版面大小等；电视与广播广告选择的节目时段与次数。另外，也要考虑 CRP（总视听率）与 CPM（广告信息传达到每千人平均之成本）。

第三，促销活动计划：商品购买陈列、展览、示范、抽奖、赠送样品、品尝会、折扣等方式。

第四，公关活动计划：公司内部刊物、员工联谊会、爱心活动、同传播媒体的联系等。

③销售管理计划。

假如把营销策划案看成是一种陆海空联合作战的话，销售目标便是登陆的目的。市场调查计划是负责提供情报，推广计划是海空军掩护，而销售管理计划则是陆军行动了，在情报的有效支援与强大海空军的掩护下，仍须领先陆军的攻城略地，才能获得决定性的胜利。因此，销售管理计划的重要性不言而喻。销售管理计划包括销售主管、职员、销售计划、推销员的挑选与训练、激励推销员、推销员的薪酬制度（工资与奖金）等。

案例来源：根据 http：//www. jk666. com/html/20100504/201005047268. html，案例作者整理。

二、案例分析

景区营业点的策划项目直接关系到景区收益的问题，景区范围大、项目多、人员杂，在什么地方开设什么店、卖什么商品是有一定的规律可研究的，只要掌握了这个规律，再结合策划的基本要求就一定能取得事半功倍的效果。

任务四　实训课业

一、实训目的

本实训旨在考查学生对本模块内容的理解和掌握情况，培养学生对旅游商店策划的技能。

二、实训要求

请学生依据所提供的材料，按照任务三和任务四的内容，为南京云锦开办一个旅游纪念品商店，并做出详细的策划方案。策划提纲自拟，但必须涵盖任务中所给出的内容。

三、实训对象资料

南京云锦是我国优秀传统文化的杰出代表，因其绚丽多姿，美如天上云霞而得名，至今已有 1580 年历史。南京云锦与成都的蜀锦、苏州的宋锦、广西的壮锦并称“中国四大名锦”。在古代丝织物中，“锦”是代表最高技术水平的织物。而南京云锦则集历代织锦工艺艺术之大成，位于中国古代三大名锦之首，元、明、清三朝均为皇家御用贡品，因其丰富的文化内涵和科技内涵，被专家称作“中国古代织锦工艺史上最后一座里程碑”，被公认为“东方瑰宝”“中华一绝”，也是中华民族和全世界最珍贵的历史文化遗产之一。

南京云锦是至善至臻的民族传统工艺美术珍品之一。吴村梅有一句诗就是用来描写南京云锦的："江南好，机杼夺天工，孔雀妆花云锦烂，冰蚕吐凤雾绡空，新样小团龙。"南京云锦是南京传统的提花丝织工艺品，是南京工艺"三宝"之首。南京云锦配色多达十八种，运用"色晕"层层推出主花，富丽典雅、质地坚实、花纹浑厚优美、色彩浓艳庄重，大量使用金线，形成金碧辉煌的独特风格。由于用料考究，织工精细，图案色彩典雅富丽，宛如天上彩云般瑰丽，故称"云锦"。现代只有南京生产，常称为"南京云锦"。

云锦的诞生应归功苏州的缂丝，它其实是苏州缂丝衍生出来的附属品。南京云锦工艺独特，用老式的提花木机织造，必须由提花工和织造工两人配合完成，两个人一天只能生产5~6厘米，这种工艺至今仍无法用机器替代。云锦主要特点是逐花异色，从云锦的不同角度观察，绣品上花卉的色彩是不同的。由于被用于皇家服饰，所以云锦在织造中往往用料考究、不惜工本、精益求精。云锦喜用金线、银线、铜线及长丝、绢丝、各种鸟兽羽毛等用来织造，如在皇家云锦绣品上的绿色是用孔雀羽毛织就的，每个云锦的纹样都有其特定的含义。如果要织一幅78厘米宽的锦缎，在它的织面上就有14000根丝线，所有花朵图案的组成就要在这14000根线上穿梭，从确立丝线的经纬线到最后织造，整个过程如同计算机编程一样复杂而艰苦。南京云锦，技艺精绝，文化艺术蕴义博大精深。色彩艳丽，晕色和谐，民族纹样，奇异变幻，自然天成。它具有鲜明的中国吉祥文化的深厚底蕴。皇帝御用龙袍上的正座团龙、行龙、降龙形态，代表"天子""帝王"的神化权力。与此相配的"日、月、星辰、山、龙、华虫、宗彝、藻、火、粉米、黼、黻"十二章纹，均有"普天之下，莫非皇土，统领四方，至高无上"的皇权象征性。祥禽、瑞兽、如意云霞的仿真写实和写意相结合的纹饰，以及纹样的"象形、谐音、喻义、假借"等文化艺术造型的吉祥寓意纹样、组合图案等也无一例外。云锦的纹样图案，表达了中国吉祥文化的核心主题的设计思想是："权、福、禄、寿、喜、财"六字要素，表达了人们祈求幸福与对生活的热情向往。因此南京云锦纹样服饰不但具有昂贵的历史文物价值，而且它也是雅俗共赏、典藏吉祥如意的民族文化象征。

四、实训过程

第一，分析策划对象

第二，策划前期调研

第三，学生分组进行策划

第四，提交策划案

第五，策划方案展示交流

第六，策划方案总结点评

责任编辑：李冉冉
责任印制：冯冬青
封面设计：中文天地

图书在版编目（CIP）数据

旅游策划实务 / 方法林主编 . --北京 ：中国旅游出版社，2017. 7（2022. 1）

全国旅游高等院校精品课程系列教材. “十三五”江苏省高等学校重点教材

ISBN 978-7-5032-5835-0

Ⅰ. ①旅… Ⅱ. ①方… Ⅲ. ①旅游业—策划—高等学校—教材 Ⅳ. ①F590. 1

中国版本图书馆 CIP 数据核字（2017）第 127036 号

书　　名：旅游策划实务

作　　者：方法林主编
出版发行：中国旅游出版社
（北京静安东里 6 号　邮编：100028）
http：//www. cttp. net. cn　E-mail：cttp@ mct. gov. cn
营销中心电话：010-57377108，010-57377109
读者服务部电话：010-57377151
排　　版：北京旅教文化传播有限公司
经　　销：全国各地新华书店
印　　刷：三河市灵山芝兰印刷有限公司
版　　次：2017 年 7 月第 1 版　2022 年 1 月第 3 次印刷
开　　本：787 毫米 ×1092 毫米　1/16
印　　张：19. 75
字　　数：384 千
定　　价：39. 00 元
I S B N　978-7-5032-5835-0